Bernhard Perchinig · Winfried Steiner (Hg.)
KAOS STADT

Bernhard Perchinig · Winfried Steiner (Hg.)

KAOS STADT

MÖGLICHKEITEN UND WIRKLICHKEITEN
STÄDTISCHER KULTUR

Picus Verlag Wien

Gedruckt mit Unterstützung des
Bundesministeriums für Unterricht und Kunst und des
Bundesministeriums für Wissenschaft und Forschung

Die verwendeten Abbildungen auf dem Umschlag und
im Buch stammen aus der Postkartensammlung Winfried Steiner

CIP-Titelaufnahme der Deutschen Bibliothek

Kaos Stadt: Möglichkeiten und Wirklichkeiten städtischer
Kultur/Bernhard Perchinig; Winfried Steiner (Hg.). – Wien:
Picus Verl., 1991
ISBN 3-85452-114-6
NE: Perchinig, Bernhard (Hrsg.)

Graphische Gestaltung und Umschlag: Dorothea Löcker, Wien
Satz: Edition Tau & Tau Type, Bad Sauerbrunn
Druck- und Verarbeitung: Remaprint, Wien
Printed in Austria
ISBN 3-85452-114-6

INHALT

VORWORT DER HERAUSGEBER

KAOS STADT? war der Titel eines Kulturprogramms, das anläßlich des Wiener Stadtentwicklungssymposiums 1989 in der Volkshochschule Margareten in Wien stattfand und von Andrea Hurton gemeinsam mit uns organisiert wurde. KAOS STADT? war auch der Titel einer Filmretrospektive, die im Filmhaus Stöbergasse gezeigt wurde und Teil des Kulturprogrammes war. KAOS STADT? fand seine Fortsetzung in einer Veranstaltungsreihe, die im Frühjahr 1990 wiederum in der Volkshochschule Margareten stattfand. Das Buch Kaos Stadt ist ein Ergebnis dieses Veranstaltungsprogramms. Die Autorin und alle Autoren des Buches sind mit dem Kulturprojekt KAOS STADT in irgendeiner Weise verbunden: sei es als Referenten, sei es als Moderatoren, sei es als Diskutanten, sei es als Programmgestalter oder sei es als Veranstalter. Das Buch KAOS STADT ist Abschluß des Kulturprojekts.

Wir möchten uns bei allen bedanken, die uns ein Stück des Weges begleitet haben. Insbesondere bei der Volkshochschule Margareten und dem Filmhaus Stöbergasse, die Veranstaltungsräume zur Verfügung stellten und die Filmretrospektive organisierten, bei der Geschäftsgruppe für Stadtentwicklung, Stadtplanung und Personal und ihrem politischen Leiter Stadtrat Swoboda, der den Mut besaß, als für Planung zuständiger Politiker ein Kulturprogramm mit der Bezeichnung KAOS STADT? zu fördern, bei der Leitung des Instituts für Stadtforschung, die sich in der abenteuerlichen Vorbereitungszeit des Kulturprogramms dazu bereit erklärte, daß das Institut die Rolle eines Mitveranstalters übernahm und bei dem Picus Verlag, der uns viel Geduld entgegenbrachte. Eine Geduld, die uns viel Zeit gelassen hat. Die – wie wir hoffen – der Qualität des Buches zugute kommt.

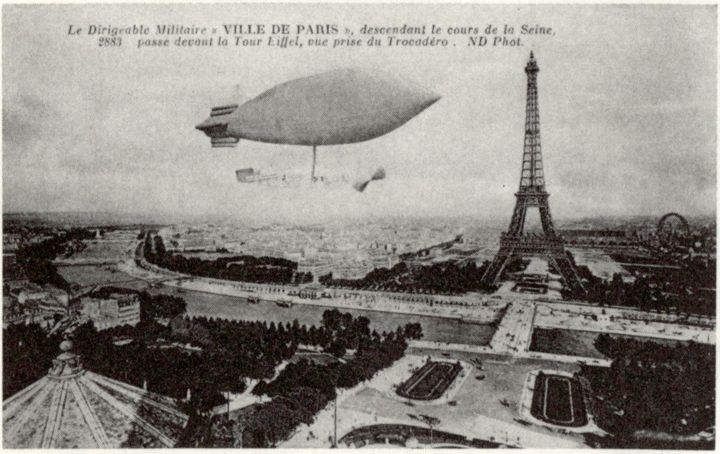
Le Dirigeable Militaire « VILLE DE PARIS », descendant le cours de la Seine,
2883 passe devant la Tour Eiffel, vue prise du Trocadéro . ND Phot.

Paris

ZUR EINLEITUNG

Das Projekt der Rekonstruktion der Stadt wird zur Endlosschleife eines posturbanen Städtebaus. Daß die Rekonstruktion der Stadt ein hoffnungsloses Unterfangen bleibt „ist kein Versagen der modernen oder irgendeiner Architektur“ (Habermas), sondern Ausdruck politischer, sozialer, ökonomischer und technologischer Entwicklungen. Denn die neu entstandenen raumzeitlichen Strukturen, die den Namen alter Städte tragen, sind dem alten Stadtbegriff entwachsen.

BERNHARD PERCHINIG · WINFRIED STEINER

BERNHARD PERCHINIG · WINFRIED STEINER

KAOS STADT

„Oh, it's Neo-Nothing, isn't it?"
„No, it's Post of all!"
Falco/Falkenhorst 1990

1. Die große Stadt und das Chaos

Die große Stadt und das Chaos: Dieses Bedrohungsbild war im ausgehenden 19. und beginnenden 20. Jahrhundert doppelt gegenwärtig: Als Anknüpfungspunkt antiurbaner Kreuzzüge konservativer Protestbewegungen gegen die Moderne sowie als Metapher des sozialen Elends bei Teilen der Linken, die vor allem im deutschsprachigen Raum im Konzept einer über personale Beziehungen vermittelten „Gemeinschaft" ein Gegenmodell zur Entfremdung in einer von Warenbeziehungen gesteuerten Gesellschaft sahen. Ob Wiener Gemeindebau oder Glasgower council-house, die Wohnkonzepte der Arbeiterbewegung enthielten bei allem sozialpolitischen Engagement ein gerütteltes Maß der Einschränkung individueller Lebensentwürfe und eine nahezu mystische Überhöhung des Kollektivs. War die soziale Kontrolle im Dorf und die Überhöhung einer ständisch-feudalen Sozialordnung am Land das Gegenmodell der Konservativen gegen die „Hure Babylon", so beantwortete die Arbeiterbewegung das reale soziale Elend der Städte mit der nicht minder antiurbanen Sehnsucht nach der organischen Gemeinschaft der Klasse in einer gemeinsamen, ein „Dorf ohne Klassen" evozierenden Alltagskultur.

Beiden Bewegungen war ein Dispositiv gemeinsam: Eine organische Metapher stand gegen Stadtpathologie: Die Stadt mache krank, zerstöre menschliche Nähe und setze an ihre Stelle Überbevölkerung und Beengtheit. Die städtischen Wohnverhältnisse der Unterschichten erzeugten Verbrechen, führten zu sozialer Anomie und verunsicherten die Menschen. Eike Gebhardt weist uns zu Recht darauf hin, daß die Stadtforschung nur wenig Evidenz dafür gefunden hat, daß das Leben in den Städten auch im beginnenden 20. Jahrhundert ungesünder oder gefährlicher gewesen sei als das Leben am Land, also eher der Mythos der kranken Stadt als die kranke Stadt selbst zu untersuchen sei: „Modellmetaphern haben die Tendenz, sich zu verselbständigen, Wahrnehmungsfilter zu werden und schließlich Erkenntnisgrundlagen. Daß eine Gesellschaft wie ein Organismus ‚krank' sein könne, setzt stillschweigend den Begriff von Gesellschaft als Organismus voraus. Der ist geschichtlich relativ jung, geht auf das späte 19. Jahrhundert zurück (vermutlich auf Cannon, von dem Parsons ihn übernahm und im Begriff vom sozialen System als Paradigma in die Sozialwissenschaft einführte). Derzeit meinte Gesundheit eine Art Homöostase (und Krankheit eben deren Störung), heute würden wir sagen: das funktionale Zusammenspiel der Einzelteile – seien es Individuen, Gruppen oder Institutionen – gleichsam der Organe zum Organismus, der Körperteile zum Gesellschaftskörper. Diese verwegene Metapher – schließlich gehorchen Menschen nicht ausschließlich Funktionsdiktaten, sondern Normen, deren individuelle Deutung nicht notwendig Funktionsstörungen hervorruft – hat längst ihre eigenen Begriffsautomatiken entfaltet, mit all ihren theoretischen Folge- und Pseudoproblemen. (...) Abweichungen, gar alternative Wertvorstellungen, haben daher ex definitione ihren Ursprung draußen (wenn auch geographisch drinnen) – eine politische oft genehme These, blind dafür, daß der normative Kitt selber ein Krankheits-, weil Konflikterreger sein könnte (C. Wright Mills). Schon der Begriff der Abweichung setzt nämlich voraus, daß soziale Normen für alle Handelnden verbindlich, wenigstens aber relevant sind – eine sicherlich legitime Annahme für geschlossene Gemeinschaften ohne Optionen und Alternativen, eine kühne Unterstellung allerdings für pluralistische Gesellschaftsgebilde wie Städte. Dort ist die Norm des einen die Abweichung des anderen" (Gebhardt 1988, S. 283f.).

Ewige Werte, unüberprüfbare Normen, „die Zwangsassoziation von Dauer und Güte" (Eike Gebhardt) – diese sind die Ingredenzien von teleologischen Gesellschaftsentwürfen, die ihre letztinstanzliche Legitimation in einen fernen Gott oder eine ferne Zukunft verlegen. Die Behauptung der Natürlichkeit traditionaler Lebensformen oder der Naturgesetzlichkeit historischer Entwicklung sind allerdings nur zwei Seiten einer Medaille – sie reicht zur Durchsetzung von Verhaltensnormierung nicht aus. Sehr schnell verbündete sich eine andere, positiv besetzte Metapher mit dem Gegenbild des Chaos' Stadt: Die „Heimat" wurde als imaginierte Gemeinschaft zum Kronzeugen gegen die bedrohliche Unorganisiertheit des Städtischen. Seit den letzten Jahrzehnten des 19. Jahrhunderts bis zur Niederlage des Nationalsozialismus war das Bild der „erdverbundenen Heimat" bewußtes Propagandamittel, versprach die Sicherheit des Gewohnten angesichts neuer, bisher unbekannter Lebensverhältnisse für die vom Land in die Städte gezogene proletarische Bevölkerung. Dieses Chiffre konnte an den Lebenserfahrungen und Orientierungen einer im ländlichen Raum noch großteils in präkapitalistischen Verhältnissen lebenden Bevölkerung anknüpfen, indem sie den kleinräumigen, an die „Scholle" gebundenen Regionalbezug als Metapher gegen die neue Lebenserfahrung des städtischen Wohnviertels setzte, das keine regionale Identifikation ermöglichte. Diese Ordnungsmetapher war denn auch Bindeglied zu zwei das ausgehende 19. und beginnende 20. Jahrhundert bestimmenden politischen Ideen, zum Nationalsozialismus sowie zum Internationalismus:

„Patriotismus und Internationalismus basierten sich von Anfang an auf imaginierten Erweiterungen der Heimat: sie waren nicht in der persönlichen Erfahrung verankert und versuchten den persönlichen Bezug durch Verwandtschaftsanalogie (z.B. ‚Brüder') herzustellen. Während die konkrete Gemeinschaft der Heimatliebe sich auf reale Traditionen stützt, stellen Patriotismus und Internationalismus die Kontiunität mit der Geschichte her durch die Erfindung von Traditionen (Sedanfeier, Maifeier usw.).

Wenn man unter Gesellschaft den Gegensatz zur Gemeinschaft versteht und damit das soziale Verhältnis miteinander konkurrierender Individuen meint, dann verkörperten Heimatliebe, Patriotismus und Internationalismus dazu verschiedene

Oppositionen mit partiell kongruenten (Gemeinschafts)strukturen. Je auf ihre eigene Art widersetzten sie sich gegen die ‚neue Sachlichkeit' des aufkommenden Kapitalismus und Industrialismus. Patriotismus und Internationalismus waren in gewissem Sinne abstrakte Antworten auf die Abstraktionen einer verdinglichenden Warengesellschaft." (Van der Linden 1989, S. 5f.)

Somit nimmt es kaum Wunder, daß die Nationalismen des ausgehenden 19. und beginnenden 20. Jahrhunderts ihre emotionalen Anknüpfungspunkte am Bauerntum und der Landschaft finden, die sie zum Gesellschaftsmodell stilisieren: Landschaft und Bauerntum als mystisches Versprechen der Erlösung von der Zivilisation im Modell einer ewiggültigen geschilderten statischen Ordnung sind Topoi, die sich besonders in den nationalistischen Varianten der „Initiations-Romane" (Mergner 1989) vor dem Ersten Weltkrieg finden. Hatte die bürgerliche Initiationsliteratur des 18. und 19. Jahrhunderts noch primär die „Sozialisation der Seelen" (Mergner) in die Geschlechtsrollenstereotype verfolgt, so „(benötigte) die politische-kulturelle Situation des nationalen Imperialismus um die Jahrhundertwende eine neue Pädagogik der nationalen Identitätsstiftung, auch als Antwort auf den wachsenden Einfluß der Arbeiterbewegung. (...) Diese Propaganda orientierte die jugendliche Phantasie auf die zukünftigen gesellschaftlichen Rollen und Aufgaben im Nationalstaat und stattete diese mit Allmachtphantasien und Gefühlskitsch aus." (Mergner 1989, S.138) Die Stadt wird in dieser Literatur zur Negativprojektion, gegen deren Verführungen standhaft zu bleiben zum Maß des Initiationserfolgs des „soldatischen Mannes" (Theweleit) wird. Erliegt der Jugendliche ihren Verführungen, ist er für die Zukunft verloren:

„Die lockenden, die falschen mütterlichen Versuchungen wohnen um die Jahrhundertwende häufig in dem modernen ‚Venusberg' einer fremden Stadt. Wenn ‚Frau Venus' stärker wird als die Erinnerungen an die liebende Mutter, dann ist ihre Leibesfrucht keinen Pfifferling mehr wert. ‚Du bist mein Kind nicht mehr', dieses Urteil ist schlimmer als ein Tod. Es wäre besser, man wäre nie geboren worden, der Junge, das Mädchen sind endgültig verloren, auch wenn sie zurückkommen sollten." (Mergner 1989, S.143).

In der nationalsozialistischen Heimatliteratur findet der Topos der die politische und sexuelle Ordnung bedrohenden Großstadt seinen Höhepunkt. Der nationalsozialistische Roman „Mutter Berta“ von Rudolf Haas konzentriert die Elemente des Topos in einem Satz:

„Im Sumpf der Großstadt, im Schmutz und Laster der Dirnenkneipen waren sie seelische und sittliche Analphabeten geblieben, tierähnlich in der Stellung ihrer Urtriebe, bis zur Gefühlslosigkeit selbstsüchtig und roh“ (zit. nach Mergner 1989, S.146).

2. Das Chaos verliert seinen Schrecken

Dieses Stadtbild ist Vergangenheit. Der gesellschaftliche Selbstaufklärungsprozeß nach 1968 dechiffrierte die reaktionäre ordnungspolitische Funktion dieser Ängste und kritisierte die inhumane Logik geschlossener Gesellschaften. Kritikfähigkeit, Mündigkeit, neue Lebensentwürfe waren wieder als Utopie mit der Stadt assoziiert, wer dagegen organische Ordnungsmetaphern setzte, stand jenseits der Moderne. Doch die Emphase währte nur kurz: War nicht auch der Holocaust Produkt der Moderne, das Fließband Vorbild für Auschwitz? Steckte in den zentralistischen Gegenmodellen nicht dieselbe Logik der Fabriksgesellschaft, die man bekämpfte? Und liefen nicht alle Modelle eines stetigen „Fortschrittes“ auf eine in Funktionalität erstarrte Welt hinaus, gegen die sich Huxleys und Orwells Utopien wie Beschreibungen leidlich angenehmer Lebenswelten lesen?

Das Unbehagen an der Aufklärung fand in Frankreich die prägnantesten Formulierungen. Was Horkheimer und Adorno bereits erahnt hatten, die tragische Komplizenschaft der Aufklärung mit der Zerstörung der Möglichkeiten des Humanen, wurde zum Zentralthema der französischen Philosophie. Die „großen Erzählungen“ – geschlossene Sinnsysteme zur Welterklärung – seien zu Ende, es bliebe das Nebeneinander der vielen Geschichten, von denen jede wahr sein könnte – damit schockierte J.F. Lyotard die kanadische Regierung in einem Bericht. Was in diesem Schlüsseltext der Postmoderne angesprochen wurde, baute auf vielen Vordenkern auf. Foucault hatte dem Wissen die Unschuld geraubt und den „Willen zum Wissen" als Dispositiv der Macht analysiert, einer Macht, die kein Zentrum hat, sondern sich bis in die kleinsten Alltagsverrichtungen verästelt. Historiker aus der Anales-Schule hatten parallel dazu das Mißtrauen an Konstrukten wie Nation und Klasse genährt, die angeblich eine gemeinsame Geschichte hätten, und auf die Verästelung und Dezentralität historischer Erfahrung verwiesen. Und auch der Kern der Aufklärung, das Individuum, geriet unter Verdacht, die private Parallele zur allumspannenden Bürokratie, dem Weberschen Gehäuse der Hörigkeit zu sein, ein Gefängnis, dem zu entrinnen bisher nur dem Schizo gelungen sei. Die kritischen Gegenbewegungen setzten bald nicht mehr an den Zentren der Welt an: Die Peripherie wurde wichtiger als die Großstadt, die Randgruppen ersetzten die Arbeiterklasse als politischen Orientierungspfeil, der Stadtindianer den Genossen. Die unberechenbaren Verästelungen des Rhizoms wurden zur neuen politischen Geometrie der Intellektuellen, die ihre Vorliebe für zentralistische Gesellschaftsmodelle in dem Maß verloren, in dem ihnen ihr jahrhundertealtes Privileg, im Schatten der Mächtigen ein auskömmliches Leben zu führen, abhanden kam. Mehrere reale Erfahrungen vermischten sich bei diesem Desillusionierungsprozeß: Da war einmal die Erfahrung des Terrorismus, das Abgleiten hochintelligenter politischer Köpfe in eine Wahnwelt von Strategien, die nicht einmal einen Hauch von Realitätsnähe hatten und die ihre Träger ihren Verfolgern aus dem Polizeiapparat immer ähnlicher werden ließen. Dazu kam die durch Medien und Verwandtenbesuche erfahrbare Tristesse des „realen Sozialismus". Keiner, nicht einmal der Wohlmeinendste, konnte angesichts des DDR-Alltags und der Trabiidylle noch mit der Überlegenheit dieses Modells, dem neuen Menschen, der dort entstünde, argumentieren. Und auch die Dritte Welt spielte nur kurz widerspruchslos die Rolle der Projektionsfläche für Linksintellektuelle: Bei näherem Hinsehen erwiesen sich die dortigen Gesellschaftskonzepte doch fremd und nur für einen Fernurlaub geeignet, und der europäische pädagogische Zeigefinger der Aufklärer wurde von den lateinamerikanischen, afrikanischen und asiatischen Intellektuellen schnell als Kulturimperialismus abqualifiziert. Geschlossene Denksysteme wurden in den achtziger Jahren zu den realitätsfernen Begleitern menschenfeindlicher geschlossener Gesellschaftsysteme.

Das Unbehagen an der Enge der gängigen Denkmodelle bekam bald verschiedene Namen: Feyerabend forderte zum „anything goes" auf, Prigogine attackierte das „cartesianisch-mechanistische Weltbild", dem er Komplexität als Gegenbegriff gegenüberstellte. Verschiedene „New age"-Philosophien beriefen sich ebenso auf den Zusammenbruch logisch-rationalen Denkens wie seriöse Wissenschaftskritik. In den Sozialwissenschaften rückte zuerst das Individuum mit seinen Wünschen in den Vordergrund, und dann wurde auch das soziale Subjekt unter neuer Perspektive gesehen: Das Nachdenken über die Selbstorganisation sozialer Systeme löste ansatzweise die Herrschaftsperspektive der Steuerbarkeit ab. Die Auflösung tradierten Wahlverhaltens, die zunehmende Realität eines nicht mehr jede obrigkeitliche Entscheidung akzeptierenden Bürgers. Politische Selbstartikulation durch neue soziale Bewegungen und Bürgerinitiativen machten das Bild einer staatlich reglementierten Gesellschaft immer mehr als Schreckensbild kenntlich. Die „civil society" begann, sich ihren Weg zu bahnen.

An den Universitäten wollte man diese Entwicklung lange nicht wahrhaben – schließlich verloren auch sie dadurch ihr Wahrheitsmonopol und mußten sich der Öffentlichkeit stellen. So war es auch ein Charakterisitikum des Paradigmenwechsels der achtziger Jahre, daß die Universitäten dabei kaum eine Rolle spielten. Dies mag ein Grund dafür sein, daß eine naturwissenschaftliche Revolution lange Zeit unbemerkt mit diesen gesellschaftlichen Prozessen mitlief: Die Abkehr von der Idee einer hierarchischen Ordnung der Universalien. Heinz von Foerster hatte 1960 versucht, die Selbstorganisation eines offenen Systems mit dem Prinzip „order from noise" zu erklären, Ilja Prigogine das Modell der dissipativen Strukturen in die Diskussion eingeführt, und Manfred Eigen die Selbstorganisation der Materie (vgl. Krohn/Küppers 1989. S.69) beschrieben. Die klassischen Naturwissenschaften mochten sich mit diesen Ansätzen nicht anfreunden, stellten sie doch Chaos und Ordnung gleichberechtigt nebeneinander. Vor allem eröffneten sie ein neues Interesse an Prozessen, nicht an Zuständen. Die Mathematik dazu stand schon lange bereit: mit der Rekursion beschäftigte sich schon der dänische Astronom Elis Strömgen um die Jahrhundertwende, als er die Bewegung eines Planeten im Gravitationsfeld zweier Sonnen berechnete – allerdings brauchte er dazu vierzig Jahre und siebenundfünfzig Mitarbeiter (vgl. a.a.o.; S.75), die Katastrophentheorie – allein der semantische Unterschied ist frappierend – hatte als Vorläufer der Chaostheorie ein erstes mathematisches Modell diskontinuierlicher Prozesse entwickelt (vgl. Zeemann 1970). Aber erst die Entwicklung leistungsfähiger Computersysteme erlaubte es, Rekursionen schnell und effizient zu berechnen. Und erst sie erlaubten auch den wesentlichen Erkenntnisgewinn einer Disziplin, die sich später „Chaosforschung" nennen sollte: die Erkenntnis der sensitiven Abhängigkeit von den Ausgangsbedingungen. Das Chaos, früher Gegenpol der Struktur, wurde schnell selbst zum Strukturbegriff, der besser geeignet schien, natürliche wie gesellschaftliche Prozesse zu beschreiben als die Statik monokausalen Ursachen-Folge-Denkens. „Chaos" war nun keineswegs Regellosigkeit, sondern vielmehr Chiffre für Metaregeln, für Polyregularität (vgl. Paslack 1989, S.321). Diese Metapher hat nichts mehr von einem Bedrohungsbild an sich: Das „Apfelmännchen", als Ikone iterativer Selbstähnlichkeit längst Alltagsbegriff, ist Chiffre für die freundliche Natur der Fraktale, der Leser postmoderner Literatur läßt sich vergnügt ein auf das Spiel mit dem endlos geflochtenen Band der Selbstreferenz. Und auch in der Architektur scheint eine neue Sichtweise gegenüber dem Unreglementierten zur Diskussion zu stehen: „Dekonstruktivistische Architekten wie O. F. Gehry, B. Tschumi oder Z. M. Hadid streben – partiell unter Anknüpfung an die Arbeiten der russischen Avantgardisten zu Beginn des Jahrhunderts – nach einer visuellen Destabilisierung der Struktur.‚Dekonstruktion' meint dabei nicht Zerstörung, sondern erwächst aus der Ablehnung traditioneller Werte ,wie Harmonie, Einheit und Stabilität und aus der Annahme einer anderen Sicht von Struktur: der Sichtweise, daß die Defekte der Struktur innewohnen. Sie können nicht beseitigt werden, ohne die Struktur zu zerstören, sie sind in der Tat strukturell.' (...) Die dekonstruktive Verformung und Öffnung der reinen Form sorgt ‚für eine dynamische Komplexität örtlicher Beziehungen, die sie besser mit der funktionalen Komplexität deckt' als bei den Modernisten. ‚An die Stelle der Form, die der Funktion folgt, tritt die Funktion, die der Deformation folgt.'" (M. Wigley zit. nach Paslack 1989, S.135). Das Chaos als Bedrohungsbild hat ausgedient.

3. Die Simulation des Urbanen

Die begriffliche Fassung der Stadt als eigenständige raumzeitliche Einheit war eine Selbstverständlichkeit im Denken des 19. Jahrhunderts. Wer heute von Urbanität spricht, spricht nicht mehr von einem schichtübergreifenden Modell: Urbanität heute meint das Kulturverhalten städtischer Bildungsschichten. Hier ist die Economy of scale der Vorsprung der Stadt, denn nur die vielfältige Konfrontation von Kunstschaffenden und sozialen Innovatoren kann jene Vielfalt an Lebensstilen hervorbringen und auf Dauer stellen, die kulturelle Produktivität am Leben hält. Als Ort kultureller Rezeption verliert die Stadt jedoch ihren privilegierten Status: Seitdem die Tourismusindustrie entdeckte, daß Schuhplattlerabende langfristig dem Publikum zu wenig sein werden, wird das Land zur Kulisse früher städtischer Veranstaltungsdesigns: Philosophie, Literatur, Tanz, Theater – damit werben heute ländliche Regionen ebenso wie Städte im Kampf um die Gunst des kaufkräftigen Kulturtouristen. Die Stadt als Rezeptionsort hat nur mehr den Vorteil, mehr von allem auf einmal bieten zu können – die grundsätzliche Kulturdifferenz wandelte sich in eine Quantitätsdifferenz.

In der Sprache des 19. Jahrhunderts hieß Stadt soziokulturelle Absetzung vom Land, deklinierte eine über Klassengrenzen hinausreichende gemeinsame Erfahrungswelt. So konnte diese Homogenisierung auch als Utopie gedacht werden, als Ort, der für die Mehrheit erst zu erreichen sei. Die Auflösung räumlicher Differenz, die das ausgehende 20. Jahrhundert charakterisiert, hat auch den Utopos zerstört. Wo alle Orte schnell erreichbar sind und ihre Bilder konservier- und transportierbar, verschwimmt der Unterschied Stadt–Land, das Alltagsverhalten verliert an Differenz. Was für die Großstadt bleibt, ist ihr Vorteil der Größe und Anonymität: Der sozialen Kontrolle im Dorf kann sich nur der entziehen, der es verläßt: in der Stadt genügt das Umsiedeln in einen anderen Bezirk. So gehen Lebensstildifferenzierungen noch immer von den Städten aus, umso mehr, je anonymer sie sind. London, Paris, Rom zeigen hier sicher größeren Spielraum als Wien, das sich unter dem Schlagwort der Stadterneuerung manchmal in eine Ansammlung von Dörfern rückzuverwandeln scheint. Dies wäre der endgültige Tod der Großstadt, wenn unterschiedliche Lebensstile wieder ins städtische Dorf rückgebunden würden: Utopie kann Stadt heute nicht mehr sein, die Welt ist das globale Dorf McLuhans, den Ort der Sehnsucht gibt es nur mehr im Reiseprospekt. Was es noch gibt, sind unterschiedliche Formen, mit seiner Zeit umzugehen, sind subkulturelle Differenzierungen ohne zentrale Reglementierung. Wenn Großstadt dafür noch Uchronie (Helga Nowotny) sein kann, Ort der unreglementierten Zeiten, dann lohnt es sich noch, in ihr zu leben.

Die Generation der jetzt 30 bis 40-jährigen ist die letzte Generation der Städter, für die Stadt noch Utopos war. Noch in zentralen Wertsystemen großgeworden, hat für sie die Stadt eine unverwechselbare Schrift. Diese zu entziffern, setzt noch den Blick des 19. Jahrhunderts voraus: Orte sind lesbar als Chiffren einer Epoche. Die Bildkultur der elektronischen Medien hebt die Statik des Blicks auf: Aus Orten werden Knoten im Netzwerk, der Citoyen wird verwandelt in die „projektile Existenz" (Dietmar Steiner) Max Headrooms, dessen Raum der Nicht-Ort elektronischer Zeichen ist. Nicht untypisch, daß 1990 Glasgow die „European city of culture" war: Die großflächig verfallene Industrieagglomeration, die je nach Bedarf für unterschiedliche Nutzungen adaptierbar ist, ist typischer für die Zukunft als die ihren Prunk restaurierenden mitteleuropäischen Zentren. Sie ist Universalbühne, konzipiert für den kurzbleibenden Besucher, der die Lust an der Inszenierung sucht. Städte, die sich als Kulisse festlegen, beschränken ihr Repertoire: auf Seifenopern, ist zu befürchten.

Im 19. Jahrhundert erreichten die Städte als raumzeitliche Einheit ihren letzten großen Höhepunkt. Einen Höhepunkt, der bereits den Keim des Verschwindens der Städte in sich trägt. In Folge sprunghafter Entwicklungen der Technologie und Strategie des Krieges verliert die Stadt ihre ursprüngliche Funktion als kriegerische Einheit. Die räumliche Begrenzung des Krieges löst sich auf. Das ganze Universum wird Kriegsschauplatz. Der neue Krieg der Projektile und mobilen Festungen brachte die am Ballett geschulte Choreographie des Krieges zum Verschwinden. Der Krieg mutierte vom klassischen, an Raum und Zeit gebundenen Theater, zur – wie zu befürchten ist – unendlichen Folge von Universalereignissen. Die Verwaltungsgrenzen der Stadt schoben sich in das Umland. Orte, die früher selbstständige Verwaltungseinheiten gewesen waren, wurden dem Stadtkörper einverleibt. Planungsverbände wurden gegründet. Die Außenpolitik der Städte ist zu einem neuen Schwerpunkt der Kommunalpolitik geworden. Neue Kommunikationstechnologien haben die Informationsfunktion der Städte simulierbar gemacht. Neue Kontrolltechnologien haben das Auge Gottes auf die Erde geholt. Netzwerke von Videokameras, die über Terminals gesteuert werden, klären die Städte auf. Beobachtungssatelliten erhellen ganze Erdstriche: „Wenn wir heute in der Cinecittá leben, dann beruht das auf dem Einsatz künstlichen Lichts, sodann auf dem Kino bzw. Video, die dieses Licht abgelöst haben.“ (Paul Virilio im Gespräch mit Ulrich Rauff in „Leben in Cinecittá“, Bauwelt 1987, Heft 12, S.411) Mit der fortschreitenden Kapitalisierung von Forst- und Landwirtschaft, mit dem Entstehen eines Immobilienmarktes am Lande, wird allmählich auch das ökonomische Austauschverhältnis von Stadt und Land einem grundlegenden Wandel unterworfen. Die Ergebnisse der gesellschaftlichen Produktion raumzeitlicher Strukturen können begrifflich nicht mehr als Stadt, Dorf, begrenzte Nutzflächen (Wirtschaftswald, Alm, Ackerbauflächen) und freie Landschaft gefaßt werden. Das neue raumzeitliche Entwicklungsmodell folgt einer universellen Programmlogik. Die materiellen Ergebnisse der Raumzeitproduktion sind vielfältiger geworden. Bezeichnungen für sie sind noch zu (er)finden.

Bilder und Bildelemente zahlreicher vergangener und einiger weniger gegenwärtiger Städte und Stadtteile vermischen und überlagern sich heute zu einem verschwommenen Begriff von Stadt, wie er in Alltags- aber auch zahlreichen Fachsprachen verwendet wird. Mit diesem Begriff ist unauflöslich eine Lebensform und mit ihr die Vorstellung einer überschaubaren Lebenswelt verknüpft, in der die gesellschaftlichen Funktionen des Lebens „in Funktion der zeitlich geregelten Benutzung von gestalteten Räumen übersetzt werden. Aber spätestens im 19. Jahrhundert wird die Stadt zum Schnittpunkt funktionaler Zusammenhänge anderer Art“ (Habermas 1982, S.58). Die sichtbare Übersetzung von gesellschaftlichen Funktionen in Raum und Zeit geht verloren. Die Stadt „wird in abstrakte Systeme eingebettet, die als solche nicht mehr ästhetisch in eine sinnfällige Präsenz eingeholt werden können“ (Habermas). Die in der zweiten Hälfte des 19. Jahrhunderts veranstalteten großen Industrieausstellungen befinden sich bereits jenseits dieser für die Geschichte der Produktion raumzeitlicher Strukturen bedeutsamen Schwelle. Mit großem architektonischen Aufwand wird verlorengegangene Überschaubarkeit in einer Schau inszeniert, ein verlorengegangendes Wesensmerkmal der Stadt simuliert, als könnten die den Grenzen der Stadt entwachsenen Märkte in die Grenzen städtischer Lebenswelt zurückgeholt oder gar eine von Veranstaltungsort der Weltausstellung zu Veranstaltungsort der Weltausstellung wandernde Verortung eines in Entstehung begriffenden Weltmarktes vorgenommen werden.

Mit dem Ende der Stadt als raumzeitliche Einheit beginnt zugleich die Arbeit an der Rekonstruktion der Stadt.

Die Romantiker des posturbanen Städtebaus hofften, daß die Ausstrahlungskraft neu zu schaffender Gartenstädte das Wachsen der Großstadt aufsaugen würde. Die Großstadt sollte sich in ein Netz von Gartenstädten auflösen.

„Die anderen, die Reformer – moderne Rationalisten – wollten das Chaos der alten Metropolen mit funktionalistischem Idealismus in eine bessere Ordnung zwingen“ (Kapfinger 1990, S. 128). Die Stadtvision von Le Corbusier, dem großen Meister des rationalistischen posturbanen Städtebaus, versucht den

Stadtraum als Raum kontrollierter Erstreckung – als „finitive Stadt“ – zurückzugewinnen. Sie stellt eine Vision dar, die einen Raum wieder zur Stadt machen will, der keine Stadt mehr ist: die Großstadt (Hilpert 1982). In diesem Ziel der Rekonstruktion der Stadt als begrenzte Einheit, und nur in diesem Ziel, stimmen Romantiker und Rationalisten überein.

Die Utopie der Romantiker forderte eine Rückkehr zu vorindustriellen Wirtschafts-, Gesellschafts- und Bebauungsformen. Sie verlangte nach einer Drosselung der Wachstumskräfte, einer Verlangsamung aller Tempi (vgl. Kapfinger 1990). Den Schritt zurück in das vorindustrielle Zeitalter wollen auch die Neoklassiker des posturbanen Städtebaus, die Brüder Krier gehen, um ihre Sehnsüchte nach der Auferstehung vergangener Städte zu erfüllen.

Die städtebauliche Umsetzung der Ordnungsvorstellungen der Moderne hatte den starken Staat zur Voraussetzung. Die chaotische Großstadt sollte unter Kontrolle gebracht werden. Die Aufgabe erforderte eine politische Kraft, die über Mittel verfügte, eine neue funktionale und formale Ordnung durchzusetzen.

Wer in den Großstädten der Gegenwart lebt, wird weder eine Rückkehr in ein vorindustrielles Zeitalter, die Voraussetzung der Rekonstruktion der Stadt nach dem Muster der Romantiker und Neoklassiker, noch die Kontrolle der gesellschaftlichen Produktion raumzeitlicher Strukturen durch eine starke Hand, die Voraussetzung der Rekonstruktion der Stadt nach dem Muster der Rationalisten, feststellen können. Vielleicht mag er ersteres bisweilen bedauern, zweiteres kann sie wohl nur begrüßen.

Doch die Leitbilder der Romaniker und Rationalisten leben in den Köpfen der Architekten, Städteplaner und Politiker weiter. Das Projekt der Rekonstuktion der Stadt wird zur Endlosschleife eines posturbanen Städtebaus. Daß die Rekonstruktion der Stadt ein hoffnungsloses Unterfangen bleibt „ist kein Versagen der modernen oder irgendeiner Architektur“ (Habermas), sondern Ausdruck politischer, sozialer, ökonomischer und technologischer Entwicklungen. Denn die neu entstandenen raumzeitlichen Strukturen, die den Namen alter Städte tragen, sind dem alten Stadtbegriff entwachsen. So werden niemals wirklich Wesensmerkmale der Stadt, städtische Elemente rekonstruiert, vielmehr entstehen immer neue Variationen von simulierten städtischen Elementen. Die Industrieausstellungen des 19. Jahrhunderts werden so zum Modell des posturbanen Städtebaus. Die Großstadt mutiert zur potemkinschen Welt.

4. Das Ende der potemkinschen Welt

Das Bauhaus als Labor der Moderne begegnete dem Verlust der sichtbaren Ordnung der Umwelt vor allem ästhetisch. Henry Russel Hitchcock und Philipp Johnson, die amerikanischen Architektur-Historiker, zeigen in ihrem Buch „The International Style" bereits 1932, daß eine Ästhetik der Ordnung die Hauptsorge der modernen Architekten war. Nicht eine Verwissenschaftlichung der Architektur, eine Architektur, die in ihrem Wesen den technologischen und gesellschaftlichen Möglichkeiten der Zeit entspricht, wurde erreicht, vielmehr eine neuer Stil geschaffen.

Die Zweite Moderne (Heinrich Klotz) hingegen entwirft eine Ästhetik des Bruchs, des Widerspruchs, des Bewußtmachens verlorener Sicherheit und gewonnener Freiheit. Sie erklärt jeder in sich geschlossenen Weltanschauung ihr Mißtrauen. Ihre Vertreter, wie zum Beispiel Rem Koolhaas, versuchen „ein Stück Wahrheit, nämlich das Kaputte, das Zerstörte, mit Architektur herauszuarbeiten. Denn das Fragmentarische ist ein wesentlicher Bestandteil unseres Lebens" (Heinrich Klotz im Gespräch mit Nikolaus Kuhnert, In: arch+ 86/1986, S. 62). Die Werke der Zweiten Moderne sind jedoch keineswegs nur einfache Spiegelungen der kaputten, zerstörten, chaotischen Welt, die sie umgibt. Ihre Schöpfer interpretieren und erhöhen vielmehr das Bruchstückhafte. Sie gelangen zu Einsichten, die über das hinausgehen, einfach zu sagen, die Stadt ist kaputt. Dazu müssen sie aber das zerbrochene Ganze nicht zusammenkleistern, das Kaputte nicht glätten und harmonisieren. „Das Ideal einer besseren Welt wie Ordnung, verkörpert im formalen Kodex einer Architektur, ist mit dem Verlust der Planbarkeit der Welt irreal geworden" (Weiß 1989, S. 911).

Rem Koolhaas verlangt, daß die Architektur jeden Anspruch auf Verkörperung eines Idealbildes aufgibt, „um durch den Leitgedanken der permanten Revision ihre Glaubwürdigkeit zurückzufinden. Doch keine Revision ohne Vision. Bedingung für eine Architektur permanenter Revision ist ein Ausgangspunkt, der architektonische Qualitäten aufweist. ... Sollte es einen neuen Städtebau geben, so kann sich dieser nicht auf die Zwillingsphantasie von Ordnung und Allmacht stützen: Die neue Stadtplanung wird eine Inszenierung der Ungewißheit sein."

Das Instrumentarium dazu wird immer wieder neu zu erfinden sein: „Wie die neuen Produktionsprozesse von der Großserie auf mit aufwendiger Lagerhaltung normierter Teile umstellen auf kurzfristige individuelle Produktion, so muß sich Stadtplanung, will sie heute überhaupt noch eine Relevanz haben, vom starren Masterplan-Denken verabschieden und ihr schwerfälliges Instrumentarium ersetzen durch Strategien, die ad hoc auf politische Willensbildung und ökonomischen Druck reagieren. Konsequenterweise wird sich eine neue Vorstellung von Stadt und Ordnung einstellen müssen, die pulsierendes Leben nicht mit dem Verweis auf die Historie und mit funktionalistischer Sterilität erstickt, sondern in seiner ganzen individuellen Ausdruckskraft sichtbar werden läßt. Diese Entfaltung wird sich umfassender Kontrolle entziehen" (Hans Kollhoff in einem Gespräch mit Nikolaus Kuhnert, in: arch+).

Die Architekten und Städtebauer der Zweiten Moderne blicken nicht mehr wie die Neoklassiker zurück in untergegangene vorindustrielle Welten und auch nicht wie die Utopisten der Moderne nach vorne in wohlgeordnete Welten der Vernunft. Ihr Blick ist der kühle, nüchterne, ungefilterte Blick auf die Fragmente, Bruchstellen und Widersprüche der Gegenwart. Er ist mit dem naturalistischen Blick Laugiers verwandt, der am Beginn der Aufklärung in seiner Theorie zur Stadtgestaltung jede vorgefaßte Idee von städtischer Ordnung zu überwinden sucht: „Wer einen Park wohl zu zeichnen versteht, wird auch ohne Mühe den Plan zeichnen, nach dem eine Stadt entsprechend ihre Ausdehnung und Lage gebaut werden soll. Man braucht Plätze, Kreuzungen und Straßen. Man braucht Regelmäßiges und Bizarres, Entsprechnungen und Gegensätze, Zufälligkeiten, die Abwechslung ins Bild bringen, eine große Ordnung in den Einzelheiten, im Ganzen aber Verwirrung, Durcheinander, Tumult" (Laugier 1765, S.312).

Die Fähigkeit des Landschaftsgärtners mag dem Städtebau des 18. Jahrhunderts entsprochen haben, der posturbane Städtebau Europas an der Schwelle zum neuen Jahrhundert erfordert anderes:

zu reagieren
im Spiel mit dem Feuer der Modernität.
im Europa der Gegenwart,
auf die Kräfte der Großstadt
wie ein Surfer auf die Wellen,

gegenüberzutreten
der Architektur
unschuldig wie Kinder,
die mit Streichhölzern spielen,

sich vorzustellen,
ein Ende der potemkinschen Welt.

(montiert nach Rem Koolhaas)

LITERATUR

arch+ 1990, Heft 105, 106: Die Inszenierung der Ungewißheit. Rem Koolhaas im Gespräch mit Nikolaus Kuhnert und Philipp Oswalt.

arch+ 1990, Heft 105, 106: Architektur contra Städtebau. Hans Kollhoff im Gespräch mit Nikolaus Kuhnert.

arch+ 1986, Heft 86: Architektur zwischen Anthropologie und Kinetik. Heinrich Klotz im Gespräch mit Nikolaus Kuhnert.

Bauwelt 1987, Heft 12: Leben in Cinecittá. Paul Virillo im Gespräch mit Ulrich Rauff.

Gebhardt, E. 1988: Die Stadt als moralische Anstalt. Zum Mythos der kranken Stadt. In: Scherpe, Klaus R. (Hrsg.): Die Unwirklichkeit der Städte. Großstadtdarstellungen zwischen Moderne und Postmoderne. Reinbeck.

Habermas, J. 1982: Moderne und postmoderne Architektur. In: arch+ 1982, Heft 61.

Hilpert, Th. 1982: Die Stadt als kulturelle Vision. Die Stadtutopien der Moderne. In: arch+ 1982, Heft 65.
Kapfinger, O. 1990: Großstadtarchitektur. Modernität nach der Postmoderne – Leitbilder für eine neue Gründerzeit in Wien? In: Wiener Stadtentwicklungssymposium. Beiträge zur Stadtforschung, Stadtentwicklung und Stadtgestaltung, Band 24. Wien.
Krohn, W./*Küppers*, G. 1989: Rekursives Durcheinander. Wissenschaftsphilosophische Überlegungen. In: Kursbuch 98/1989, S. 69 - S.83. Berlin
Laugier M. A. 1765: Observations sur l'Architecture. La Haye.
Mergner, G. 1989: „Frau Holle" und die „Vorhölle". In: Mergner, G./Gottwald, P.: Liebe Mutter – Böse Mutter. Angstmachende Mutterbilder im Kinder- und Jugendbuch. Oldenburg
Paslack, R. 1989: „…da stellt ein Wort zur rechten Zeit sich ein". Die Karriere des Chaos zum Schlüsselbegriff. In: Kursbuch 98/1989, S.69 - S.83. Berlin.
Van der Linden, M. 1989: Heimatliebe, Patriotismus, Internationalismus. Vortrag für den 11. Workshopkongreß für politische Psychologie der Sektion „Politische Psychologie" des Berufsverbandes Deutscher Psychologen (BDP), Universität Oldenburg, 23. - 25. November 1989. Unv. Manuskript. Oldenburg.
Weiß, K. D. 1989: Am Ende der Mikado-Theorie. In: Bauwelt 1989, Heft 20.
Zeemann, E.C. (1977): Catastrophe Theory. London – Amsterdam.

Bazar in Sarajevo

I

Der neue Städter, Metropolenkultur und Stadtgesellschaft

Die neuen Städter schicken sich an, aus der Balance zwischen emanzipatorischen Ansprüchen und der Lebens- und Konsumwelt eine Lebensform mit Stil und moralischen Qualitäten zu entwickeln. Der kritische Konsument ist nicht länger nur die Erfindung pfiffiger Verkaufstrategen, der pragmatische Moralist ein tatsächlich existenter Zeitgenosse.

Hartwin Möhrle

HARTWIN MÖHRLE

DER NEUE STÄDTER

„Ach, wissen Sie“, sagt Monika Hermann-Simsch, „die Urbanität, das Gerede von der Metropole Frankfurt, das sind alles flotte Sprüche. Mich fasziniert gerade der kleinbürgerliche Charakter der Stadt.“ Ist das Wetter schön, sitzt die 43-jährige Restauratorin vor ihrem Art Deco-Studio an der Rückseite der wiederaufgebauten Ostzeile auf dem Frankfurter Römerberg. Den Kopf erhoben, das braune Haar jugendlich lang und offen, erzählt sie von ihren Reisen durch ganz Europa. In Brüssel oder Paris sucht sie nach edelsten Möbelstücken aus der Jugendzeit unseres Jahrhunderts: kunstvolle Mahagonitische, ausladend geschwungene Sessel oder fein gezeichnete Schreibtische, die sie in ihrer Werkstatt sorgfältig restaurieren läßt.

Der Kreis potentieller Käufer für solche Ware ist begrenzt. Das läßt ihr genügend Zeit, im Schatten der Arkaden gegenüber der Kunsthalle Schirn mit Nachbarn zu plaudern oder Bekannte, die zufällig vorbeikommen, zu einem Glas Weißwein einzuladen. So mag sie es am liebsten: nicht nur mitten in der Stadt will sie sein, sondern auch mitten unter ihren Menschen.

Gesellige Menschen wie Monika Hermann-Simsch wären in den sechziger oder siebziger Jahren – abgestoßen von Lärm, Gestank und Anonymität – noch aus der Stadt geflüchtet, in eine kleine Taunusstadt, den typischen Flachdach-Bungalow und einen Garten voller Blautannen vielleicht. Solche Idylle hat für die ausgebildete Buchhändlerin und ehemalige Betriebswirtschaftsstudentin jedoch längst an Attraktivität verloren. Kelsterbach, die Kleinstadt unter den ein- und ausfliegenden Flugzeugen im Südwesten von Frankfurt, wo sie mit ihrem Mann, einem erfolgreichen Unternehmensberater, bis vor kurzer Zeit ihr Elternhaus bewohnte, ist nicht mehr das, wonach sie sucht: das Leben im Schnittpunkt der Ereignisse.

Nach dem Motto „wenn schon in die Stadt, dann aber richtig“, sicherte sich das Ehepaar gleich einen ausgesprochenen

Logenplatz: sie kauften eines der extravaganten, von verschiedenen renommierten Architekten entworfenen Stadthäuser in der Saalgasse gleich neben dem Römer. Jetzt hat sie das bunte Treiben vor der Haustür: Zigtausende strömen vorbei in die Schirn zu Kandinsky-, Pop- und Oskar Schlemmer-Ausstellungen; Literatur und Jazz in den römischen Ruinen vor dem Dom lösen Hochzeiten und Demonstrationen auf dem Römer ab; Touristen, die alles fotografieren, was ihnen vor die Kamera kommt, sogar die Menschen in den sozial geförderten Wohnungsbauten direkt gegenüber. „Ein guter Platz“ freut sich die neue Städterin und genießt den Spaziergang zur Kleinmarkthalle, den Einkauf beim türkischen Metzger oder dem oberhessischen Obstbauern: „Um sich am Frankfurter Leben zu beteiligen, braucht man keinen dusseligen Polo-Club“.

Ein Wort gefällt ihr besonders gut: Vielfalt. Sie sagt es mit Hegel und leicht erhobenem Kopf: „Es gibt immer eine These, eine Antithese und eine Synthese. In der Stadt wird man, ob man nun will oder nicht, mit den Problemen anderer Menschen konfrontiert. Sie ist geprägt vom miteinander Lernen; die Abschottung in eigene Zirkel der Harmonie funktioniert nicht so gut wie in der Kleinstadt. Das ist gut so.“

Monika Hermann-Simsch ist wohlhabend. Sie traf die Wahl für den Lebensraum Stadt relativ unbesorgt. Gleichwohl weiß sie, daß in der Stadt von heute Reichtum kein automatisches Privileg mehr bedeutet – schon gar keine Garantie für die Teilnahme an den Vorzügen des urbanen Lebens. Kein Haus in noch so zentraler Lage, keine luxuriöse Eigentumswohnung „erschließt einem die Stadt, wenn man nicht auch sonst wirklich Teil von ihr ist.“

*

„Wenn du dich an einem Abend in mehr als einer Szene bewegen willst, bist du mindestens einmal falsch angezogen.“ Burkhardt Mell, 29, ist Banker; der Zungenschlag verrät: er kam aus Berlin nach Frankfurt. Weil er das „ganze Spektrum dieser Stadt benutzt“, passiert ihm das öfters. Zwischen morgens und abends entspricht der studierte Betriebswirt ziemlich genau dem Bild, das sich die Leute von einem wie ihm machen:

Grauer Anzug, weißes Hemd, straff gebundene Krawatte. Doch in seiner knapp bemessenen Freizeit treibt er sich an Orten herum, die seine Kollegen aus den Einfamilienhäusern des Frankfurter Umlandes noch nicht einmal vom Hörensagen kennen: Der Kulturszene-Treff im Mousonturm, die Szenen-Kneipe Größenwahn im Nordend, aber auch die Sachsenhauser Ebbelwoi-Kneipe Germania, „bis ich gehört habe, daß sich dort die alten Faschos treffen."

Vor zwei Jahren lockte ihn die Deutsche Bank mit einem Posten in der Abteilung für Konzernentwicklung an den Main. Zuvor hat er in Jugoslawien, den USA und Dänemark gearbeitet. Von seiner kleinen Mansardenwohnung am Rande des Bahnhofsviertels aus kann er sonntagmorgens sogar zum Bahnhof gehen und Brötchen holen. „Alles sollte immer offen haben" lautet seine Bedingung für großstädtische Kultur. Die hiesigen Laden- und Kneipenschlußzeiten ärgern ihn: „Sogar die Dänen kriegen es hin, daß sonntags die Bäckereien offen haben."

Mit dem Fahrrad fegt er am Wochenende den Main entlang, genießt die Möglichkeit, „auch schnell mal draußen im Grünen zu sein." Dort leben möchte er nicht: „Ich kann nicht schlafen, wenn es ruhig ist". Der dauernde Geräuschpegel fungiert als Fühler zur Stadt, wie er sie gern hat: „Schneller wohnen, schneller leben – und alles ist um die Ecke," fügt er schmunzelnd, mit einem leichten Anflug von Selbstironie hinzu. Er fühlt sich wohl bei dem Gedanken, „Teil eines Gebildes zu sein, das sich ständig bewegt". Die Boomtown-Euphorie Frankfurts, durch die Vereinigung der beiden deutschen Staaten noch weiter beschleunigt, kompensiert viele Schattenseiten seines Jobs.

Trotzdem ist er keiner von den Geldmenschen, denen man die Dollarringe unter den Augen und den Rechenschieber im Rückgrat schon von weitem ansieht. Burkhardt Mell, der Profi-Banker steht für den Typus von Städtern, bei denen Beruf und Identität nicht mehr zwingend identisch sind, selbst dann, wenn sie vor lauter Arbeit kaum dazu kommen, ins Museum oder Theater zu gehen. Der Beruf fungiert immer weniger als ausschließlicher Sinnstifter, welcher Werber will heutzutage noch ausschließlich Werber sein, welche Rechnungshofbeamtin nur Beamtin; die Bereitschaft zur lebenslangen Festlegung auf ein und dieselbe Branche sinkt; ein Berufswechsel ist für die neuen Städter immer seltener etwas Anrüchiges. „Was heißt schon Banker", wirft der Banker ein, „bei uns arbeiten jede Menge Lehrer." Die Germanistin in der Marketing-Branche oder der Großhandelskaufmann in der EDV-Beratung sind fast schon die Regel. Auch der Volljurist als Edelversicherungsverkäufer für gehobene Einkommensschichten ist keine Ausnahme mehr und selbst als Dramaturg am städtischen Schauspiel muß man sich nicht mehr dafür schämen, zwischendurch mal als „Konzeptioner" in einer PR-Agentur gearbeitet zu haben.

Burkhardt Mell ist ein typischer Vertreter jener sogenannten „neuen flexiblen Mittelschichten", wie man sie in allen größeren Städten antrifft. Hinter der vielfach, geradezu denunziatorisch angewandten Bezeichnung „Dienstleister" verbirgt sich häufig nichts anderes, als die Angst der eingesessenen Stadtbewohner vor der Veränderung liebgewordener Strukturen. Dabei haben diese Menschen mehr neues Leben in die Stadt gebracht, als so mancher Großstadtgartenzwerg wahrhaben möchte.

„Wir sind kaum so, wie die Leute denken", sagt die Dortmunderin Sigrid Krolle. Als sie noch in Bonn Volkswirtschaft studierte, wollte sie zwei Dinge auf keinen Fall: in die Bank und nach Frankfurt. Jetzt ist die kleine Blonde mit der wuseligen Frisur Finanzanalystin bei der Frankfurter Commerzbank und erzählt gerne von der lockeren Atmosphäre dort, von dem Kollegen etwa, der seine Krawatte immer falschrum an hatte und den Leuten, „die ihre Studenten-Zeit in die Bank hinübergezogen haben".

Ihr Lieblingsplatz ist die Gaststätte „Wirtshaus" auf der Frankfurter Freßgass. Nach Dienstschluß sitzt sie oft hier, plaudert mit Kollegen über zu hohe oder zu niedrige Bewertung von Aktien, beschließt den Arbeitstag mit einem Bier und freut sich auf ihre heimelige Wohnung mit Freund und Kamin im Nordend. Ein bißchen Chaos weht durch die drei verwinkelten Zimmer in der Günthersburgallee; moderne Couch und Glasschreibtisch, Klamotten liegen rum, die Küche könnte auch einer sympathischen WG gehören. Sigrid Krolle geht im Öko-Laden und bei Aldi einkaufen, spekuliert neben ihrem Job an der Börse, legt auch mal Geld an für Freunde; sie hält ihren Beruf für „anständig", kommt ohne Statussymbole aus, hat die Volkszählung boykottiert und sie findet, daß das alles keine zwei Leben sind, sondern ein einziges. Vor allem eines gegen jede Monokultur, gegen die Vereinfachung.

Beide Banker haben ganz unterschiedliche Ansprüche an ihre unmittelbare Umgebung: Lebt Burkhardt gerne mittendrin im Trubel, in zentraler Lage mit Kiez und Kino um die Ecke, gefällt es ihr besser im wohnlichen Nordend, weil es „Charme" hat, „irgenwie gemütlich" ist. Was sie verbindet, ist der Verzicht auf festlegende Zuordnungen zu einem bestimmten Menschentyp: „Ich will nicht einfach katalogisiert, keinem Berufsstand, keiner Szene zugerechnet werden."

Am aktuellen politischen Geschehen nimmt sie zwar nur beobachtend teil, für unpolitisch hält sie sich trotzdem nicht. Gleich gefallen an Frankfurt haben ihr die drei verschiedenen Mülltonnen zur getrennten Sammlung für Glas, Papier und andere Abfälle; von der Rot-Grünen Stadtregierung indes erwartet sie kaum wesentliche politische Veränderungen: „Ich bezweifle, ob es in den großen Fragen, die für so eine Stadt entscheidend sind, wirklich so unterschiedliche Bewertungen in den Parteien gibt. Und soziale Verantwortung hat man doch sowieso."

Burkhardt Mell macht weder mit noch ohne Schlips den Eindruck eines unpolitischen Geldmanagers, selbst wenn er darüber doziert, warum die Banken weit weniger mächtig sind, als ihre Kritiker vermuten. „Die Diskussion um die Beschränkung ihres Einflusses ist kalter Kaffee aus den Siebzigern." Wichtiger scheint ihm die Auseinandersetzung mit dem, was die Frankfurter so gerne multikulturelle Gesellschaft nennen. Ihm gefällt die wildwüchsige Zusammenballung verschiedener Nationalitäten in der Stadt: „Die vielen verschiedenen Ausländer beleben die Stadt, auch wenn man letztlich selbst nur teilweise mit ihnen zu tun hat."

Politik ist für die neuen Städter kaum mehr eine Frage der Ideologien. Der urbane Liberalismus, den sie pflegen, hat viel von der Lockerheit der siebziger Jahre; er ist geprägt von einer gehörigen Portion Skepsis gegenüber allem, was als reine Heilslehre, starre Parteiendoktrin oder fundamentalistisches Gedankengut daherkommt. Sie sehen, was um sie herum vorsich geht – ob es dabei um die Penner im U-Bahnschacht oder die Apartheidpolitik in Südafrika geht. Ihre Moral stützt sich sowohl auf die Wahrnehmung der krisenhaften Erscheinungen in ihrer Umgebung als auch auf den Glauben an deren pragmatische Veränderbarkeit. Job, Karriere und Lifestyle mochten während der kurzzeitigen Yuppie-Konjunktur als exklusive moralische Eckpfeiler gedient haben, für die neuen Städter sind sie längst untauglich geworden.

*

Was in Frankfurt vor sich geht, ist in vielerlei Hinsicht typisch für Entwicklung in unseren Städten überhaupt – sie werden immer mehr zu Dienstleistungszentren. So betrug in Frankfurt zum Beispiel der Anteil der im Tertiären Sektor Beschäftigten, er umfaßt Handel, Banken, Versicherungen, Verkehr, Nachrichtenübermittlung, Dienstleistungen in Unternehmen, Gebietskörperschaften im Jahre 1970 noch 61,4%. 1987 waren es schon 76,4% und die Tendenz geht weiter nach oben.

Wie in keiner zweiten Stadt in Deutschland wächst in Frankfurt eine Angestelltenkultur neuen Zuschnitts heran. Sie wird geprägt von Menschen, die durchschnittlich 5000 Mark und mehr im Monat verdienen, die immer mehr werden – nach Jahren des Rückgangs wächst die Einwohnerzahl – und in der Regel alleine oder zu zweit wohnen. Die Zahl der Ein-Personenhaushalte betrug 1987 bereits 49,4%, die der Zwei-Personenhaushalte 27%. Und was noch wichtiger ist: Sie lieben ihre Stadt.

„Die wiedererstarkte Faszination der Stadt ist letztlich Ergebnis des allgemeinen Wertewandels, der seit den siebziger Jahren stattgefunden hat. Nicht die renovierten Fassaden sondern die veränderten Einstellungen der Leute haben die Städte wieder belebt." Arthur Fischer sagt das mit kräftiger Stimme und offensichtlicher Gewißheit. Der korpulente Mittvierziger ist Chef eines angesehenen Meinungsforschungsunternehmens und ein Frankfurter Urgestein. Das Domizil seines „Psydata"-Teams liegt direkt am „Uhrtürmchen" im Stadtteil Bornheim. Ohne aufzustehen, vom Bürosessel aus, kann er das Treiben auf dem Platz mit dem bestechend kleinstädtischen Charme beobachten: alte Leute, die mit kleinen Hunden an der Leine ihre Runden um den tröpfelnden Brunnen drehen, schicke junge Menschen, die es eilig haben und Hausfrauen mit Kindern und Plastiktüten unter den Armen.

„Solange der Beruf als einziges Feld persönlicher Selbstverwirklichung galt, war die Folge: Abkapselung in der Familie, Rückzug aus dem sozialen Geschehen. Irgendwann, auf breiter Basis dann in den achtziger Jahren, reichte das nicht mehr. Dazu gesellte sich der Prozeß der Individualisierung. Ihm zu genügen funktioniert allerdings nur dann, wenn andere das auch sehen und anerkennen konnten, das entsprechende Umfeld, die kritische Masse vorhanden war, in dem die Bewußtseinsveränderung auch realisiert werden konnte." Das Verhältnis zwischen „kritischer Masse" und „individueller Neigung" formt für Fischer den Typ des neuen Städters. Es ist nicht mehr jener hypochondrische Stadtneurotiker, der in den letzten zwei Jahrzehnten als kokettes Psycho-Wrack zwischen Job, Beziehung und Psychiater durch die Stadt wandelte. „Es sind Menschen mit dem Bedürnis nach sozialen Kontakten, nach dem face-to-face-Erlebnis. Da scherzt die Frau Doktor auf dem Wochenmarkt in unserem Stadtteil mit dem türkischen Händler, und dabei geht es hierbei um viel mehr als um Gemüse."

Was dem Familienvater Arthur Fischer der Wochenmarkt in Bornheim, ist der Rechtsanwältin Daniela Bertram, 29, die „Casa di Cultura" in Bockenheim. Hier tobt noch nicht der Kampf der Gastronomie-Designer. Vor einigen Monaten erst wurden die billigen Deckenlampen gegen Halogenstrahler ausgetauscht, die dunkle Holzverschalung an den Wänden bis auf einen kleinen Rest hell übertüncht. Sponti-Fußballer, „Studies" und italophile Sprachkursteilnehmer füllen hier eines der wenigen noch verbliebenen alternativen Refugien im Unistadtteil mit Leben. Wilde Bilder vom Koch oder Fotografien von Stammgästen schmücken in der Regel den ansonsten tristen Raum. Billig ist es nach wie vor, das erste Rinderfilet im Angebot kommt zum Dumpingpreis auf den Tisch. Bestellen allerdings muß man wie gehabt vorne am Tresen; das Wort Dienstleistung ist verpönt. Thekenchef Nono ist mal freundlich, mal mürrisch, entsprechend geht es schneller oder langsamer. Daniela Bertram fühlt sich so richtig wohl hier. Schon während ihres Studiums kam sie regelmäßig hierher. „Einfach Spaghetti essen, mit ein paar Leuten palavern, ohne Heckmeck, ohne Streß." Sie wohnt ein paar Fußminuten entfernt, in einem Teil von Bockenheim, wo noch alles um die Ecke ist: Der Bäcker, die Schneiderin, das Kaufhaus, der Blumenladen. „Hier ist es noch ein bißchen wie im Dorf. Man trifft sich auf der Straße, sagt Hallo, hält ein Schwätzchen."

Hier das Dorf, dort die Metropole? So fein säuberlich trennen weder die junge Bockenheimer Juristin noch der Bornheimer Meinungsforscher ihre Welten. Im Gegenteil: „Ich will ja schließlich in der Großstadt leben", sagt sie bestimmt, „ich will sie benutzen können, zu jeder Zeit." Billig oder teuer Einkaufen, gut Essen gehen oder bloß passabel den Hunger stillen, Kunst oder eben nur Kneipe – die Entscheidung darüber fällt sie jeweils spontan, je nach Stimmung und Lage der Finanzen. Städtischer Lebensstil ist nicht vom Geld allein abhängig: „Das ist es doch, was eine Stadt zur Stadt macht. Man muß sowohl das eine als auch das andere tun können."

„Mit der U-Bahn komme ich schnell in die Innenstadt, rasch zum Flughafen", sagt Arthur Fischer; Stadt bedeutet ihm vor allem Mobilität, nach innen und nach außen. „Mein erst in den letzten Jahren wieder gewachsenes ‚Wir Bornheimer'-Gefühl bedeutet natürlich keine Abschottung. Ich will ja schließlich Bornheim in Frankfurt und nicht Bornheim allein."

Der Begriff „Dorf" fungiert nicht mehr länger als Synonym für isolierte Gemütlichkeit. Die „Dörfler" unter den neuen Städtern legen Wert auf die Möglichkeit zum Pendeln zwischen den Extremen, auf die Wahl zwischen unterschiedlichen Geschwindigkeiten. Der Fluchtpunkt „Kleine Welt" liegt mitten in der Stadt. Zum alternativen Bauernhof mit Güllegrube und kaputtem Dach, zur kleinbürgerlichen Hegemonie einer sauber gefegten Spessart-Gemeinde ohne Bäcker und ohne Bahnhof zieht sie wenig. Aber auch die drangvolle Enge einer wie immer gearteten „Szene" vermag sie nicht mehr zu faszinieren. Die „Tyrannei der Intimität", wie der amerikanische Sozialwissenschaftler Richard Sennett in seinem gleichnamigen Buch bereits 1977 schrieb, ist in den Achtzigern endgültig zerbrochen. Heute entspringt der Wunsch nach Überschaubarkeit kaum mehr der Vorstellung, Nähe sei ein „moralischer Wert an sich". Sie ist Teil des Prinzips Öffentlichkeit.

*

Nie gab es mehr Straßencafés in Frankfurt als heute. Vor 15 Jahren mußte man sie suchen, heute ist die Stadt voll davon. Im Sommer stellt selbst die dunkelste Spelunke im Ostend ein paar Tische auf den Gehweg und sei es neben den stinkenden Gully.

Der Boom an Festen und Veranstaltungen quer durch alle Stadtteile macht es noch deutlicher: Städter sein heißt auch sich wieder zeigen. Gleich zu Tausenden strömen die Frankfurter im Sommer an die Stände vor der Alten Oper, am Museumsufer oder in der Schweizer Straße, wo die Tische unter der Last der Hummerberge ächzen, Sekt und Champus literweise fließen. Parallel dazu feiert ein frischer Gemeinschaftsgeist auf den Quartiersfesten Urstände. Der Herr Direktor brutzelt Würstchen, und Frau Lehrerin macht eine Ausstellung mit Zeichnungen und Knetfiguren der Nachbarskinder. Die ehemalige Straßenkämpferparole „Nehmen wir uns die Stadt", hat auf eine Art Wirkung gezeigt, wie sie den damaligen Verfassern nicht im Entferntesten schwante. Die Unübersichtlichkeit des Molochs, einst Grund für den aggressiven Rückzug seiner Bewohner in emotionale und soziale Monokulturen, hat für sie an Schrecken weitgehend verloren, ist längst Teil ihrer Identität geworden. Sie greifen nach der Stadt als öffentliche Bühne.

In geradezu militanter Art und Weise schwören sich alte und neue Frankfurter auf ihre Stadt ein: Marathonläufe, Open-Air-Kinos, Feuerwerke, Märkte, Opernball, französische Saxophone vor der Alten Oper, spanisches Experimental-Theater im alten Eisenbahndepot, Modenschauen auf dem Opernplatz und blaue Laserstrahlen über dem Main – die Stadt als öffentliche Dauerinszenierung. Das programmatische „Kultur für Alle" des langjährigen Kulturdezernenten Hilmar Hoffmann hat sich inzwischen zu der Ansicht verbreitert, alles sei Kultur. Theodor W. Adorno, berühmter Soziologe und einer der kritischsten Söhne der Stadt, würde sich wahrscheinlich im Grabe herum drehen, wäre er Zeuge von soviel Lust nach richtigem Leben im Falschen, nach soviel „public happiness".

*

„Haben wir uns das wirklich so vorgestellt?" Die Frage stellt sich Rupert Ahrens wenigstens einmal die Woche, wenn er morgens um 7 Uhr mit einem Freund durch den Stadtwald joggt. Natürlich meint er nicht nur die Stadt, in der er oft bis zu 60 Stunden in der Woche arbeitet und damit viel zu wenig Zeit hat für die Attraktionen, die sie bietet. Der stellvertretende Geschäftsführer einer großen Frankfurter Public-Relations-Agentur macht sich da keine Illusionen, er hat es so gewollt. Aufleben und Atem holen tut der smarte 33-jährige an den wenigen wirklich freien Wochenenden, wenn er mit seiner Freundin und einem befreundeten Pärchen ins Elsaß fährt: „Zwei Tage abschalten, über was anderes reden, gut Essen gehen". Trotzdem reichen seine Vorsätze weiter. Schließlich zählt er sich nicht zu den blinden Workaholics, die ausschließlich an ihre Karriere, die Agentur, schon an den nächsten Geschäftswagen denken. Er fährt einen, mit Telefon und Schnick und Schnack, gibt seine Schwäche für „technische Gimmicks" unumwunden zu; Luxus ist für ihn kein Schimpfwort. Zusammen mit Freundin Heike, sie ist Ärztin, und Katze Rudi bewohnt er eine teure Wohnung im Frankfurter Nordend. Dort steht der weiße Design-Schreibtisch neben dem antiquarischen Stuhl, das maßgefertigte Regal beherbergt die CD-Sammlung klassischer Musik. Spricht er über Luxus, dann steckt darin so etwas wie die Begeisterungsfähigkeit für das schöne Ding an sich. Doch: „Mein Selbstbewußtsein hängt doch nicht vom Preis eines Gegenstandes ab. Gefällt mir etwas, ist es egal, ob es von Roset oder Ikea ist."

Er weiß sehr genau um den Wert von Statussymbolen, in seinem Job muß er oft genug mit deren Wirkung, mit Leuten, die darauf bauen, umgehen. Findet er, daß seinem Gegenüber die Distanz zum Stern auf der Kühlerhaube oder der 10000-Mark-

Uhr am Handgelenk fehlt, ist ein feiner Zynismus nicht zu überhören: „Jemand, der einen Benz wirklich braucht, der hat ein Problem." Lächelnd erzählt er dann vom Ferarri eines Geschäftspartners, dessen Gespräche mit dem Autotelefon schon bei niedrigsten Drehzahlen im Motorengeräusch untergehen.

Rupert Ahrens ist erfolgreich. Mit der Tatsache an sich hat er kein Problem, wohl aber mit den Konsequenzen. Der permanente Widerstreit zwischen Sinn und Preis seines Jobs ist dabei konstitutiver Bestandteil seiner Berufsauffassung – mehr noch als bei den meisten seiner Kollegen. Das hat der studierte Volkswirt weiß Gott nicht bei Etatverhandlungen und Kampagnenplanungen gelernt. Eher schon in jenen Momenten, als er in einem VW-Bus vor der Alten Oper saß, umringt von zwanzigtausend aufgeputschten Demonstranten, die nach ihrem Protest gegen die Startbahn West partout nicht nach Hause wollten. Damals gehörte er der Sponti-Truppe „Sozialistische Hochschulinitiative" an und war Vorsitzender des Allgemeinen-Studentenausschusses: „Leute, wir haben heute friedlich und erfolgreich demonstriert", beschwor er die Menge: „Jetzt macht keinen Scheiß, kommt lieber morgen wieder." Nicht alle fanden das gut, aber er war überzeugend genug. Als politischer Aktivist hatte er während seines Studiums schon mehr über den Umgang mit Menschen, Diplomatie und strategisches Denken mitbekommen, als die meisten seiner Kommilitonen über Ökonomie. „Solche Erfahrungen haben mir unschätzbare informelle Qualifikationen vermittelt. Ohne sie würde mir mein Job längst nicht soviel Spaß machen, ohne sie wäre ich längst nicht so erfolgreich."

Es ist typisch für Städter wie Rupert Ahrens, daß sie ihr Durchsetzungsvermögen nicht in Business-Schools, sondern in den sozialen Bewegungen, auf chaotischen Studenten-Vollversammlungen, stundenlangen theoretischen Disputen und in alternativen Wohngemeinschaften gelernt haben. Dennoch: Zu den sogenannten „Altlinken" gehört er nicht.

Für die klassischen „68er" war der Weg zu Erfolg und Geld zumeist mit einem gehörigen Bruch der politischen Ideologien und dem bisweilen exzessiv gepflegtem Freak-Dasein verbunden. Zur Biographie von Frankfurts erstem Varieté-Direktor nach ’68, Johnny Klinke, gehören noch die incognito geworfenen Steine wie zum rot-grünen Umweltdezernenten Tom Koenigs sein einst an den Vietcong verschenktes Erbe. Beide stehen für den erfolgreichen Teil der ehemaligen Genossen, die es geschafft haben, den persönlichen Erfolg gleich auch noch mit einer Portion Einfluß auf das gesellschaftliche und politische Leben in Frankfurt zu verbinden. Zu ihnen gehören selbstverständlich auch die, die ihre Doktorarbeit über Hegel und Lacan geschrieben haben und heute New-Business-Manager in einer amerikanischen Werbeagentur sind, oder ambitionierte Kultursendungen im Fernsehen machen, immer an der Schmerzgrenze zwischen eigener Glaubwürdigkeiit und beruflichem Erfolg. Die Generation von Rupert Ahrens indes hat diese Brüche so nicht mehr machen müssen. Selbst im Trubel vehementer gesellschaftlicher Auseinandersetzungen lehnte sie im Grunde genommen nur bestimmte Entwicklungen, jedoch nicht mehr das System als Ganzes ab. Folglich war das alternative Getto auch nie „sein Ding“ gewesen; er mußte sich deswegen auch nicht davon lossagen.

Andererseits ist ihm die sogenannte Yuppie-Szene „einfach nur egal.“ Er macht sich eher lustig über die Leute, die ihre Porsches auf Sichtweite und mitten in der Fußgängerzone parken müssen, wenn sie im „In“-Treff „Tomate“ verweilen. Ganz zu schweigen von denen, die sich schon mit jungen Jahren in vorgezogener Vergreisung üben und im Rotary- oder irgendwelchen anderen Clubs die „elder statesmen“-Attitüde pflegen.

*

Die neuen Städter haben Abschied genommen von der Unmittelbarkeitskultur, in deren Mittelpunkt das authentische, unverfälschte Individuum stand. Sie sind Mischwesen: Ökokapitalisten, Intellektuelle mit Geld oder lebenslustige Workaholics. Sie wollen Sinn und Zweck, Moral und Stil miteinander vereinbaren, bewegen sich zwischen unterschiedlichen Schauplätzen hin und her, sind es gewohnt, je nach Bedarf und Anforderung unterschiedliche Rollen einzuüben. Der moderne Citoyen als Wanderer zwischen den Welten – eine neue Erfindung ist er nicht.

Richard Sennett legte seiner schon zitierten Abhandlung die Schriften eines herausragenden Beobachters städtischen Lebens zugrunde: Honoré de Balzac. Die Menschen, wie der französische Schriftsteller sie im Paris des 19. Jahrhunderts beobachtete, haben mit den neuen Städtern unserer Zeit auf den ersten Blick vieles gemein: „In Paris sind echte Gefühle die Ausnahme; sie zerbrechen im Spiel der Interessen, werden im Räderwerk dieser Maschinenwelt zermalmt; die Tugend wird verleumdet, die Unschuld verschachert; die Leidenschaften haben verschwenderischen Launen Platz gemacht; alles wird verfeinert und zergliedert, verkauft und gekauft. Es ist ein Basar, in dem alles seinen Preis hat, und die Berechnungen stellt man ohne Scheu am hellichten Tag an; nur zwei Arten von Menschen gibt es noch, Betrüger und Betrogene."

Balzac verabscheute diese Menschen nicht einfach, er liebte sie auch. Seine detailgenauen Beschreibungen, seine „doppelte Sicht", wie Sennett schreibt, hebt die Persönlichkeit über traditionelle klassen- und schichtenspezifische Zuordnungen hinaus – er macht das Individuum zur entscheidenden gesellschaftlichen Kategorie.

Die neuen Städter sind ebenfalls das Ergebnis eines nachhaltigen Individuationsprozesses. Starke Persönlichkeiten müssen sie schon sein, schließlich ist die neue Stadt kein Kurort. In einer Welt, die ihren Biorhythmus aus einer permanenten Konkurrenzsituation der Menschen untereinander bezieht, gehört Hauen und Stechen zum überlebensnotwendigen Handwerk. Wer sich von den schönen Seiten des Lebensraums Stadt blenden läßt, hat schon verloren. Man muß dessen Schattenseiten kennen, mehr noch, wissen, woraus sie resultieren. Letztendlich schreiben nicht die Fassadenkletterer der „Boomtown" die neue Erfolgsgeschichte der Stadt, sondern jene Menschen, die die Stadt quer zu ihren sozialen und gesellschaftlichen Schichten begreifen – und sich dort auch bewegen können.

Immer weniger spielt dabei die Zuordnung zu einem starren kollektiven Zusammenhang, zur Schicht, zum Club, zur Clique, bestenfalls eine Rolle. Die Interessen und die Glaubwürdigkeit des einzelnen fallen letztlich mehr ins Gewicht, als jede formalistische Zugehörigkeitserklärung zu einer guten Sache. Wer

Grün wählt ist nicht einfach gut, und wer Geld hat, nicht immer schlecht – das ist der zugegebenermaßen triviale Hinweis auf den allerdings noch lange nicht abgeschlossenen Entmystifizierungsprozeß leer gewordener moralisch-politischer Werte. Der Menschenschlag, der in unseren Städten entsteht, trägt ganz wesentlich dazu bei. Mit Genugtuung beobachtet er den Zusammenbruch der alten Ideologien – im Osten wie im Westen. „Wer angesichts der jüngsten Entwicklung in der DDR den freien Kapitalismus predigt, handelt extrem unverantwortlich." Das Statement eines jungen Frankfurter Unternehmers sagt viel über die Mentalität einer Generation, deren Lebensweise in vielen Bereichen den bestehenden politischen Verhältnissen davongelaufen ist – im Westen, versteht sich.

Umso mehr verlassen sie sich auf sich selbst – und verlieren trotzdem nicht ihre moralischen Ansprüche. Ihre herausragendsten Charaktereigenschaften: die aufrechte Sorge um unser aller Schicksal und ein ganz normaler Zynismus.

Von den bürgerlichen Charakteren Balzacs unterscheiden sich die neuen Städter dennoch ganz wesentlich: Sie wissen viel mehr von der wahren Welt hinter der Warenwelt. Sie sind skeptisch geworden, sind nicht mehr einfach Opfer des Konsums, obwohl sie ihn ausgiebiger denn je betreiben. In einer Gesellschaft, deren Dynamik zunehmend vom quartiären Sektor, also vom Umgang und Wert der puren Information beeinflußt wird, verändert sich auch der Charakter der Ware. Je weniger die bloßen Insignien des Wohlstandes als ernstzunehmende Statussymbole ausreichen, desto massiver wird der Anspruch an ein individuelles Profil jenseits davon – das zeigt sich nirgendwo besser als in der kulturellen Ambition.

*

„Der Snob, der sich einen Picasso kauft, den er nicht versteht, taugt mehr als der kernige Mann, der sich voller Rancune einen Thoma kauft, den er versteht." Vielleicht dachte Adorno, als er diesen Satz schrieb, an eine Situation wie diese: Eine Dame mittleren Alters steht in der Schirn Kunsthalle vor einem Bild Miròs, wiegt den Kopf hin und her, als wollte sie die Pinselstriche, die zu den bunten Klecksen geführt haben, noch einmal nachfahren. Abrupt und definitiv sagt sie dann: „Ich finde Picasso schöner." Kultur hat Konjunktur.

„Es hat eine Rückbesinnung auf klassische gesellschaftliche Rituale und Werte stattgefunden", glaubt Silke Hein. Die 30-jährige studierte Diplompädagogin hatte zwar schon immer ein Faible für Malerei, Schauspiel und Ballett. Lange Zeit jedoch gehörten diese Dinge nicht zu den wesentlichen in ihrem Leben. Kaum fünf Jahre ist es her, da wollte die gebürtige Husumerin nach Italien aufs Land ziehen und dem umbrischen Boden die Früchte für ein sinnvolles Leben entringen. Heute ist ihr ein William Forsythe als Ballettdirektor wichtiger als eine alternativ gezogene Tomate, ein avantgardistisches Hörspiel von Heiner Goebbels näher als das rhythmische Zirpen italienischer Landgrillen.

Seit Silke Hein zur Systemprogrammiererin umgeschult wurde und einen Job in der EDV-Abteilung eines großen Lebensmittelkonzerns angenommen hat, ist ihr das vielfältige kulturelle Angebot der Stadt noch wichtiger geworden: „Die Wiederentdeckung klassischer Musik, der Oper, der Malerei, ist meiner Ansicht nach kein restaurativer Prozeß. Er setzt auf die Werte der Kultur, als eine Art Gegenpol zum Beschleunigungssyndrom, das den Rest der Gesellschaft erfaßt hat." Nirgendwo treten die Folgen dieser Beschleunigung offensichtlicher zutage als beim Essen – die neuen Städter haben kaum mehr was im Kühlschrank: Milch, Joghurt und drei Lagen rohen Schinken; Nahrungsaufnahme spielt sich abgesehen vom Frühstück außer Haus ab. An die Stelle des schweren Stammessens zu Mittag in der Kantine ist der leichte Fertig-Salat aus der Imbiß-Metzgerei von nebenan getreten. Das Angebot an öffentlichen Möglichkeiten zur schnellen Nahrungsaufnahme reicht mittlerweile von verhutzelten Lebensmittellädchen mit Mikrowellenherd über die gekachelte Wurstboutique bis hin zu exquisiten Deli-Shops. Klaus Trebes, Inhaber des Frankfurter Feinschmeckerrestaurants Gargantua, machte vor gut anderthalb Jahren den Anfang; in der Liebigstraße im Frankfurter Westend stehen seitdem zu Mittag vorwiegend gut gekleidete Menschen dicht an dicht um ein paar kleine Tische herum, genießen delikate Frutti di Mare, feine Suppen und italienischen Weißwein.

Die ehemalige Eisprinzessin Marika Kilius zog später mit dem Kilius-Deli an der Hauptwache nach, sie wird wahrscheinlich nicht die letzte sein.

Das große Fressen beginnt allerdings erst abends. Der Boom in der Gastronomie verläuft parallel zur explodierenden Gesamtökonomie. Die große Zahl der Feinschmeckerlokale erklärt sich dabei nicht ausschließlich aus dem tagsüber aufgestauten Hungergefühl angestrengter Dienstleister. Bei Enzo, im Bistro oder dem amerikanischen Steakhouse verlängert sich der berufliche Tag. „Laß uns beim Essen drüber reden", gehört zur lexikonreifen Standard-Redewendung einer neuen Zeit, in der just bei solchen Gelegenheiten die besten Ideen, die dicksten Clous, die entscheidenden Einfälle geboren werden.

Noch eine äußerst wichtige Funktion erfüllt das spesenträchtige Ritual: in Ermangelung freier Zeit dient es als Ort verschärfter sozialer Kontaktaufnahme. Wenn alles wichtige besprochen ist, das zarte Filetto, der kanadische Lachs den Hunger mäßig gedämpft hat und der obligatorische trockene Weißwein leichte Wirkung tut, dann kommen sich die Menschen näher. Michael, der Lektor, nennt es die Privatheit der schweren Zunge. Erst mit ihr steigt die Chance auf den unkontrollierten Sündenfall. Dabei hat die schwere Mousse dem One-Night-Stand den Rang abgelaufen. In der Regel beschließt man den Abend dann doch in der gewohnten Zweisamkeit bei Ur-Pils oder Veuve Cliquot.

Die neuen Städter sind unentwegt auf der Suche nach der Balance zwischen schnell und langsam, zwischen Aufregung und Entspannung. Eindeutig am schwersten tun sie sich dabei in der Liebe. Harald, der 35-jährige Lektor aus Sachsenhausen, hat vor vier Jahren zur Verblüffung von Freunden und Freundinnen geheiratet. Die „Ehe als soziales Experiment" war in seinen linken Kreisen immer noch gut genug für eine Provokation. Er hat sich mittlerweile wieder scheiden lassen. „Das war doch klar", haben alle gesagt. Harald hat zunächst nichts gesagt. Jetzt betrachtet er die „temporäre Erfahrung Ehe" als logische Konsequenz seiner Lebensgeschichte, in der er letztlich nur einer Sache treu geblieben ist – seinen radikal subjektivistischen Prinzipien.

Auch im einst sogenannten bürgerlichen Lager entwickelt sich die gesetzlich geregelte Zweisamkeit offensichtlich zum Teilzeiterlebnis. Zwei, drei Jahre Ehe – und aus. Jeder dritte Bund fürs Leben wird geschieden, sagt die Statistik, bei Jungehen vor allem in den ersten zwei Ehejahren. Familienrecht hat in Juristenkreisen Hochkonjunktur.

Häufige Variante des Zusammenlebens in der Stadt ist die Langzeitbeziehung ohne Trauschein. Seit 10 Jahren sind Björn und Susanne schon zusammen, seit sechs Jahren leben sie in einer gemeinsamen Wohnung, kennengelernt haben sie sich während des Studiums. Doch jetzt, da sein beruflicher Aufstieg als Jurist in einer renommierten Frankfurter Anwaltskanzlei bestimmte gesellschaftliche Anforderungen mit sich bringt, erwägen sie den Gang zum Standesamt, obwohl sie wissen, daß dies, wie Beispiele aus dem Freundeskreis zeigen, nach jahrelanger, stabiler Beziehung der Anfang zumindest einer gehörigen Krise, wenn nicht sogar vom Ende sein könnte. Zwar ist die Präsentation der „Lebensgefährtin“, des „Lebensgefährten“ auch im Millieu von Industrie und Handel mittlerweile durchaus reputierlich geworden. Doch nicht selten sind es die ganz profanen Erfordernisse gesellschaftlicher Anerkennung, die den späten Weg zum Standesamt schlußendlich ebnen.

Gut 20 Jahre nach Oswald Kolle und der sexuellen Revolution gebiert modernes Stadtleben die mannigfaltigsten Beziehungsformen: Das geht los bei der Ehe mit ausgeklügeltem Ehevertrag und Zweitwohnung zur gegenseitigen Entspannung voneinander, über traditionelles Familienleben ohne Trauschein bis hin zur Beziehung mit Kind und zwei getrennten Wohnungen. Kommt noch die getrennte Ehe oder Beziehung dazu – mit ausgesprochen gutem Verhältnis zum ehemaligen Partner und der Verantwortung für die gemeinsamen Kinder. In solchen Fällen kann es allerdings kompliziert werden: Der 10jährige Olaf zum Beispiel ist der Sohn von Ulrike und Gerd. Zu beiden hat er ein gutes Verhältnis, also wohnt er mal bei der Mutter, mal beim Vater. Seine zwei Jahre ältere Schwester Elena hingegen kommt besser mit dem neuen Freund der Mutter aus. Während sie mit ihm samstags durch die Stadt bummelt, pflückt Elenas Mutter vielleicht mit der Freundin von Elenas Vater und deren gemeinsamer Tochter im Obstgarten der gemeinsamen, wenn auch nicht offiziellen Schwiegereltern, Kirschen.

Die Ordnung kehrt wieder ein, wenn die Pärchen in die jeweiligen Wohnungen zurückgekehrt sind. Dort herrschen umso klarere Verhältnisse: ein, höchstens zwei Kinder und ansonsten strikte Zweisamkeit. Arbeiten beide, trägt die Frau immer noch mehr Last auf ihren Schultern, selbst bei sogenannten emanzipierten Männern und Freunden, trotz Tagesmüttern und Putzfrauen. Die Schwierigkeiten für Frauen, berufliche Motivation und Kinder zu verbinden, führen häufig zum Kompromiß Teilzeitbeschäftigung. Oder aber sie definieren ihre Rolle als Hausfrau und Mutter um, gestalten sich den Tag auch ohne berufliche Tätigkeit möglichst anspruchsvoll und vielseitig. Trotzdem geraten die Städterinnen neuen Typs, ob mit oder ohne Kinder, immer noch mehr in die Schlingen vermeintlich ausgedienter Rollenfestlegungen als ihre männlichen Pendants.

So erfahrungshungrig die neuen Städter ansonsten sind, von der Polygamie haben sie sich größtenteils verabschiedet. Aids scheint dabei eine gänzlich untergeordnete Rolle zu spielen. An die Stelle der radikalen Erneuerungsversuche von zweigeschlechtlichen Beziehungen ist ein ausgeprägter Beziehungspragmatismus getreten. Der wiederum treibt bisweilen erstaunliche Blüten.

Welche Rolle spielt eigentlich noch Sex, wenn der Freund in London wohnt, oder wie bei Julie, der amerikanischen Korrespondentin, gar in Albuquerqe, USA? Im letzten Jahr haben sie sich achtmal gesehen, das Jahr davor nur fünfmal. Zumindest für eine gewisse Zeit findet sie diese Art von Verbindung durchaus praktikabel. Es gibt sie gar nicht mal so selten, die Fernbeziehungen.

Gehört in diesen Fällen der Seitensprung mehr oder minder zur sanktionierten Überbrückungsmaßnahme, gewinnt bei traditionell gescheiterten, aber noch nicht beendeten Zweierbeziehungen eine Institution an Aktualität, die gänzlich ausgemustert schien – der Hausfreund, die Hausfreundin. Wie das Beispiel von Theo und Leonie zeigt, muß am Ende einer Beziehung nicht gleich der Auszug eines Partners aus der gemeinsamen Wohnung stehen. Die beiden haben Glück, die einst von einer großen 5-er WG bewohnte Altbauwohnung ist geräumig genug für die Fortsetzung des Zusammenlebens, jetzt als Zweck-Gemeinschaft. Leonies neuer Freund, Wolfgang, bleibt selbstverständlich über Nacht und zum Frühstück. Nur ist das nicht mehr die konkret gewordene Utopie aus „Jules et Jim", sondern der praktizierte Alltag mit Theo und Wolfgang.

Dennoch: an chaotischen Verhältnissen in ihrem Liebesleben scheinen die neuen Städter nicht interessiert. Irgendwie sollten sich Veränderungen beziehungstechnischer Art doch in den gewohnten Lebensrhythmus integrieren lassen. Da mag es nicht verwundern, warum neue Bekanntschaften kaum bei öffentlichen Ereignissen, auf Festen oder Parties geknüpft werden. Eindeutig erweist sich das Büro als der Ort, von dem die meisten Partnerschaftskrisen ihren Ausgang nehmen. Das so oft wie beschwörend proklamierte „never in the office" bleibt schlichte Heuchelei, vor allem dort, wo moderne Betriebsstrategen bei der Personalauswahl weniger der Quote als um der erotischen Balance willen auf eine entsprechende zweigeschlechtliche Mitarbeitermischung achten.

*

Schöne neue Stadt, schönes neues Leben. Will denn da überhaupt noch jemand weg?

Für den Zahnarzt Frank Brüning, 34, und seine um vier Jahre jüngere Frau Gaby sind die Würfel gefallen: sie bauen ein Haus in Oberursel, kaum zwanzig Autominuten von der City entfernt. Mit Kindern in der Stadt: „das halten wir einfach nicht mehr aus." Sie haben zwei kleine Töchter im Alter von zwei und viereinhalb Jahren. Die junge Familie wohnt noch in einer geräumigen 5-Zimmer Altbau-Wohnung im Frankfurter Ostend, direkt an einer vielbefahrenen Straße. Spielzeug liegt rum, eine kinderfreundliche Wohnung bis ins bunt eingerichtete Wohnzimmer hinein. „Wenn du Kinder hast, verändert die Stadt plötzlich ihr Gesicht", stöhnt die diplomierte Pädagogin und derzeit „hauptberufliche" Mutter. „Was uns vorher nichts ausgemacht, im Gegenteil, sogar richtig gefallen hat, wird plötzlich zur Qual: alles ist gefährlich, die Straße, die Straßenbahn, die Kids können nichts alleine machen; unentwegt bin ich dabei, sie irgendwohin zu fahren. Du merkst, es stinkt, die Leute sind total hektisch und nervös." Frank sieht es den Menschen an ihren Zähnen an: „Städter sind verbissener. Die meisten knirschen nachts mit den Zähnen. Jeder beißt sich durch, alles Anzeichen von Verkrampfung und Streß."

Die neuen Städter bleiben auch dann Städter, wenn sie aufs Land ziehen. „Eigentlich gehen wir raus, um endlich wieder etwas mit der Stadt anfangen zu können," sagt Gaby. Dann wollen sie erst recht abends in die Disco oder ins Kino, mit Freunden einen trinken gehen – beides genießen, die bessere Luft im Taunus und Atmosphäre der Metropole. Die Großeltern machen's möglich, sie wohnen mit im neuen Haus; das Babysitting ist geregelt. Die Vorstellungen der beiden lassen sich nur mit entsprechendem ökonomischen Hintergrund realisieren. Frank ist sich dessen bewußt: „Familien, vor allem mit mehreren Kindern, müssen doch oft einfach deswegen raus, weil sie die Mieten hier nicht mehr bezahlen können."

Die Suche nach Wohnraum wird immer häufiger zum Alptraum, besonders für Familien mit Kindern, Studenten und sozial Schwache. Doch die Folgen der Umwandlung von Miet- in Eigentumswohnungen, Luxussanierung und Wohnraumzweckentfremdung betreffen schon längst nicht mehr nur die einkommensschwächeren Teile der Bevölkerung. Mittlerweile haben auch Gutverdienende Schwierigkeiten, die Mieten für einigermaßen ansprechende Wohnungen zu zahlen. Die Protagonisten der „Gentrification" – Singles mit gutem, Pärchen mit immerhin zwei Einkommen – werden zum Opfer des eigenen Anspruchdenkens.

Außerdem versinken die Städte nach wie vor im Autoverkehr, die Luftverschmutzung nimmt zu. Und die Kluft zwischen den Gewinner- und Verlierer-Stadtteilen in unseren Städten wird immer größer. Jede Stadt hat ihre vergessenen Ecken, die so unbewohnbar sind wie der Mond. Drogen, Gewalt, versteckte und offene Armut, Rassismus und das schleichende Elendsbewußtsein im unteren Segment der Zwei-Drittel-Gesellschaft sind die Furchen im neu gestalteten Gesicht der urbanen Erlebniswelt.

Nun, was ist das wirklich Neue am neuen Städter? Daß er ein Mensch aus Alt und Neu ist, ein Citoyen mit Creditcard und Biotonne, ein lebenslustiger Workaholic, ein Konsummensch mit Kultur, ein Intellektueller ohne Skrupel vor Geld, ein Kapitalist mit Anspruch, ein Egoist mit sozialem Gewissen, ein schillernder Charaktermensch, einer, der darum bemüht ist, die verschiedensten Dinge unter einen Hut zu bringen?

Wahrscheinlich ist es zuerst seine Fähigkeit, aus einem Konglomerat von vielschichtigen, sich teilweise widersprechenden Prozessen eine *Identität* herauszubilden. In den sechziger und siebziger Jahren entstand als Gegenfigur zum spießigen Kleinbürger der Freak, der sich von der Gesellschaft radikal abzugrenzen suchte. Er war auf Dauer weder lebens- noch mehrheitsfähig. Der „Yuppie" – soweit es ihn in relevanten Stückzahlen jemals gegeben hat – wiederum geriet zum radikalen Anti-Freak: leistungsorientiert, angepaßt und bis zur Schmerzgrenze positiv.

Die neuen Städter schicken sich an, aus der Balance zwischen emanzipatorischen Ansprüchen und der Lebens- und Konsumlust eine Lebensform mit Stil *und* moralischen Qualitäten zu entwickeln. Der kritische Konsument ist nicht mehr länger nur die Erfindung pfiffiger Verkaufsstrategen, der pragmatische Moralist ein tatsächlich existenter Zeitgenosse.

Die neuen Städter sitzen dort, wo die Weichen für das nächste Jahrtausend gestellt werden, wo die in Wandlung befindlichen Werte sich wieder zu verdichten scheinen: in liberale, bürgerliche, ökologische, humane, marktwirtschaftliche, soziale. Ihr Tun, ihr Denken ist relevant für die politische, kulturelle und ökonomische Zukunft der städtischen Gesellschaft – weil sie sich weder allein von Trends leiten lassen noch neue Ideologien, einen neuen Über-Sinn benötigen, um ihrem Leben Sinn zu geben. Womöglich entwickeln sie sich wirklich zu einer neuen Spezies, deren moralische Prinzipien jenseits familiärer, religiöser, politischer und ökonomischer Heilslehren wachsen. Just in der Phase, da die Völker Osteuropas den Aufbau ihrer neuen Gesellschaften mit einer radikalen Entsorgungskur für wertlos gewordene Ideologiesysteme beginnen, mag diesem Typus des Stadtmenschen im kommenden Jahrzehnt die Tragweite seiner zukünftigen Rolle erst richtig bewußt werden.

RAINER BAUBÖCK

MULTIKULTURELLE METROPOLEN[1]

1. Die Diagnose: Inflation der Kultur

Bis vor etwa 50 Jahren hieß Kultur im wesentlichen Hochkultur. Eine neue Generation von Historikern zeigte uns jedoch, daß auch das Leben der gewöhnlichen Leute nicht kulturlos gewesen ist. Bald war der Damm gebrochen, hinter dem Kultur aufgestaut worden war. Heute hat nicht nur jede soziale Schicht ihre Alltagskultur, sondern auch jeder größere Betrieb seine *corporate identity*, das heißt: seine Unternehmenskultur.

Diese Übersetzung von *corporate identity* läßt bereits vermuten: Kultur heißt Identität. Identität hat eine merkwürdige Eigenschaft: Sie kann zerstört, verändert, ja sogar gewechselt werden. Aber Identität ist nicht *kritisierbar*. Sie läßt sich nicht mit der Elle der Rationalität messen. Im Spiegel des modernen Kulturbegriffs bin ich nicht, weil ich denke, sondern ich bin, weil ich bin, und ich bin, der ich bin. Das ist natürlich eine Blasphemie, aber keine der gewöhnlichen Sorte. Wer hier gelästert wird, ist die Göttin der Aufklärung: die Vernunft. Kant nannte seine Ästhetik noch *Kritik der Urteilskraft*. Der zeitgenössische Kulturbegriff beschwört dagegen die Kritiklosigkeit der Urteilskraft.

Neben der Geschichtsschreibung war noch eine zweite Wissenschaft Geburtshelferin des heutigen Kulturbegriffs: die Ethnologie. Sie wollte seit Mitte des 20. Jahrhunderts nicht mehr die Überlegenheit der westlichen Zivilisation beweisen – alle Kulturen sollten aus sich selbst heraus verstanden und als gleichwertig akzeptiert werden. Woher kam dieser Sinneswandel? Die kolonialen Beamten und weißen Siedler wurden zusammen mit den Völkerkundlern aus den Kolonien hinausgeworfen, und zugleich wurden die wenigen übriggebliebenen Stämme in die nationale Modernisierung geschleudert. Beim akuten Mangel an originalen Studienobjekten konnte nicht mehr verhindert werden, daß der ethnologische Blick schließlich auch auf die eigenen westlichen Gesellschaften gerichtet wurde. Die wissenschaftliche Ethik blieb dabei die gleiche. Die kulturellen Werte der Lebenswelten sollten vor der Kolonialisierung durch die ökonomischen und politischen Systeme bewahrt werden. Ohne ein Emanzipationsprojekt führt dies jedoch leicht zu einer Rückkehr der Romantik. Nicht Herrschaft, sondern Aufklärung heißt dann der Gegner. Auch die gewachsene Kultur der Metropolen soll nun vor einer zersetzenden Kritik geschützt werden, die das uneingelöste Versprechen einmahnt: Freiheit, Gleichheit, Solidarität. So schwankt der Sozialforscher, der die Kultur der Armut im Großstadtslum untersucht, hilflos zwischen Abscheu (den ihm seine eigene kulturelle Sozialisation diktiert), Achtung (die ihm seine wissenschaftliche Ethik gebietet) und politischem Protest gegen die Lebensbedingungen, in denen diese Kultur wurzelt.

Wir erinnern uns noch vage an das Ende der Zukunft: War das nicht vor etwa zehn Jahren? Aber nach *no future* kam der Kulturboom. Das war ein Motto der achtziger Jahre: Kultur ist alles: Stil, Lebensweise und kollektive Identität. Wir glauben zwar nicht mehr an die Mission unserer Zivilisation, aber an unsere Kultur. Der Begriff der Zivilisation war intolerant, der Begrifff der Kultur wird zunehmend tolerant, nicht nur und gar nicht so sehr gegenüber anderen Kulturen, sondern vor allem gegenüber sich selbst. Er beseitigt die Provokation der Innovation durch „anything goes“, damit aber auch die Produktivität der Innovation und letztlich die Innovation selbst. Kultur wurde immer nur durch jene Anstöße in Bewegung gesetzt, die ihre Neuerungen erregten. Die Proliferation der Kultur in immer zahlreichere Subkulturen ist noch kein Wachstum. Der multikulturellen Gesellschaft droht die multiple Sklerose der Kultur.

Um einen eigenen Beitrag zur Inflation des Kulturbegriffs zu leisten, schlage ich eine Definition vor: *Kultur ist die Art, wie eine Gesellschaft sich selbst interpretiert*. Diese Interpretation benötig als Folie immer ein Draußen, eine Umgebung: Als das Andere der Kultur wird entweder *Natur* gedacht oder die *anderen Kulturen*.

Die Definition ermöglicht eine genauere Diagnose: Kultur stagniert, wenn sie nicht mehr in einem Spannungsverhältnis zur Gesellschaft steht. Für Claude Lévi-Strauss gab es kalte Kulturen, die die gesellschaftliche Evolution einzufrieren versuchen, und heiße, die sie gezielt beschleunigen. Was aber, wenn sich diese soziale Entwicklung durch ihre Beschleunigung gegenüber den kulturellen Leitbildern eines wünschbaren Fortschritts verselbständigt? Kultur wäre dann nicht mehr Treibsatz, sondern bestenfalls noch Kulisse. Beim Blick aus dem Hochgeschwindigkeitszug der gesellschaftlichen Entwicklung lassen sich in der Umgebung nur mehr Farben, aber keine Konturen wahrnehmen: Kultur wird bunt, aber gestaltlos.

2. Erster Deutungsversuch: Die neue Vielfalt von Produkten und Standorten

1908 produzierte Henry Ford den ersten „Volkswagen": Das Modell T. Es wurde zum Modell für die standardisierte Gesellschaft mit Massenproduktion, Massenkonsum und Vereinheitlichung von Lebenslagen. Danach kommt zwar nicht unbedingt eine Postmoderne, aber ein Postfordismus mit neuer Vielfalt von Produkten, Konsum und Lebenslagen. Nicht die gespaltene Zweidrittelgesellschaft droht, sondern die zersplitternde Zehnzehntelgesellschaft.

Die *Nationalökonomie* verwandelt sich zunehmend in eine Ökonomie der *globalen* Standorte. Kultur ist dabei ein Standortvorteil für bestimmte Sektoren, vor allem High Tech. Großstadtkultur wird zu einem Kürzel für jenes Ambiente, das eine erfüllte Freizeitgestaltung von Managern ermöglicht. Kultur ist nicht mehr nur symbolisches, sondern durchaus reales Kapital der Metropolen. Da ergibt sich ein kleines, durchaus lösbares Paradox: Die *universelle* Anforderung an diese Kultur heißt *Singularität.* Je eigenartiger, umso attraktiver. Das Prinzip dieser neuen Großstadtkultur wird dem Kapital entlehnt, welches sie anziehen soll – es heißt nicht Qualität, sondern Akkumulation: Klassik und Pop, Beisl und Gourmetlokal, historisch sanierte Altstadt vollgestopft mit Boutiquen.

Die kulturelle Strahlungsintensität der Metropolen basiert auf einem Prozeß der Anreicherung mit Importen aus der eigenen Geschichte und aus aktuellen Zuwanderungen. Da werden unter Bergen historischen Schutts begrabene Ruinen freigelegt und Wien kann sich als wiederaufgetauchtes Atlantis präsentieren, als Hauptstadt Mitteleuropas. Die Zeitenfolge spielt in dieser Grammatik keine Rolle mehr. In mühsamen Gedenkjahren wird der Nationalsozialismus in die Vorvergangenheit abgeschoben, damit Wien um 1900 in die Gegenwart verlegt werden kann. Geschichte wird zum Steinbruch, in dem sich die Kulturindustrie nach Belieben bedient.

Solches historische Baumaterial reicht meist nur für potemkinsche Fassaden. Kulturelle Entwicklung benötigt lebendige Träger – ohne Zuwanderung stagniert die Metropole. Dieser Kulturimport ist viel konfliktträchtiger als jener aus einer verharmlosten Geschichte. Und er ist ein echter Transfer: Der komplementäre Prozeß zur kulturellen Bereicherung der Metropolen ist die Herstellung des kultuerllen Vakuums in der Peripherie. In der Globalisierung der Arbeitsteilung werden für die kulturelle Produktion ebenso die günstigsten Standorte gesucht wie für die Produktion von Lohnarbeitskraft. Die kulturelle Verdichtung in der Metropole erzeugt nicht nur eine Entleerung in der Peripherie, sondern setzt sie auch schon voraus. Wenn die Arbeitsnomaden der Weltwirtschaft in Bewegung gesetzt werden, dann sind zuvor die kulturellen Grundlagen ihrer bisherigen Existenz ebenso zerstört worden wie die materiellen.

3. Zweiter Deutungsversuch: Von der nationalen zur postnationalen Kultur?

Nicht nur die industrielle Massenproduktion beruhte auf Standardisierung – auch die Bildung der modernen Nationen. In der Ära des Nationalismus wurden den Leuten die buntscheckigen ethnischen Trachten ausgezogen und die Uniformen der Nationalkultur übergestülpt. Es waren nicht die Völker, die Nationen gebildet haben, sondern erst der Nationalismus hat die

Nation als weltliche Glaubensgemeinschaft hervorgebracht, die an nichts so sehr glaubt, wie an sich selbst.

Die größte Leistung dieser Epoche war die Alphabetisierung der Bevölkerung in Nationalsprachen. Heute erleben wir den Übergang zum funktionalen Analphabetismus, genauer gesagt: zur *multifunktionalen Analphabetisierung*. In der beschleunigten Entwicklung der Gesellschaft garantieren die kulturellen Symbole nicht mehr in genügendem Maß Verständigung. Die Bilderflut macht uns sprachlos.

Eine Doppelbewegung läßt sich beobachten: Parallel zu einer supranationalen Industriekultur entwickeln sich subnationale postindustrielle Kulturen. Für die Benützer sind die kulturellen Gebrauchsgegenstände wie Kleidung und Essen, Bilder und Text, Töne und Bauten Träger einer Botschaft: Ihr gemeinsamer Gebrauch innerhalb einer Kultur suggeriert *Gemeinschaft in der Kultur*. Diese Botschaft wird jedoch zunehmend schwerer zu entziffern. Ist sie noch rational, oder schon global, oder nur mehr partikular? Zu welcher Gemeinschaft gehört der Stadtbewohner, wenn er urbane Kultur konsumiert: Ist er Kosmopolit, Österreicher, Wiener oder Mitglied einer Clique mit stilisierter Lebensformen? Sein Orientierungssinn wird vollends verwirrt, wenn diese Ringe miteinander verschmelzen. Was heute als Subkultur neu entsteht, kann schon morgen zur weltweiten Modeströmungen werden, und umgekehrt werden Subkulturen zunehmend von cleveren Strategen des globalen Marketings kreiert.

Kultur kann gegenwärtig nicht mehr klarstellen, das Selbstbewußtsein welcher Art von Gemeinschaft sie ist: jenes des wohlhabenden Teils der Menschheit, jenes der Nation oder jenes einer kleineren Gemeinschaft von Lebensformen. Das ist das neue Unbehagen in der Kultur. Und dieses Unbehagen ist ein zutiefst politisches. Denn die in der Kultur suggerierte Gemeinschaft entsprach in der Geschichte immer der Form der politischen Herrschaft und diente ihrer Rechtfertigung. Wenn Kultur sich supranational und subnational entwickelt, der Staat jedoch national bleibt, dann öffnet sich eine Kluft zwischen Kultur und Politik.

Im vormodernen Europa waren die verschiedenen Kreise

der Kultur perfekt auf die politische Macht abgestimmt. Der König berief sich auf ein göttliches Gebot, das seine Dynastie ermächtigte – soferne sie die nötigen militärischen Mittel dazu hatte –, alle Völker in Reichweite zu unterwerfen. Sein Herrschaftsanspruch war mehr als global, er war im Jenseits begründet. Dem einzelnen Untertanen trat die Macht jedoch vor allem als lokale gegenüber – der Souverän thronte im fernen Paris, London oder Wien, aber seine Statthalter kamen immer wieder auf den Bauernhof, um Steuern einzutreiben.

Die Nation ist eine Erfindung der Neuzeit. Sie verweigert dem Fürsten die jenseitigen Weihen der Macht und sie ersetzt die lokalen Potentaten durch die treuen Beamten des Staates. Legitim ist ab nun jene Regierung, die sich erfolgreich auf die Nation, den neuen Souverän berufen kann. Das lernen die Söhne des Bauern, wenn sie in die Schule gehen und zum Militär eingezogen werden (Die Töchter sollten es erst viel später lernen, ihr Souverän blieb der Gatte). Damit sie nicht gestürzt werden, beanspruchten bald auch alte Dynastien für sich die neuen Insignien der Nationalität. Hans Christian Andersen hat ein Märchen darüber geschrieben. Des Kaisers neue Kleider sind Jakobinermütze und Sansculottenrock. Nur Kinder, die noch nicht zur Schule gegangen sind, können es sehen: Der Herrscher ist nackt.

Die Fabel hat ihre Fortsetzung in der Gegenwart. Wenn die nationale Verzauberung verfliegt, dann erfahren alle als Neuigkeit, was immer schon so war: Auch die politische Macht in der Republik ist nackt, ein bürokratisches Gehäuse der Hörigkeit Die Verfassungsrechtler und viele in meiner eigenen Zunft, der Politikwissenschaft, hegen einen tiefen Aberglauben an die Magie jenes Kreuzes, das wir alle paar Jahre auf Stimmzettel malen. Dieses Zeichen allein genügte nie, um politische Macht demokratisch zu rechtfertigen. Dazu bedurfte es des Mythos der Nation. Nun zerstreuen sich die Wähler und Parteimitglieder in aller Stille und übergeben das Geschäft an die Profis.

Das ist aber noch immer nicht die ganze Geschichte. Der Verlust der Nation wird nicht einfach hingenommen. Die Suche und Sucht nach Gemeinschaft beginnt gerade in der extremen Individualisierung der Kultur von neuem. In den achtziger Jahren tauchte ein neuer Typ des Stadtbewohners auf, das Individuum in seiner reinsten Form, der Single. Er ist der Don Quichote im Kampf gegen die notwendige Konsequenz der Individualisierung, die Anonymität. Darum schmückt er sich mit jenen Attributen der Individualität, die in Wahrheit eine Gemeinschaft der Besonderen auszeichnen sollen. Er will nicht so sehr *Individuum* sein als vielmehr *Person*. Mithilfe von immer skurilleren Verkleidungen führt er einen aussichtslosen Feldzug gegen die unbegrenzte Anpassungsfähigkeit der kulturellen Produktion für jedermann und jedefrau.

Der moderne Don Quichote war in den letzten Jahren zwar eine relativ seltene, aber unter Kulturschutz stehende Spezies. Nun sieht er sich bedroht von einer neuen Masse, die sich zu ihrer Gesichtslosigkeit bekennt, weil sie nicht auf das verzichten will, was sie für Gemeinschaft hält. Diese Leute wollen sich nicht selbst hervortun, sondern einen emporheben, der gegen die da oben kämpfen soll. Daraus wächst der rechte Populismus und das Charisma der neuen Volkstribunen. Und zunehmend wird klarer, wie diese Strömung zu bezeichnen ist: als *Neonationalismus*. Es geht um die Säuberung der Nation von fremder Kultur und die Rückbesinnung der Politik auf die Ziele der Nation.

4. Synthese und Explosion: Die neuen Minderheiten

Die neue Vielfalt der Produkte ist in gewisser Weise noch immer eine Nivellierung von Kultur durch die Warenform. Die wirklich brisanten Unterschiede wachsen heute auf andere Weise: durch Wanderung von Menschen und neuen Minderheiten, die daraus hervorgehen. Wenn Kultur zugleich globaler und partikularer wird, dann schwindet auch die Assimilationskraft der Nationen. Die Fremden bleiben fremd, selbst wenn sie sich auf Dauer niederlassen. Gerade die moderne großstädtische Lebensweise zieht neue kulturelle Trennlinien zwischen Einheimischen und Zugewanderten, die von beiden Seiten als ethnische Grenzen verstanden werden. Deutliches Signal dafür ist die massenhafte Verweigerung der Einbürgerung, selbst wenn sie angeboten wird.

Aber kann Mulitkulturalität, die sich innerhalb der Mehrheit entwickelt hat, nicht auch mehr Toleranz gegenüber den Minderheiten bringen? Leider ist das ein Spiel, mit gezinkten Karten: die Verlierer stehen schon vorher fest. Gleichberechtigung oder zumindest die Möglichkeit des Aufstiegs in der Gesellschaft bleiben ja weiterhin an Assimilation geknüpft. Wer darauf beharrt, Ausländer zu bleiben und obendrein noch auf seine eigene Kultur pocht, hat diese Chance nicht. Dafür wohnt er vielleicht in einem Bezirk, wo er mit seinesgleichen unter sich bleiben kann, seine Kinder kommen in jene Schulen, wo schon viele andere Ausländerkinder sind, erhalten eigenen Religionsunterricht, vielleicht auch bald mehr Unterricht in der Muttersprache und in ferner Zukunft eine eigene, ethnische Schule. Das Nebeneinander der Subkulturen in der multikulturellen Gesellschaft wird hier zur Segregation der Kultur zwischen Mehrheit und Minderheiten. Kulturelle Apartheit verhindert auf beiden Seiten, bei der Mehrheit wie bei den Minderheiten, daß sie sich aufeinander als Teile *einer* Gesellschaft beziehen. Der multikulturelle Respekt vor den unterschiedlichen Lebensweisen kann so den Blick für die unterschiedlichen Lebenslagen und Lebenschancen trüben.

Das ist kein Plädoyer für Assimilation. Könnte nicht eine unbefangene Sicht auf die neuen Kulturen entdecken, daß sie selbst in ihren seltsamen Synthesen ein Innovationspotential bergen, welches in der globalen Industriekultur verloren zu gehen droht, und daß nur soziale Befreiung dieses Potential freisetzen kann? Es geht weder um die Rettung Roms *vor* den Barbaren noch *durch* die Barbaren. Es geht um die Entdeckung der alltäglichen Barbarei in unserer Gesellschaft, vor der unsere Kultur die Augen schließt. Das Bewußtwerden dieser Barbarei wäre selbst ein Wandel in der Kultur, der einen Wandel in der Gesellschaft als Imperativ formuliert.

Das wahrscheinlichste Szenario für die nächste Zeit ist allerdings viel schwärzer. Die Reaktion auf die Entfremdung zwischen Kultur und Politik, der neue Nationalismus, bedarf wie der alte des Aggressionsobjektes, um sich seiner eigenen Identität zu versichern. Er findet es nicht mehr in den nationalen Konkurrenten am Weltmarkt, sondern in den Metropolen selbst – in ihren neuen Minderheiten. So ergibt sich eine explosive Synthese der beiden Deutungsversuche: Der postfordistische Kapitalismus nutzt die Standortvorteile der Produktion von Lohnarbeitskraft an der Peripherie der Welt, um diese Menschen in seine Wachstumszentren zu verfrachten. Der Verlust an nationaler Integrationskraft seiner Kultur erzeugt den neuen Nationalismus auf der einen Seite und das neue ethnische Bewußtsein der zugewanderten Minderheiten auf der anderen. In dieser Gegenüberstellung wird der Nationalismus angereichert mit Rassismus. Rassismus ist die Verewigung einer kulturellen Grenze, indem sie der *Natur* des Menschen eingeschrieben wird. Ein Menetekel an der Wand, das Mehrheiten und Minderheiten in der multikulturellen Gesellschaft trennt: Es war die Mischung dieser beiden Ideologien, des Nationalismus und des Rassismus, die in die größte Katastrophe des 20. Jahrhunderts geführt hat.

ANMERKUNG

1 Für die folgenden Überlegungen waren Texte von Benedict Anderson, Etienne Balibar, Alain Finkielkraut, Ernest Gellner, Margit Mayer und Immanuel Wallerstein sehr anregend. Meine Thesen wurden zuerst in einem Podiumsgespräch im Rahmen des Symposiums „Kaos Stadt?“ an der Volkshochschule Margareten vorgetragen.

PETER SAUNDERS

Bürgerschaft in der privatisierten Stadt

„Es ist unbedingt nötig, die Vorstellungen über Bürgerschaft in einem individualistischeren Zeitalter neu zu denken. Dazu ist es nötig, unsere Vorstellungen von Bürgerschaft in eine klarere Verbindung mit dem Markt zu bringen.“

(Kenneth Hoover und Raymont Plant 1989, S. 282)

1. Vom sozialisierten zum privaten Konsum

Es sind nun bereits 20 Jahre vergangen, seit Manuel Castells in einer Pionierarbeit das Fehlen eines städtischen „wissenschaftlichen Objektes“ feststellte und vorschlug, die Stadtsoziologie sollte sich neu auf die Frage der kollektiven Konsumtion konzentrieren. (vgl. „Is there an urban sociology?“ und „Theory and ideology in urban sociology“, beide übersetzt und neu aufgelegt bei Pickvance 1976). Castells' frühe Arbeiten revolutionierten die Stadtsoziologie in Westeuropa und Nordamerika und legten die Grundlage für die Durchsetzung eines neuen Paradigmas, das die funktionale Bedeutung und die politische Signifikanz des kollektiven Konsums in fortgeschrittenen kapitalistischen Gesellschaften in den Vordergrund stellte. Mehr als 10 Jahre beschäftigte sich die Stadtsoziologie vor allem mit der Frage der Versorgung mit kollektiven Gütern, der Dynamik, die dabei immer wieder zu Finanzierungskrisen führte und den politischen Antworten auf diese Krisen in Form städtischer sozialer Bewegungen.

Dieses Forschungsparadigma ist heute erschöpft. Das ist jedoch nicht nur einfach eine Reaktion auf den bekannten Neuerungsdruck, der in der Soziologie so oft neue Paradigmen unterminiert, bevor sie überhaupt eine Chance hatten, sich zu etablieren. Es ist vielmehr Ausdruck der geänderten ökonomischen und politischen Rahmenbedingungen, die sich in vielen westlichen Ländern in den achtziger Jahren durchsetzten. Soweit Castells' ursprüngliche Ideen empirisch falsifizierbar waren, wurden sie durch die Ereignisse der vergangenen zehn Jahre falsifiziert. Es ist zwar richtig, daß, wie Castells und andere vorhergesagt hatten, die Versorgung mit kollektiven Gütern krisenhaft war, aber die ökonomischen und politischen Konsequenzen waren gänzlich anders als von der Theorie vorhergesagt. Vor allem wurde klar, daß fortgeschrittene kapitalistische Gesellschaften den Staat nicht „benötigen", der die Versorgung mit öffentlichen Gütern aufrechterhält oder verbessert, um seine Legitimität zu erhalten. Ebenso wurde offensichtlich, daß eine Reduktion der Versorgung mit öffentlichen Gütern nicht die vorhergesagten systembedrohenden Klassenallianzen in der Form städtischer sozialer Bewegungen hervorbringt, denn eine solche Politik hat sich als stabil herausgestellt und die stillschweigende Unterstützung großer Teile der Bevölkerung in vielen westlichen Staaten gewonnen. Auch dort, wo wieder sozialdemokratische Regierungen an die Macht kamen, verfolgten sie häufig eine Politik der Ausgabenkürzung im Sozialbereich und der Restrukturierung der sozialen Dienste. Manchmal geschah dies zögernd – wie in Großbritannien in den späten Siebzigern unter Callaghan oder in Frankreich in den frühen Achtzigern unter Mitterand, manchmal wurde es als politisches Prinzip herausgestrichen, wie in Neuseeland unter Lange.

Ich habe andernorts (vgl. Saunders 1986, Kap. 8) die These aufgestellt, daß die Ära des wachsenden öffentlichen Konsums und der direkten staatlichen Versorgung als temporäre und vorübergehende Periode zwischen dem Niedergang des marktorientierten Konsummodells des 19. Jahrhunderts und dem Aufstieg des Modells privatisierten Konsums des ausgehenden 20. Jahrhunderts gesehen werden soll. Anders herum gesagt waren kollektivistische, etatistische oder sozialistische Formen der Vorsorge für den täglichen Bedarf der Bevölkerung nicht mehr als eine Zwischenstufe zwischen dem Kollaps des liberalen und dem Auftauchen des neoliberalen Modells öffentlichen Konsums.

Das Problem der liberalen Marktwirtschaft des 19. Jahrhunderts war, wie Castells richtig erkannte, die Unfähigkeit, die Arbeitskraft so gut zu bezahlen, daß sie die Kosten ihrer Reproduktion selbst tragen konnte. Staatliche Regulierung (z. B. Mietzinsregelung, öffentliche Gesundheitsvorsorge, verpflichtende Arbeitslosen- und Krankenversicherung) und direkte staatliche Versorgung (Gemeindewohnungen, staatliche Schulen, Sozial- und Gesundheitsdienste) waren damals die einzig mögliche Antwort auf dieses Problem, und diese Maßnahmen wurden häufig pragmatisch und schrittweise sowohl von konservativen und liberalen wie auch von sozialistischen Regierungen in der ganzen westlichen Welt – mit Ausnahme der USA – eingeführt.

Im 20. Jahrhundert haben zwei entscheidende Entwicklungen zur Unterminierung und vielleicht auch zum Ende der öffentlichen Güterversorgung geführt. Die eine Entwicklung ist der rapide Anstieg der Realeinkommen für den Großteil der Haushalte. Dies trifft nicht nur für die Boomperiode der 20 Jahre nach dem zweiten Weltkrieg zu, sondern auch für die Zeit danach. In den letzten zehn Jahren stiegen z. B. die Realeinkommen in Großbritannien um 30 Prozent – trotz des verbreiteten Geredes von „Krise“ und „wirtschaftlichem Niedergang“. Dieser Trend wurde durch die wachsende Teilnahme der Frauen am Arbeitsmarkt noch verstärkt, denn viele Haushalte haben heute die Vorteile von zumindest zwei Einkommen (Pahl 1984). Der real wachsende Lebensstandard vieler Haushalte führte auch zu einem wachsenden Anteil des Privatkonsums an Schlüsselprodukten wie z. B. Autos (mehr als 2/3 aller britischen Haushalte), Eigentumswohnungen und -häuser (ebenso rund 2/3) und privater Pensionsvorsorge (über 50%). Auch im Gesundheits- und Erziehungssystem nahm der Privatanteil zu (auf 11% bzw. 7%), obwohl diese beiden Bereiche im Moment noch das Herzstück des öffentlichen Versorgungssystems im Nachkriegsgroßbritannien sind.

Die zweite Entwicklung war der schwindelerregende Anstieg des Umfangs und der Kosten der öffentlichen Versorgung. Entsprechend der „public-choice“-Theorie entsteht in öffentlichen Versorgungssystemen automatisch Druck in Richtung Ausweitung des eigenen Budgets. Einerseits fordern professionelle und bürokratische Interessen innerhalb des staatlichen Verwaltungsapparats kontinuierlich Budgetsteigerungen und größere Verantwortung, andererseits sind die Kosten für jede zusätzliche Maßnahme, die den einzelnen Wähler und Steuerzahler treffen, gering, während der politische Gewinn groß ist, den die zusätzliche Unterstützung durch den von den jeweiligen Maßnahmen profitierenden Teil der Wählerschaft bringt. Während der sechziger und siebziger Jahre stieg, wie Bacon und Eltis 1978 gezeigt haben, der Arbeitskräfteanteil im öffentlichen Sektor, während jener im privaten Sektor sank. Ein Großteil dieser Expansion betraf die Administration und Bürokratie und nicht die direkten Dienstleistungsbereiche. So stieg z. B. zwischen 1961 und 1975 die Beschäftigung in der gesamten öffentlichen Verwaltung um 26%, während die Ausweitung in der lokalen Verwaltung bis zu 70% und dem Erziehungssystem bis zu 85% betrug.

Die Kombination dieser beiden Trends – der reale Kaufkraftanstieg sowie die Kostensteigerungen bei der öffentlichen Versorgung – führte in den achziger Jahren zu einem langfristigen Wechsel vom öffentlichen zum privaten Konsum. Steigende Einkommen bedeuten, daß viele Leute sich nun Güter und Dienstleistungen wie Wohnungen und Autos leisten können, von deren Besitz ihre Eltern oder Großeltern nicht einmal zu träumen wagten. Gleichzeitig setzte der Kostenanstieg im öffentlichen Bereich die Versorgungseinrichtungen unter zunehmenden Druck, was zum paradoxen Resultat führte, daß steigende Beschäftigung im öffentlichen Sektor oft Hand in Hand mit sinkendem Serviceangebot ging (vgl. z. B. Bacon und Eltis 1978, die diesen Trend am Beispiel des Verhältnisses von Beschäftigung im Gesundheitsbereich und der Zahl der Spitalsbetten nachweisen). Der Trend von öffentlichem zum privaten Konsum wurde also von zwei parallelen Prozessen unterstützt: Der zunehmenden Fähigkeit der Bevölkerung, am Markt ihre Bedürfnisse zu befriedigen (oft unterstützt durch staatliche Anreize wie z. B. steuerliche Begünstigung von Hypothekarkreditrückzahlungen oder Schulgeld) verbunden mit dem wachsenden Bedürfnis, den staatlichen Versorgungsbereich zu verlassen, der strukturell unfähig zu sein scheint, Quantität und Qualität der Versorgung entsprechend den Wünschen und Ansprüchen der Bevölkerung zu verbessern. Die Ausweitung des privatisierten Konsums ist also, kurz gesagt, sowohl ein Produkt der zunehmenden Bedeutung individueller Entscheidung wie auch der – um die Terminologie Dunleavys (1986) zu verwenden – „Zwangsbeglückung", die aus dem relativen Verfall der öffentlichen Versorgung resultiert.

Meiner Ansicht nach ist der Trend vom öffentlichen zum privaten Konsum nun fest verankert und wahrscheinlich irreversibel. In Ländern wie Großbritannien wurde dieser Trend sicher von der Regierungspolitik unterstützt, die bei einem Regierungswechsel sich natürlich ändern könnte. Aber „Thatcherismus" ist mehr Ausdruck als Ursache dieser Änderungen. Denn so lange die realen Einkommen wachsen, wächst auch der Wunsch der Bevölkerung nach privater Versorgung in Schlüsselbereichen des Lebens, denn es gibt keinen Zweifel daran, daß der Großteil der britischen Bevölkerung die Rolle des privaten Käufers der Rolle des Klienten eines Versorgungsstaates vorzieht (vgl. Saunders und Harris 1986). Ebenso gibt es gute theoretische (und historische) Gründe für die Annahme, daß auch eine Ausweitung der Ausgaben für die staatliche Versorgung sich kaum positiv auf die Qualität der Dienste auswirken würde. Nicht nur wird ein großer Teil der Mittel von der Verwaltung verbraucht, statt in die realen Dienstleistungen zu gehen, sondern die Erwartungen der Konsumenten sind in diesem Sektor auch ständig dem Angebot einen Schritt voraus. Die Arbeitsproduktivität tendiert in diesem Sektor zum Zurückbleiben hinter anderen Sektoren, und der Druck durch eine zunehmend überalterte Bevölkerung wird die Probleme z. B. in den Bereichen der staatlichen Gesundheits- und Pensionsvorsorge noch erhöhen. Mit der Expansion des privaten Sektors wird auch die Unzufriedenheit jener steigen, die im staatlichen Sektor verbleiben, wenn sie die Qualität ihrer Versorgung mit der vergleichen, die Leute wie sie kaufen können (d. h. ihre Vergleichsgruppe ändert sich). Wenn sie einmal begonnen wurde, löst die Privatisierung einen Schneeballeffekt aus (die Ausweitung des Hausbesitzes und der Verkauf von Gemeindewohnungen ist wahrscheinlich das beste Beispiel), denn die Erwartungen und Ansprüche der Bevölkerung steigen, während die Fähigkeit des öffentlichen Versorgungssystems zur Befriedigung dieser steigenden Ansprüche sinkt. Die Privatisierung des Konsums ist daher nicht das kurzlebige Produkt rechtsgerichteter Regierungen, sondern ein strukturelles Merkmal des reifen Kapitalismus.

Man kann also zusammenfassend feststellen, daß im 19. Jahrhundert ein vom klassischen Liberalismus begleitetes marktorientiertes Konsummodell entstand. In der Mitte des 20. Jahrhunderts kann der Höhepunkt eines Modells kollektiven Konsums festgestellt werden, das sich auf die Wertvorstellungen eines etatistischen Sozialismusmodells bezog, während man in der Gegenwart das Entstehen eines neuen Modells privatisierten Konsums beobachten kann, das den neoliberalen Ideen der individuellen Freiheit und der Wahlfreiheit des Konsumenten entspricht.

2. Der Markt, die Wahlmöglichkeit und die Bürgerschaft

Staatliche und zentralistische Formen der Güterversorgung scheinen in den späten Achtzigern nur mehr wenig Freunde zu haben. Nicht nur die politische Rechte griff die unbewegliche Bürokratie und die Machtlosigkeit des Konsumenten, die so viele Bereiche der direkten staatlichen Versorgung kennzeichneten, an; ebenso erklären viele Politiker und Wissenschaftler auf der Seite der Linken heute ihr tiefes Unbehagen mit dem System staatlicher Versorgung und plädieren für Dezentralisierung und die Ausweitung der Entscheidungs- und Kontrollmöglichkeit für die Konsumenten (vgl. z. B. Hattersley 1987, Hoover/Plant 1989, Nove 1983). Dennoch wollen nur wenige Linke den Trend zur Privatisierung unterstützen und beharren auf der Ansicht, der Staat müßte bei der Versorgung mit zentralen Gütern und Dienstleistungen die entscheidende Rolle spielen. Für sie ist die anstehende Aufgabe nicht die Demontage der direkten staatlichen Versorgung mit wesentlichen Dienstleistungen wie z. B. Gesundheitsvorsorge, Bildungswesen und Wohnbau, sondern ihre Reform, um sie den Konsumentenwünschen besser anzupassen.

Ich kann hier die wesentliche Frage nicht diskutieren, ob es überhaupt möglich ist, ein staatliches Versorgungssystem aufzubauen, das sich den Konsumenten und nicht den Produzenten verantwortlich fühlt. Ebenso kann ich hier nicht der gleich wichtigen Frage nachgehen, ob es in Systemen direkter staatlicher Versorgung einen Automatismus gibt, der dazu führt, daß die artikulationsfähigsten und bestorganisierten Konsumenten sich auf Kosten der am meisten Bedürftigen die beste Versorgung sichern. Dies sind wesentliche Fragen, denen sich die Verteidiger der öffentlichen Versorgung widmen müßten. Ich möchte mich hier eher mit den Argumenten befassen, die die Linke gegen privatisierten Konsum entwickelt hat. Anders gesagt, ich möchte mich also nicht um die strukturellen Probleme eines Modells kollektiven Konsums kümmern, das meiner Ansicht nach langsam verschwindet, sondern mich mit den Problemen befassen, die ein privatistisches Modell mit sich bringt.

Üblicherweise werden von den Kritikern von Formen privatisierten Konsums zwei Probleme genannt. Das erste ist das der Ungleichheit der Lebenschancen, die in einem Marktmodell erzeugt wird. Das zweite – und meiner Ansicht nach wichtigere – Problem ist die Erosion eines Bürgersinns, die angeblich mit der Ausweitung von Marktbeziehungen einhergeht.

2. 1. MÄRKTE UND UNGLEICHHEIT

In einem öffentlichen Versogungssystem hat im Prinzip jeder das Recht auf einen adäquaten, wenn auch nicht gleichen Zugang zu Schlüsselressourcen. Jeder, der ein Wohnbedürfnis hat, bekommt eine Wohnung; alle Kinder haben das Recht auf Schulbesuch bis zu einem bestimmten Alter; Kranke oder Gebrechliche können medizinische Behandlung erwarten, vorausgesetzt, ihr Fall ist schwer genug und/oder sie haben lange genug auf ihre Behandlung gewartet[1]. In einem privatisierten System der sozialen Versorgung, das auf Marktmechanismen beruht, wird der Zugang zu den Ressourcen von einem unterschiedlichen Prinzip gesteuert, nämlich der Fähigkeit (und dem Willen), für die gewünschten Güter und Dienstleistungen zu bezahlen. Genau die Herrschaft dieses Prinzips läßt auch viele Wissenschaftler und Journalisten bei der Unterstützung des Wandels von einem kollektiven zu einem privatisierten sozialen Versorgungssystems zögern: Einerseits genießen sie die Wahlfreiheit und Konsumentenorientierung, die den Markt auszeichnet, andererseits wehren sie sich gegen die Folgerung, daß zentrale Bereiche des Lebens dem Geldzusammenhang und den Marktmechanismen unterworfen sein sollten.

Diese Argumente sind bekannt. Sie beruhen primär auf der Ansicht, daß das liberale Prinzip der „negativen Freiheit" (= Abwesenheit von Zwang) nicht ausreicht, um zu garantieren, daß tatsächlich alle Bürger ihre Freiheiten im Marktsystem auch ausüben können (vgl. z. B. Hoover/Plant 1989). Die Wahlfreiheit der Konsumenten ist z. B. in einer Situation, in der die Konsumenten nicht die nötigen materiellen Ressourcen haben, bedeutungslos. Anders gesagt funktioniert der Vorteil des Marktmechanismus nur für jene, die genug Geld haben, um ihre Ansprüche in Form effektiver Nachfrage nach den angebotenen Gütern und Dienstleistungen anzumelden.

Das ist sicherlich eine sachdienliche Beobachtung, wenn man die Position vieler Menschen im 19. Jahrhundert betrachtet, denn, wie wir bereits gesehen haben, konnte die Masse der Bevölkerung aufgrund geringen Einkommens und Beschäftigungsunsicherheit zu dieser Zeit keinen adäquaten Zugang zu Wohnungen, Unterricht, Krankenvorsorge usw. finden. Sicher, auch im 19. Jahrhundert schafften es manche Arbeiterhaushalte, sich diese Versorgung durch Gegenseitigkeitsstrategien zu sichern (z. B. Baugenossenschaften, Gesundheitsvereine), und private Philanthropie und Wohltätigkeit konnte manche der verbleibenden Lücken schließen. Dennoch blieben tausende Menschen wegen Geldmangels zu einem Leben voll Krankheit, Elend und Unbildung verdammt und für diese waren die Freiheiten des Marktes in den meisten Fällen irrelevant.

Viele Intellektuelle des ausgehenden 20. Jahrhunderts scheinen stillschweigend die Annahme zu teilen, daß auch heute noch gültig ist, was vor 150 Jahren gültig war. Diese Annahme übersieht jedoch zwei fundamentale Unterschiede zwischen dem marktorientierten Konsummodell des 19. Jahrhunderts und dem privatisierten Modell des ausgehenden 20. Jahrhunderts.

Der erste Unterschied ist das bedeutend höhere Haushaltseinkommen der meisten Menschen, das ihnen erlaubt, viele Dinge zu kaufen, die im 19. Jahrhundert völlig außerhalb ihrer Reichweite waren. Der Zugang zum Markt im Bereich der Wohnungsversorgung oder der Altersvorsorge ist heute viel offener als zu Zeiten Königin Victorias. Ein Trend hin zum privaten Konsum signalisiert daher keineswegs einen Weg zurück zu Massenarmut und Verelendung. Im Gegenteil, er bezieht die Masse der Mittelschicht in die Bedürfnisbefriedigung über den Markt ein und läßt ein Residuum von Haushalten über, die unfähig sind, effektiv am Marktgeschehen teilzunehmen. Das ist deshalb wichtig, weil es zeigt, daß, was im 19. Jahrhundert tatsächlich ein gesamtgesellschaftliches Problem war, heute ein spezifisches und begrenzbares ist. Als die Masse der Bevölkerung es sich nicht leisten konnte, anständig zu leben, war eine Lösung für Massen nötig, und diese verlangte nach dem Staat als universelle Versorgungsinstanz. Wenn es jedoch nur eine marginalisierte Gruppe ist, die keinen Zugang zum Markt hat, tun sich andere Lösungsmöglichkeiten auf, und es gibt keine offenkundige ökonomische Notwendigkeit dafür, daß der Staat die Versorgung für alle in die Hand nehmen sollte, um die Bedürfnisse einer Minderheit zu befriedigen.

Der zweite Unterschied zwischen dem alten Marktmodell und dem neuen privatistischen liegt darin, daß letzteres nicht einen Rückzug des Staates, sondern eine Änderung der Art (und vielleicht auch der Intensität) seiner Intervention ins tägliche Leben impliziert. Manchmal – so wie z. B. bei der Steuerbefreiung für Hypothekarrückzahlungen in Großbritannien – geschieht dies in kontraproduktiver und überflüssiger Form, da der Großteil der Mittel an jene geht, die sie am wenigsten brauchen. Das ist nicht überraschend, ruft man sich die gut untersuchte Fähigkeit der Mittelschichten ins Gedächtnis, sich den Löwenanteil an staatlicher Unterstützung (z.B. Gesundheitswesen, mittlere und höhere Schulbildung etc.) zu sichern. Für heute wesentlich ist jedoch, daß wir in einem Zeitalter hoher Staatshaushalte leben und es nicht zu erwarten ist, daß sich diese wesentlich ändern. Ein Trend hin zu mehr privatem Konsum bedeutet daher keineswegs einen Rückzug des Staates, sondern viel eher eine Neuausrichtung seiner Ausgaben, weg von Sachleistungen und hin zu direkten Einkommensunterstützungen und Beihilfen.

Nimmt man diese beiden Punkte zusammen, so wird offenkundig, daß ein privatistisches Konsumtionssystem, in dem alle Haushalte sich die Versorgung mit Wohnung, Schule, Pensions- und Krankenversicherung selbst regeln, nicht unbedingt das Fehlen der „positiven Freiheit" oder effektiver Nachfrage durch die Masse der Bevölkerung bedeuten muß. Dies deshalb, da a) viele Haushalte sich nun viele oder alle diese Dinge ohne Unterstützung leisten können und b) die staatlichen Budgets sicher groß genug sind, um die Einkommen jener zu unterstützen, die die Kosten dafür nicht selbst aufbringen können.

Sowohl auf der Rechten wie auf der Linken gibt es Zeichen dafür, daß sich das konventionelle Denken über Sozialsicherung und Einkommensunterstützung ändert, je mehr Menschen die Bedeutung dieser beiden Faktoren erkennen. Milton Friedmanns Vorschlag einer „negativen Einkommenssteuer" spiegelt sich z. B. in den weit verbreiteten Vorstellungen, das Steuer- und das Sozialsicherungssystem zusammenzufassen und ein Basiseinkommen einzuführen, das dafür ausreichen würde, vieles am Markt zu kaufen statt vom Staat damit versorgt zu werden. Auffällig ist auch, daß sozialistische Akademiker wie Julian LeGrand und wesentliche Zeitungen wie z. B. der „Independent" vorgeschlagen haben, im Erziehungs- und Krankenversicherungssystem ein Gutscheinsystem einzuführen, da sie wie die liberale Rechte erkannt haben, daß es möglich und realistisch ist, die Vorteile des freien Marktes auf alle auszudehnen, indem die Kaufkraft der unteren Einkommensschichten gestärkt wird, anstatt daß der Staat sie direkt versorgt.

Trotzdem bleiben viele Sozialisten und Sozialdemokraten skeptisch. Einer der Gründe dafür ist, daß sie daran zweifeln, daß einkommensschwache Haushalte fähig sind, effektiv am

Markt zu wählen, auch wenn sie die dafür nötigen materiellen Ressourcen haben. So hat sich z. B. Hugh Stretton gegen Transferzahlungen als Alternative zur direkten staatlichen Versorgung ausgesprochen, da er vermutet, daß die Empfänger ihr Geld nicht richtig einsetzen würden: „Man tut nicht notwendigerweise das Beste für die menschliche Freiheit und Würde, indem man den Schwächsten Haifischköder in haiverseuchte Gewässer gibt. Mit Geld allein tut man den Ärmsten in einer Gesellschaft von Geldverleihern, Schuldeneintreibern und Vermietern, Pensionistenheimen und Spitälern, die alle ihre Preise der Zahlungsfähigkeit der Kunden anpassen, nichts Gutes, liefert sie nur den unwiderstehlichen Ratenangeboten, der Unzahl von Bars, Wettbüros, einarmigen Banditen, überteuerten Beruhigungsmitteln und anderen süchtigmachenden Ersatzreligionen aus." (1976, S. 208)

Solche Argumente sind keineswegs zwingend. Sie stehen in einer alten Tradition von sozialistischem und konservativem Paternalismus, der weder gerechtfertigt noch besonders sympathisch ist. Es wird zwar sicher immer einige Menschen geben, die – aus welchen Gründen auch immer – ihre Entscheidungen nicht allein treffen können, aber so zu tun, als ob diese die Mehrheit wären, zeugt von einem erschreckend abschätzigen Bild von der Bevölkerung. Unter der Voraussetzung, daß genügend Geld zur Verfügung steht, schaffen es die meisten von uns problemlos, sich entsprechend zu ernähren und zu kleiden und brauchen keinen Staat, der ihnen ihr Essen oder ihre Kleidung vorschreibt. Ebenso sind die meisten von uns dazu fähig, sich eine Wohnung zu beschaffen, ihre Kinder zu erziehen und Vorsorge für den Krankheitsfall und das Alter zu treffen und tun dies zumindest ebenso vernünftig wie der Staat, der uns jetzt versorgt – vorausgesetzt es gibt genug Mittel, um die Entscheidungen am Markt durchzusetzen. Studien über die Verwendung von Gutscheinen für Mietenzahlungen in den USA haben gezeigt, daß die meisten Empfänger sich damit eine billigere Wohnung gleicher Qualität besorgen konnten als die, in die sie vom Staat eingewiesen wurden (Benedick 1982).

Obwohl viele Kritiker des Trends zur privaten Versorgung diesen Argumenten zustimmen, sprechen sie sich dennoch gegen eine Abschaffung des Systems direkter staatlicher Versorgung aus: Sie akzeptieren zwar, daß viele Menschen es vorziehen, ihre eigenen Entscheidungen zu treffen und nicht vom Staat versorgt zu werden und daß die Erfahrung, die Konsumenten mit dem Versorgungsangebot des Staates machen, häufig frustrierend ist. Sie akzeptieren auch, daß Märkte mehr Freiheit und Wahlmöglichkeiten bieten und daß durch ein System entsprechend hoher Einkommensunterstützung – sei es durch Geldtransfers oder durch Gutscheinsysteme – im Prinzip auch die Ärmsten von diesen Vorteilen profitieren könnten. Sie stimmen auch damit überein, daß die überwiegende Mehrheit der Bevölkerung keine Probleme damit hat, ihre eigenen Entscheidungen darüber zu treffen, welche Wohnung oder welche Kranken- und Pensionsversicherung ihren Vorstellungen am meisten entspricht, und dennoch sehen sie den Weg zum privaten Konsum in diesem Sektor mit Ablehnung.

Die Gründe dafür sind nicht ökonomischer Natur, handeln nicht vom Verhältnis von Märkten und Ungleichheit, denn diese Fragen können, wie wir gesehen haben, im Prinzip beantwortet werden. Ihre Ablehnung hat ihre Wurzeln vielmehr in soziologischen und philosophischen Überzeugungen über Lebensqualität und die moralische Basis der Sozialordnung.

2.2. MÄRKTE UND BÜRGERSCHAFT

Märkte sind, wie Autoren wie Hayek immer wieder betont haben, amoralisch, weder gut noch böse, sondern einfach ein Mittel zur Koordinierung der verschiedenen Tätigkeiten von Millionen von Menschen, indem sie Informationen über sich ändernde Präferenzen mittels Preisen mitteilen. Wie Hayek gezeigt hat, gibt es keinen notwendigen Zusammenhang zwischen dem Ergebnis von Markttransaktionen und dem, was wir „gerechte Ziele“ nennen: Harte Arbeit wird nur wenig Ertrag bringen, wenn es keine Nachfrage nach ihren Produkten gibt, während pures Glück vielfach belohnt werden kann, auch wenn die Glücklichen nichts dafür getan haben. Häufig widerspiegeln materielle Belohnungen in Marktsystemen Tugenden wie Initiative, Voraussicht und Bemühen, aber es gibt keine Garantie dafür, daß diese belohnt werden, und oft werden sie auch nicht belohnt. Um mit Max Weber zu sprechen: Märkte sind zwar formalrationale Mittel zur Organisation menschlicher Beziehungen, aber sie erzeugen nicht notwendigerweise rationale Ergebnisse, wenn man nach den ethischen Kriterien urteilt, denen viele von uns anhängen.

Keines dieser Argumente sieht vom Blickpunkt des Konsumenten wesentlich anders aus: Angenommen, ich bin mit einem Kauf zufrieden, so werde ich kaum einen Gedanken darauf verschwenden, ob es den Produzenten des Gutes, das ich erstanden habe, bei der Herstellung gut oder schlecht gegangen ist. Wenn unser Ziel nur das ist, höchstmögliche Entsprechung für die Konsumentenwünsche herzustellen, dann ist die Amoralität des Marktes konsequenzlos. Wie der sozialistische Autor Alec Nove es sieht und wie es viele Ostregierungen seit einiger Zeit erkannt haben, „gibt es keinen besseren Weg, die Bürger Entscheidungen nach ihren Wünschen treffen zu lassen, als ihnen zu ermöglichen, ihre *Gutscheine* oder ihr echtes Geld frei auszugeben (1983, S. 54, Hervorhebung im Original)". Gutscheine oder Geldtransfers sind direkter staatlicher Versorgung mit Gütern als Mittel zur Schaffung effektiver Wahlmöglichkeiten und Verantwortlichkeit überlegen, ganz egal, wie demokratisch oder undemokratisch jene organisiert ist.

Aber ist dies das einzige Kriterium für die Bewertung der kollektiven Versorgung? Sollte ich mir als Konsument nicht Sorgen machen, wenn meine Vorlieben auf Kosten des Einkommens oder der Arbeitsbedingungen des Produzenten gehen? Dies liegt auch in meinem eigenen Interesse, denn in einem anderen Zusammenhang bin ich der Produzent. Es kommt mir kaum zugute, wenn ich als Konsument zwar zufrieden bin, dies aber mit tiefer Unzufriedenheit in meiner Produzentenrolle erkauft wird. Da die meisten von uns in beiden Sphären agieren, müssen wir uns sowohl um die Arbeits- als auch um die Konsumbedingungen kümmern.

Das ist aber nicht nur eine Frage des Eigeninteresses. Ich kann durchaus den Versicherungen der Ökonomen zustimmen, daß Märkte dazu tendieren, das Pareto-Optimum zu erreichen, und dennoch darauf beharren, daß es wesentlichere Dinge in der Gesellschaft gibt als nur utilitaristisch Effizienz zu sichern. Die Soziologie verdankt auch ihre Existenz als eigenständige Wissenschaft der Erkenntnis, daß die gesellschaftliche Ordnung von mehr abhängt als dem bloßen Zusammenbringen von Angebot und Nachfrage. Hayek hat mit seiner Feststellung der Amoralität der Märkte durchaus recht, aber ist nicht genau das das Problem, daß Gesellschaften auf einer kollektiven Moral beruhen (oder beruhen sollten), die der Markt nicht herstellen kann?

Solche Fragen standen im Zentrum des britischen gesellschaftlichen und politischen Lebens in den letzten zehn Jahren. In dem Maß, in dem die Regierung – teilweise erfolgreich – versuchte, das Land von einer „Kultur der Abhängigkeit", wie sie es nannte, wegzuführen, in dem Maß mehrten sich auch die Fragen, welche Auswirkungen die Zunahme eines aggressiven Individualismus auf die moralische Basis der Gesellschaft habe. Manchmal, wie z. B. in den innerstädtischen Unruhen von 1981 und 1985, stellten sich diese Fragen in Form der Drohung eines gesellschaftlichen Zusammenbruchs.

Aber diese Überlegungen betreffen nicht nur die Gewalt der Straße. Die Kriminalitätsrate schnellte in den letzten zehn Jahren trotz des genuinen Interesse der Regierung an law and order nach oben, die Scheidungsraten und die Zahl der unehelichen Geburten stiegen weiter an, obwohl diese Regierung sich unverrückbar der traditionellen Form der Familie verschrieb. Arbeitslosigkeit ist noch immer das Schicksal von mehr als zwei Millionen Menschen, und einige städtische Gegenden weisen eine Jugendarbeitslosigkeit von mehr als 50% auf. Nichtseßhaftigkeit und Betteln sind wieder Alltagsbilder in den Straßen der großen Städte, Geisteskranke wurden aus den Krankenhäusern geworfen und sich selbst überlassen, die Infrastruktur der meisten größeren Städte ist ernsthaft überlastet und unterfinanziert, und eine Reihe von Zugs- und U-Bahnunglücken haben die Frage nach den Konsequenzen der Unterfinanzierung der Infrastruktur auf die öffentliche Sicherheit aufgeworfen. Flüsse und Strände sind fürchterlich verschmutzt, historische Gebäude werden zerstört und Grünland zu Bauland aufgeschlossen – all dies ist ein Resultat der Reduktion der öffentlichen Ausgaben und der Deregulierung. Sogar Margaret Thatcher, die Architektin und überzeugte Verteidigerin der neuen, konsumentenorientierten marktwirtschaftlichen und individualistischen Ethik in Großbritannien, hat neulich darauf hingewiesen, daß den Gewinnern des politischen und gesellschaftlichen Wandels mehr Altruismus und Selbstlosigkeit gut anstehen würde.

All diese Beobachtungen werfen zwei wesentliche Fragen nach der Rolle des Marktes in modernen Gesellschaften auf. Markttransaktionen zwischen Individuen erzeugen ungeplante und häufig unwillkommene Effekte auf der Aggregatebene: Individuen mögen zwar als Konsumenten niedere Preise und höhere Qualität verlangen, als Bürger haben sie aber manchmal gegenteilige und damit nicht vereinbare Ziele. Trotz Thatchers inzwischen berühmter Bemerkung „Es gibt keine Gesellschaft" ist es klar, daß eine Gesellschaft in Wirklichkeit mehr als die Summe ihrer Teile ist. Anthony Giddens hat uns gezeigt, daß Individuen weder immer über die Bedingungen noch immer über die Konsequenzen ihres Handelns Bescheid wissen. Das gesellschaftliche Leben verläuft unvermeidlich im Kollektiv und benötigt daher auch eine Instanz, die das individuelle Handeln begrenzen kann, um die Allgemeininteressen zu sichern. Natürlich kann, wie Hayek gezeigt hat, eine solche Institution nie alle nötigen Informationen haben. Regierungen machen daher immer wieder Fehler, und ihre Fehler haben bedeutend schwerwiegendere Konsequenzen als die Fehler von Individuen. Nichtsdestotrotz sind kollektive Entscheidungsprozesse in der modernen Zeit ein notwendiges Übel.

Die zweite wesentliche Aussage ist, daß die Ausdehnung des Marktes die moralische Desintegration der Gesellschaft zur Konsequenz habe. Das ist die Essenz vieler sozialistischer Argumente gegen die Ausdehnung des Marktes in den öffentlichen Bereich, aber auch viele Konservative haben lange diese Ansicht geteilt. Sie findet sich z. B. in Burkes Angst vor den Auswirkungen des Individualismus auf die traditionelle Gesellschaftsordnung (vgl. Nisbet 1986), in Disraelis Insistieren auf „one nation conservatism" und im Unbehagen des patrizischen

Flügels der modernen Konservativen gegenüber manchen ökonomischen Entscheidungen der neoliberalen Politik der Thatcher-Regierung. Einer der führenden neokonservativen Philosophen, Roger Scruton, hat kürzlich (Scruton 1989) vehement die Ansicht vertreten, daß liberale Ideen und liberale Praxis immer schon sowohl für das Individuum wie für die Gesellschaft moralisch destruktiv waren, so lange sie nicht in konservativen Grenzen gehalten wurden.

Ähnliche Bedenken haben, wenn auch in unterschiedlicher Form, auch die linken Kritiker einer liberalen Gesellschaftsordnung formuliert. Für sie ist Kollektivismus nicht einfach ein Mittel, sondern ein Ziel. Da das soziale Leben notwendigerweise und prinzipiell ein kollektives Unterfangen ist, müssen ihrer Ansicht nach individuelle Freiheiten und Vorlieben eingeschränkt werden, um das höhere Gut der Gesellschaft als Ganzes zu sichern. Sei es Marshall, wenn er die Entwicklung der mit der Bürgerschaft verbundenen Rechte analysiert[2] oder Titmuss in seiner Diskussion der Gabentauschbeziehung, oder seien es moderne Sozialisten, die das „Recht auf Arbeit" oder die Rechte der Frauen oder den Schutz vor Rassendiskriminierung proklamieren, der Kern des Arguments ist immer, daß in einer modernen Gesellschaft keine einzelne Person eine Insel sein kann oder darf. Wie die Konservativen betonen auch die Sozialisten die kollektive und kooperative Natur der menschlichen Gesellschaft. Das führt sie dazu, den Markt als Kernprinzip der Sozialorganisation abzulehnen, da dieser das Einzelinteresse in Höhen führt, die die kollektive Moral und den gesellschaftlichen Zusammenhalt bedrohen. In den Worten von Susan Mendus (1989) brauchen Menschen das Gefühl, *dazuzugehören*, und dies führt zu einer Gesellschaftsordnung, die die liberalen Prinzipien der individuellen Autonomie und des Tauschs am Markt gegenüber einem Organisationsprinzip zurückstellt, das die gegenseitigen Verpflichtungen und Rechte auf Grund von *Zugehörigkeit* hervorstreicht.

3. Ist der moderne Kapitalismus pathologisch?

Dieses Thema ist für die westliche Soziologie natürlich nicht neu. In seiner gesamten soziologischen Arbeit, aber vor allem in seinem Buch über die Arbeitsteilung, hat sich Emil Durkheim mit dem Problem herumgeschlagen, wie moderne Gesellschaften spontan sozialen Zusammenhalt sichern können, wenn eine kollektivistische Moral durch eine Ethik des Individualismus ersetzt wird. Durkheims Antwort lag in der Suche nach neuen Formen der Sozialorganisation – wir würden sie heute Korporatismus nennen – die die „organischen" Abhängigkeitsbeziehungen ausdrücken und verstärken, die für eine Zusammenarbeit auf der Basis komplexer Arbeitsteilung nötig sind. Für Durkheim war es selbstverständlich, daß niemand eine Insel sein kann. Das Problem lag darin, wie den Menschen klargemacht werden sollte, daß sie einander brauchen.

Zwei Punkte in Durkheims Analyse sind für unsere Zwecke besonders wichtig. Erstens seine Erkenntnis, daß der soziale Zusammenhalt nicht durch politische Maßnahmen erzeugt werden kann, die ein starkes und zwanghaftes „kollektives Gewissen" wiederherstellen wollen. Die alten Formen der kollektiven Moral brachen ja gerade deshalb zusammen, weil sie für die Industriegesellschaft disfunktional wurden. Es ist weder möglich noch wünschenswert, weitreichenden Moralvorstellungen, die alle Bereiche des persönlichen und individuellen Lebens umfassen, wieder Geltung zu verschaffen. Dies würde in einem Gesellschaftssystem mit starker individueller Differenzierung zu sozialer Pathologie führen, die in exzessivem Altruismus, eskalierender Repression und einer zutiefst fatalistischen Kultur enden würde. Natürlich können auch heute noch Politiker erfolgreich an starke kollektive Gefühle appellieren – z. B. Margaret Thatchers Berufung auf eine Rückkehr zu den viktorianischen Werten, oder Reagans Mobilisierung der „moralischen Mehrheit", oder spektakulärer, das Wiedererwachen des islamischen Fundamentalismus im Mittleren Osten. Für Durkheim wären alle diese Beispiele pathologische Antworten auf die moralischen Probleme der Moderne, denn sie beruhen auf der Annahme der Homogenität von Moralvorstellungen und Kultur, einer Annahme, die nur mit Gewalt aufrechterhalten werden kann. Die Lösung für das Problem des sozialen Zusammenhalts in modernen Gesellschaften liegt mit Sicherheit nicht im Übergehen der Differenzierung, sondern darin, die Menschen zu befähigen, ihre Unterschiede in Toleranz und Kooperation auszuleben.

Die zweite Lektion, die wir von Durkheim lernen können, ist, daß der Geist der Kooperation auf Spontaneität beruhen muß und nicht durch den Staat hergestellt werden kann. Moralität ist eine Funktion von Spontaneität. Natürlich können wir uns Beispiele ausdenken, in denen die Staatsmacht genutzt wurde, um sozialen Zusammenhalt und Einheit herzustellen, meist, indem Außenseiter definiert wurden, gegen die die Einheit „Volk" aufgerichtet wurde. Im zwanzigsten Jahrhundert war dieses Vorgehen das Modell des deutschen Nationalsozialismus, des sowjetischen Stalinismus und des chinesischen Maoismus, inklusive der Verfolgung der „Volksfeinde", die 1989 den Panzern am Tienamen gegenüberstanden. Aber diese Regimes waren alle in Durkheims Worten „pathologisch" und antimodernistisch. Massenhysterie und Massenmobilisierung, flankiert von der Unterdrückung durch eine Geheimpolizei und den Terror der Armee, damit stellt man nur in einem als Herde gehaltenen Volk Einheit her. In solchen Situationen sind Innovation und die Kritik traditioneller Lehrsätze – genau die Qualitäten, auf denen soziale Weiterentwicklung beruht – zerstört, denn die Einheit existiert nur im repressiven Gewand der Uniform.

Diese beiden Argumente sind eine fundamentale Herausforderung der sozialistischen und konservativen Kritik an einer liberalen Sozialordnung. Der konservative Traum der Wiederherstellung alter moralischer Traditionen erweist sich als anachronistisch, während der sozialistische Traum der Errichtung einer neuen Moral utopisch erscheint. Kollektive Moral kann weder wiederhergestellt noch erfunden werden.

Dennoch bleibt die Frage der konservativen und sozialistischen Kritiker des Individualismus: Wo ist der soziale Zement, der die Bausteine einer liberalen marktorientierten Gesellschaft zusammenhält?

Durkheims eigener Vorschlag für eine „gesunde" moderne Sozialordnung ist die Suche nach einem Gleichgewichts zwischen den Werten des Egoismus und des Altruismus, zwischen den Kräften des Fortschritts (Anomie) und der Stagnation (Fatalismus). Eine Gesellschaft, die das Eigeninteresse über das Gesamtinteresse stellt, ist genauso pathologisch wie eine, die Selbstverleugnung um den Preis des Selbstbewußtseins fördert. Ebenso ist eine Gesellschaft, die sich so schnell ändert, daß alle normativen Erwartungen und Einschränkungen des individuellen Verhaltens wegfallen, nicht weniger in Gefahr als eine, in der die Wahrscheinlichkeit einer Änderung so gering erscheint, daß die Menschen es aufgeben, auf eine bessere Zukunft zu hoffen.

Gemessen an diesen Kriterien, scheinen die modernen kapitalistischen Gesellschaften in einen pathologischen Zustand geraten zu sein. Eine der überzeugendsten Analysen dieser Tendenz hat Daniel Bell in seinem Buch „Die kulturellen Widersprüche des Kapitalismus" entwickelt. Seine These konstatiert im modernen Kapitalismus einen Widerspruch zwischen den „Achsenprinzipien" der Ökonomie (Effizienz), der Politik (Gleichheit) und der Kultur (Selbsterfüllung). Konsumismus und materialistischer Hedonismus haben die alten bourgeoisen kulturellen Werte ersetzt, die ihren Schwerpunkt auf einem asketischen Arbeitsethos und Effizienz hatten. Parallel dazu hat das Wachstum der Staatsinterventionen neue Rechte bürgerlicher Gleichheit geschaffen, die ein sektorales Hochlizitieren von Ansprüchen an staatlichen Schutz und eine „Revolution der steigenden Ansprüche" (Bell 1979, S 23) begünstigen – Durkheim hätte es als „normative Deregulierung" und die „Krankheit der nicht enden wollenden Ansprüche" analysiert. Als Resultat von all dem hat der moderne Kapitalismus seine moralische Legitimität verloren: „Die letzte Instanz für jedes soziale System ist die Akzeptanz einer moralischen Rechtfertigung der Autorität durch die Bevölkerung… Der ‚neue Kapitalismus' des 20. Jahrhunderts hat eine solche moralische Legitimation verloren, und in Krisenzeiten setzten sich entweder die alten Wertsysteme durch, die zunehmend in Widerspruch mit der sozialen Realität gerieten, oder er war ideologisch impotent (Bell 1979, S. 77)".

Diese Art der Analyse hat in den achtziger Jahren in der Literatur über die „Postmoderne" ihr Echo gefunden. Auch hier liegt die Betonung auf einem moralischen und kulturellen Vakuum: Erzählungen vom Wachstum haben ihren Sinn verloren, der Glaube an den Fortschritt und die Entfaltung der Vernunft wurden unterminiert, die Symbole haben sich von der Realität gelöst, die sie repräsentieren sollten, der Konsumismus hat seinen Sinn in einer nicht enden wollenden Jagd nach Neuem eingebüßt, die kulturelle Einheit hat sich in Fragmente aufgelöst, und neue kulturelle Formen setzen die Vergangenheit einfach wahllos neu zusammen. Kurz gesagt, die alten Sicherheiten sind verschwunden und die gegenwärtige Kultur konnte das Vakuum, das so entstand, nicht füllen.

4. Der Markt und die moralische Ordnung

Sowohl das konservative wie das sozialistische Unbehagen über die zunehmende Ausdehnung liberaler Marktprinzipien in das soziale Leben haben häufig ihre Wurzeln in einem bekannten Dualismus, der das westliche sozialwissenschaftliche Denken durchzieht. Der Markt wird primär mit Werten des Individualismus assoziiert, dem werden kollektive Werte entgegengestellt. Auf diese dualistische Auffassung an der Basis werden andere aufgesetzt: Materialismus gegen Spiritualität, Rationalität gegen Emotion, Egoismus gegen Altruismus, Vereinzelung gegen Solidarität, Wünsche gegen Bedürfnisse, und so weiter. Das Mißtrauen einem nicht abgefederten Markt gegenüber ist ein Produkt der Erkenntnis, daß menschliche Gesellschaften notwendigerweise beide Seiten dieses Dualismus umfassen, und der Angst oder Überzeugung, daß der Markt nur eine dieser beiden Seiten unterstützt, während die andere abstirbt. Eine liberale Marktwirtschaft erscheint gerade deshalb als abscheulich, weil sie als ein System gedacht wird, das Gier und Selbstsucht unterstützt, während es die „höheren Werte" Mitleid, Empathie und die Suche nach geistiger Erfüllung unterminiert. Märkte können wohl amoralisch sein, so lautet das Argument, aber eine Gesellschaft, die primär um Vertragsbeziehungen am Markt und die Verbindung durch Geld aufgebaut ist, würde bald selbst amoralisch werden, und nur der das Recht durchsetzende Hobbes'sche Leviathan wäre wohl bald das einzige Hindernis eines ungehemmten Kampfes der Starken gegen die Schwachen.

Es ist jedoch einfach falsch, daß Marktbeziehungen „tugendhaftes" Verhalten ausschließen bzw. kollektive Systeme dieses fördern. Zwei Punkte sollten dabei ins Kalkül gezogen werden.

4.1. MÄRKTE ERMÖGLICHEN EINE MORALISCHE WAHL

Erstens ist zu berücksichtigen, daß in der jüdisch-christlichen Tradition Moral auf Entscheidungen beruht, die die Individuen selbst treffen. Wenn ich gar keine andere Wahl habe als eine gute Tat zu tun, so kann mein Verhalten kaum als moralisch gesehen werden. Daraus folgt, daß die moralische Basis jeder Sozialordnung nur dann aufrechterhalten werden kann, wenn sie auf dem willentlichen moralischen Handeln von Individuen beruht. Man kann zwar gezwungen werden, gute Taten zu leisten – wie z. B. die Dienstleistungen an der Gemeinschaft, zu denen jugendliche Straftäter verurteilt werden – aber man kann nicht gezwungen werden, gut zu sein.

Diese Überlegung hat direkte und wichtige Implikationen für jede Analyse der moralischen Fundierung der Versorgung mit kollektiven Gütern und der Privatisierung des Sozialstaates. Sozialstaatliche Systeme werden oft mit moralischen Argumenten verteidigt, sie seien der kollektive Ausdruck von Werten wie Sorge und Mitleid mit den Schwächsten. Solche Argumente sitzen dem Trugschluß falscher Konkretheit auf, denn Kollektive können nur so weit „moralisch sein", – als Gegensatz zum Leisten guter Taten gedacht – so weit die in ihnen lebenden Individuen moralisch sind. Sozialstaatliche Leistungen werden nun nicht durch freiwillig gegebene Leistungen von Individuen finanziert, sondern durch verpflichtende Steuern und Abgaben. Umfragen zu Einstellungen zur Sozialpolitik haben gezeigt, daß die meisten Menschen Steuern für allgemeine Dienstleistungen, von denen sie mehr oder minder direkt profitieren (z.B. Gesundheits- und Pensionsvorsorge, Schulunterricht), gerne leisten, aber daß es nur eine geringe Akzeptanz für Abgaben zur Finanzierung von Unterstützungen gibt, deren Inanspruchnahme die wenigsten erwarten (z.B. Sozialabgaben und Arbeitslosengeld). Es gibt also wenig Grund daran zu zweifeln, daß jedes auf freiwilligen Leistungen basierende Sozialsystem schnell zusammenbrechen würde.

Das ist kein Argument für den Abbau von durch verpflichtende Abgaben finanzierten Sozialsystemen, sondern ein Argument gegen deren Verteidigung mit moralischen Begründungen. Wenn man sich vor Augen führt, daß die meisten Menschen freiwillig bedeutend weniger geben würden als sie jetzt zahlen müssen, wie kann man dann von der Moralität eines solchen Systems sprechen? Und wenn diese Annahme falsch ist, was spricht dann dagegen, sofort auf ein System freiwilliger Finanzierung umzusteigen? Die einzig mögliche Antwort darauf ist wohl, daß wir alle mit der Wahl von Regierungen, die uns Steuern auferlegen, unsere moralischen Entscheidungen in diesem Bereich an sie delegieren. Abgesehen von der philosophischen Frage, ob es überhaupt möglich ist, moralische Verantwortung zu delegieren und dennoch moralisch zu bleiben, beruht dieses Argument auf der zweifelhaften Annahme, daß die politischen Eliten Wächter der öffentlichen Moral seien. Diese Annahme bedeutet nichts anderes, als daß die Moralität moderner Wohlfahrtsstaaten auf den moralischen Entscheidungen beruht, die unsere angeblichen Repräsentanten für uns getroffen haben. Eine Konzeption des moralischen Zusammenhalts einer Gesellschaft, die die Wurzeln ihrer Moralität allein in der Führungsschicht dieser Gesellschaft lokalisiert, ist aber zumindest etwas ungewohnt.

Wir sind also zum Schluß gezwungen, daß, ebenso wie der Markt, der Wohlfahrtsstaat weder moralisch noch unmoralisch ist, sondern amoralisch. Dazu kommt die Erkenntnis, daß staatliche Besteuerung zur Finanzierung des Wohlfahrtstaates Individuen die Möglichkeit nimmt, sich moralisch zu entscheiden, während individuelles Handeln in Marktsystemen diese Möglichkeit eröffnet. Der Kontakt der Menschen durch das Medium Geld steht moralischem Handeln also nicht entgegen. Wenn ich mein Geld z. B. einer Kinderhilfsgruppe meiner Wahl gebe, so handle ich moralisch, was ich nicht tue, wenn ich die Mehrwertsteuer bezahle, aus der u. a. Wohlfahrteinrichtungen für Kinder finanziert werden. Ebenso handle ich moralisch, wenn ich Produkte aus Südafrika boykottiere, was ich nicht tun könnte, wenn es ein Importverbot südafrikanischer Produkte durch die Regierung gäbe. Kurz gesagt: Ich kann nur dann moralisch handeln, wenn ich mein eigenes Geld selbst selektiv in eine bestimmte Richtung lenken und von anderen Richtungen fernhalten kann. Natürlich kann ich dabei auch extrem selbstsüchtig und unsensibel handeln, aber das liegt nicht in der Natur von Marktbeziehungen und Geldtransaktionen. Märkte *ermöglichen* selbstsüchtiges Handeln, aber sie *verursachen* es nicht.

Der erste Grund, die übliche Assoziation zwischen Markt und Immoralität und kollektiven Systemen und Moralität zu bezweifeln, ist also die Beobachtung, daß Marktsysteme den Individuen moralische Entscheidungen ermöglichen, während kollektive Arrangements diese generell verhindern. Moral braucht Wahlmöglichkeiten. Unter der Annahme, daß der Markt – ganz egal was er sonst tut – es ermöglicht zu wählen, ist es merkwürdig, daß man zum Schluß kommt, verpflichtende kollektive Systeme wären irgendwie moralisch, während individuelle Marktbeziehungen unmoralisch seien.

4. 2. MÄRKTE ERMÖGLICHEN SOZIALEN ZUSAMMENHALT

Das zweite Argument gegen die Sichtweise, eine Verstärkung der Marktbeziehungen hätte eine Erosion der kollektiven Moral zur Folge, betrifft die Frage nach dem sozialen Zusammenhalt und nach sozialer Zugehörigkeit.

Die Idee von Bürgerrecht, wie sie zuerst T. H. Marshall entwickelt hat und wie sie dann von der Wohlfahrtssoziologie aufgenommen wurde, umfaßt soziale, zivile und politische Rechte, die auf alle Bürger aufgrund ihrer Mitgliedschaft in der jeweiligen Gesellschaft ausgedehnt werden. Kollektive Arrangements wie der Wohlfahrtsstaat statten also alle individuellen Mitglieder mit dem Anspruch aus, materielle Unterstützung von den anderern Mitgliedern zu erhalten, wenn sie – aus welchem Grund auch immer – ihr Leben nicht als „zivilisierte Wesen entsprechend dem vorherrschenden Standard in ihrer Gesellschaft führen können." Das System kollektiver Versorgung repräsentiert und erzeugt also einen gewissen Sinn für gemeinschaftliche Bindung und kollektive Verantwortlichkeit, was jedem Individuum das Recht gibt, Hilfe von anderen zu erwarten, und die Verpflichtung auferlegt, Hilfe zu leisten. Bürgerrechte sind in modernen Wohlfahrtsstaaten also ein Schlüsselmedium zur Aufrechterhaltung und Stärkung des Gefühls der Zugehörigkeit.

Akzeptieren wir die These, daß Gesellschaften ein gewisses Zusammengehörigkeitsgefühl unter ihren Mitgliedern brauchen und unterstützen müssen. Parsons z. B. sah es als funktionale Voraussetzung für „Integration" an. Würden größere Teile der Gesellschaft kein Zusammengehörigkeitsgefühl mehr haben, so wäre dies eine schwere Motivations- und Legitimationskrise für das gesamte System, mit Durkheims Worten moralische Desintegration. Die Frage, die sich stellt, ist also, ob Marktarrangements dieses Gefühl behindern und kollektive Regelungen es bestärken. Keine der beiden Annahmen scheint plausibel.

Es ist sicher nicht so, daß die Teilnahme am Marktgeschehen ein Zusammengehörigkeitsgefühl verhindert, denn diese verträgt sich problemlos mit der Ausbildung verschiedenster Vereine und Verbände, die mit einem gewissen Recht unsere Loyalität verlangen und zu denen wir ein gewisses Zugehörigkeitsgefühl haben. Der Markt bringt mich in Kontakt mit anderen, mit denen ich mich partiell identifizieren und gemeinsame Sache machen kann. Das trifft vor allem für Produzenten zu, die sich üblicherweise in Organisationen zusammenschließen, die gemeinsamen Interessen und einer gemeinsamen Identität Ausdruck geben (Gewerkschaften, Standesvertretungen, Handelskammern etc.). Aber es trifft auch teilweise für Konsumenten zu – man denke z. B. an Freizeitklubs, Verbrauchergruppen, Kunstvereine etc. Wesentlich bei all diesen Organisationen ist, daß sie nur einen limitierten und klar definierten Teil unserer Loyalität beanspruchen, und daß ihre Mitgliedschaft begrenzt und nicht auf die ganze Gesellschaft ausgedehnt ist. Die charakteristische Form des sozialen Zusammenhaltes, die sich aus Marktbeziehungen entwickelt, ist also die Form der *Gesellschaft*[3].

Nun kann man argumentieren, daß für soziale Integration und das gemeinsame Gefühl der Zugehörigkeit zu einer Gesellschaft mehr benötigt wird. Wie Holton und Turner (1989, S. 166) kürzlich feststellten, läßt sich in vielen marxistischen Texten seit Marx eine Ablehnung *gesellschaftlicher*[3] Beziehungen und eine implizite Vorliebe für die Qualität der *Gemeinschaft*[3] finden. Sie zeigen aber auch, daß das moderne sozialistische Denken diese Ansätze zunehmend zurückweist und neue Zugänge zu Schlüssellaspekten der *Gesellschaft*[3], wie z. B. Individualismus und die Freiheit des Marktes sucht. Eine auf *Gemeinschaft*[3] beruhende Gesellschaftsordnung ist unter Bedingungen einer fortgeschrittenen Industriegesellschaft, die nach Anthony Giddens eine räumliche Ausdehnung im Weltmaßstab angenommen hat, nicht nur undenkbar, sie wäre auch extrem totalitär und ließe den Individuen kaum Freiheit für Unterschiede. Aber nehmen wir einmal an, daß Menschen eine genau benennbare Quelle für das Gemeinschaftsgefühl benötigen und daß in bezug auf den Markt entstandene Produzenten- und Konsumentenverbände dieses Bedürfnis kaum befriedigen. Anders gesagt, Märkte erlauben zwar das Entstehen einer Vielzahl von Assoziationen, aber wir brauchen noch etwas anderes.

Üblicherweise wird angenommen, daß die kollektive Wohlfahrt dies bietet. Eine Gesellschaft, die ihre Mitglieder von der Wiege bis zur Bahre beschützt, ermöglicht es den Individuen, sich wohlzufühlen und Unterstützung durch die Teilhabe am größeren Ganzen zu gewinnen. Wir haben das Gefühl, dazuzugehören, da wir wissen, daß man sich um uns kümmert.

Aber stimmt das wirklich? Fürs erste sind moderne Wohlfahrtssysteme unvermeidlich hoch formalisiert und bürokratisch. Man kümmert sich um uns nicht deshalb, weil sich ein Kollektiv für das Einzelschicksal interessiert, sondern weil wir darauf Rechtsansprüche haben. Wir mögen zwar für das, was wir erhalten, dankbar sein, aber weder die Finanziers noch die Empfänger von Leistungen aus dem Sozialsicherungssystem haben üblicherweise besondere Gefühle füreinander. Eine Massenbürokratie ist um nichts weniger Teil der *Gesellschaft*[3] als ein Massenmarkt.

Es gibt aber ein bedeutend wichtigeres Argument, das von vielen Neoliberalen vertreten wird: Staatliche Versorgung zerstöre und unterminiere in Wirklichkeit jene Formen von direkter Zugehörigkeit, die noch in modernen Gesellschaften existieren. Dieses Argument reicht bis zu Edmund Burke und seinem Eintreten für kleinräumige traditionale Formen von Sozialorganisation als Basis für den Zusammenhalt der gesamten Gesellschaft zurück. In seinen Worten: „Sich der Einheit zugehörig fühlen, die kleine Gruppe, zu der wir gehören, zu lieben, das ist das erste Prinzip und der Keim öffentlicher Gefühle" (zitiert nach Berger/Neuhaus 1977, S. 4). Wie Generationen von Konservativen seit Burke argumentiert haben, untergräbt die Konstruktion künstlicher Kollektive durch den Staat die Kleingruppenbezüge – Heim, Familie, Nachbarschaft und Freundschaften, Kirche und freiwillige Vereinigungen – die zuvor solche Funktionen auf persönlichere Art wahrnahmen.

Das ist ein wesentliches Argument, denn wie alle starken soziologischen Behauptungen verweist es auf das Paradoxon nicht geplanter Effekte: Die konservativen Staatskritiker behaupten ja nicht, daß der Staat bewußt die Grundfesten des sozialen Zusammenhalts zerstört, (obwohl dies z. B. in Lenins Rußland nach der Revolution, in Maos China während der Kulturrevolution und in Pol Pots Kambodscha und Ceausescus Rumänien durchaus der Fall war), sondern daß wohlgemeinte Reformen, die menschliche Bedürftigkeit beseitigen und die Gesellschaft zusammenbinden hätten sollen, in Wirklichkeit genau den gegenteiligen Effekt hatten, die Armen zu entmündigen und die soziale Fragmentierung zu verschärfen. Weit entfernt von der Annahme, daß der Markt den sozialen Zusammenhalt zerstört während Staatswohlfahrt ihn wiederherstelle, behauptet dieses Argument eine genau umgekehrte Realität.

5. Intermediäre Strukturen: Lokaler Staat oder biotische Gemeinschaft?

Dieses Argument soll anhand der Studie „How to empower people" von Berger und Neuhaus (1977) und anhand von Charles Murrays letztem Buch, „In Pursuit of Happiness and Good Government" (1988) illustriert werden.

Berger und Neuhaus entwickeln das Konzept der „intermediären Strukturen", die sie als jene Institutionen definieren, „die zwischen dem Individuum in seinem Privatleben und den großen Institutionen des öffentlichen Lebens stehen." (Berger/Neuhaus 1977, S. 2) Sie meinen, daß große öffentliche Institutionen – sowohl Wirtschaftsunternehmen wie die Staatsbürokratie – von den Menschen üblicherweise als entfremdend wahrgenommen werden. Daher spielen intermediäre Organisationen – die Nachbarschaft, die Familie, die Kirche und freiwillige Vereinigungen – eine entscheidende Rolle beim Transport von Sinn, Werten und Identität (d. h. einem Zugehörigkeitsgefühl) von der privaten Sphäre in die Öffentlichkeit. Das Problem ist nun, daß die Regierungen diese Strukturen untergraben haben. Die Nachbarschaft wurde ihrer traditionellen Macht und Verantwortung beraubt und muß sich jetzt impotent fühlen, die Familie wurde in Schlüsselbereichen wie der Erziehung entmündigt, bei der die Eltern heute kaum mehr ein Mitspracherecht darüber haben, wie ihre Kinder unterrichtet werden, die Religion wurde marginalisiert, und auf freiwilliger Basis beruhende soziale Dienste wurden durch das Wachstum der staatlichen Wohlfahrtsverbände und die Professionalisierung des Sozialbereichs untergraben. Wo die Politik diese wichtigen intermediären Organisationen aufpäppeln sollte, hat sie sie in Wirklichkeit ausgehungert. „Zumindest", so meinen Berger und Neuhaus (1977, S. 6), „sollte die Politik aufhören, intermediäre Strukturen aufzulösen," – und das bedeutet genau, die Menschen dazu zu befähigen, ihre Angelegenheiten wo immer möglich selbst zu lösen.

Murrays Botschaft ist ähnlich. Unter Bezug auf Burkes „kleine Einheiten" betont er, daß es die Rolle des Staates sein muß, Rahmenbedingungen für die Formierung und das Wachstum dieser Organisationen – er nennt Arbeit, Familie und Gemeinde – zu schaffen. Das heißt, daß „die kleinen Gruppen etwas zu tun haben müssen" (Murray 1988, S. 266). Die Sozialpolitik hat aber im Gegenteil versucht, die Dinge soweit zu entschärfen, daß es nur sehr wenig mehr gibt, um das wir uns selbst kümmern müssen. Murray schlägt deshalb vor, daß die Politik nicht nach dem Motto verfahren sollte, daß, sobald etwas von der Regierung gemacht werden kann, es auch von ihr gemacht werden soll, sondern sich eher der Prämisse anschließen sollte, daß „jene Funktionen, die die Menschen als Individuen oder Gemeinschaft selbst ausführen *können,* auch von ihnen selbst ausgeführt werden *sollen.*" (Murray 1988, S. 272) Anders gesagt, sozialer Zusammenhalt wird am besten unterstützt, indem man die Individuen und die Gruppen, die sie bilden, ihr eigenes Leben leben läßt. Gemeinschaftliche Assoziationen gibt es nur dann, wenn es einen Grund für ihre Existenz gibt. Wenn eine andere Institution die Aufgabe übernimmt, die zuvor eine Gruppe für sich erledigte, dann wird die Gruppe damit aufhören, an dieser Aufgabe zu arbeiten und als Gruppe zerfallen.

Warum sollte man lokale soziale Dienste organisieren, wenn der Staat diese Arbeit als sinnlos erscheinen läßt und selbst Millionen in seine eigenen Projekte steckt? Warum sollte jemand sein Wochenende opfern, um Kranken und Schwachen zu helfen, wenn es bezahlte Sozialarbeiter gibt, die auch noch behaupten, diese Arbeit besser zu tun? Warum soll man sich in der Gemeindeschule engagieren, wenn das Engagement für ihre Funktion nicht nötig ist und keine Auswirkung auf ihren Betrieb hat? Wie Berger und Neuhaus schließt auch Murray, daß es für das Überleben der kleinen Einheiten nötig ist, daß „es eine der ersten Handlungen der Regierung ist, die Leute in Ruhe zu lassen." (Murray 1988, S. 297)

Nun gibt es auch viele Analytiker der Linken, die den zuvor skizzierten Gedanken zustimmen würden. In Großbritannien wurde in den letzten zehn Jahren den lokalen politischen Institutionen sehr viel Macht geraubt und im Zentrum konzentriert. Gemeindeverwaltungen wurden gezwungen, ihre Wohnungen an die Mieter zu verkaufen, die dies wünschten, lokale Schulen wurden zur Übernahme eines nationalen Curriculums verpflichtet[4] und die Steuerhoheit der Gemeinden wurde per Gesetz begrenzt, um sie daran zu hindern, höhere als die von der Zentralregierung festgelegten Sätze festzulegen etc. etc. Kritiker dieser Entwicklung haben oft ihre Bedenken mit der Notwendigkeit argumentiert, die wachsende Macht des Zentrums zu begrenzen, indem man die lokalen Gemeindeverwaltungen als jene intermediäre Organisationen verteidigt, die Berger meint. So meint z. B. Tony Byrne, daß die Erosion der lokalen Gemeinden in bedrohlicher Weise Macht im Zentrum konzentriert hat: „Das in der Verfassung festgelegte Gleichgewicht wird dahingehend geändert, daß die Zentralregierung im Verhältnis zu den lokalen Institutionen die Rolle des ‚big brother' aus Orwells 1984 angenommen hat… Die jetzige britische Regierungspolitik treibt das Land in die Richtung einer ‚Massengesellschaft', in der die intermediären Instanzen zwischen Regierung und der Bevölkerung schwach und verletzlich sind – so wie in Deutschland vor Hitlers Machtübernahme." (Byrne 1985, S. 285, 288).

In dieser Art von Statement kommt eine Einschätzung der lokalen Gemeindeverwaltung zum Ausdruck, die die Stadträte in gewisser Weise als Ausdruck der Werte von „Gemeinschaftlichkeit" und sogar *Gemeinschaft* (im Original deutsch) in der modernen Gesellschaft sieht[5]. So ist z. B. für den früheren Vorsitzenden der Labour-Party im Stadtrat von Sheffield die lokale Verwaltung „ein lebendes Beispiel für Gemeinschaft" und eine Quelle der „Sozialisation ins Kollektiv und in die Gemeinschaft" (zitiert nach Duncan und Goodwin 1988, S. 273). Ebenso erzählt der altbekannte akademische Verteidiger der lokalen Verwaltung, George Jones, daß Gemeinderäte zu einer Vorbereitung von Macht in der Gesellschaft beitragen, indem sie ein Gegengewicht zum Zentrum darstellen, Demokratie fördern, indem sie die Bevölkerung in die Entscheidungsfindung integrieren und es ermöglichen, daß „Gemeinschaft" entsteht: „Die Regierung bekommt ein humaneres Angesicht, damit reduziert sich die Wahrscheinlichkeit, daß die Menschen der Politik entfremdet werden: Bürgersinn, sozialer Zusammenhalt und Loyalität dem politischen System gegenüber werden durch das, den lokalen politischen Einrichtungen inhärente, Netzwerk regionaler Beziehungen mehr gefördert als in entfernten staatlichen Regierungsstellen." Der Trend hin zu Zentralisierung und die verstärkte Privatisierung der öffentlichen Dienste unterminiere all das: „Die Vorstellung, daß öffentliche Dienstleistungen die positive Einschätzung von Gemeinschaft fördern, erodiert in dem Maß, in dem die Menschen sich auf ihre privaten Anliegen konzentrieren." (Jones 1985, S. 312f.)

Soziale Kohäsion wird in dieser Darstellung nicht vom Staat gesichert, der auf nationaler Ebene handelt, sondern von den lokalen staatlichen Strukturen, die Gefühle von Loyalität und lokaler Identität erzeugen. Der lokale Staat ist also eine wesentliche intermediäre Instanz zwischen dem Individuum und der Gesellschaft, der Privatsphäre und der Megastruktur Öffentlichkeit.

Dieses Argument ist kaum nachvollziehbar. Die lokale Verwaltung in Großbritannien ist groß, unüberschaubar und sehr bürokratisch. Wichtige Behörden, wie die Selbstverwaltungskörperschaften der Großstädte, bestimmten bis 1986 über Budgets in der Größenordnung mancher Nationalstaaten. In vielen Städten ist die Gemeindeverwaltung der größte Arbeitgeber vor Ort. Den Gemeindeverwaltungen gehören die Wohnungen von bis zu einem Viertel aller britischen Haushalte. Der lokale Staat ist Teil jener „entfremdenden Megastruktur", auf die sich Berger und Neuhaus beziehen, und sicher nicht eine von Burkes „kleinen Einheiten". Die meisten von uns nehmen an ihm in keinster Weise Anteil – an lokalen Wahlen beteiligt sich nur ein Drittel der Bevölkerung. Ebensowenig kann der lokale Staat als Ausdruck der Interessen und Gefühle der lokalen Gemeinschaft begriffen werden, denn in den meisten Fällen repräsentieren die Stadträte eine lokale „politische Klasse" oder sogar „politische Elite" (vgl. z. B. Budge u. a. 1972 über die politische Stratifikation auf lokaler Ebene). In jeder Stadt gibt es normalerweise ein kleines Netzwerk von sehr an lokaler Politik interessierten und in sie involvierten Personen, und diese mögen wohl ein Gefühl von „Gemeinschaft" und Identität aus ihrer Tätigkeit ziehen. Wie sich dieses auf den Großteil ihrer Mitbürger ausdehnen ließe, für die das Geschehen im Rathaus ohne jedes Interesse ist, ist aber fraglich.

Der Fehler, den sowohl Blunkett wie Jones machen, ist die Gleichsetzung dezentraler Staatsmacht mit Gemeinschaftsförderung. Berger und Neuhaus sagen das klar: „Dezentralisierung ist darauf beschränkt, was *innerhalb* der Regierung und Verwaltung gemacht werden kann, wir beschäftigen uns aber mit den Strukturen, die *zwischen* Verwaltung und Individuum stehen" (Berger/Neuhaus 1977, S. 7). Das trifft auch dann zu, wenn lokale Verwaltungsbehörden ihre Macht an „Nachbarschaftsbüros" delegieren, denn auch hier bleibt der Ort der Macht außerhalb und fern der „kleinen Einheiten" des täglichen Lebens. Die Beziehung geht noch immer von oben nach unten und nicht von unten nach oben – die Menschen werden dazu aufgefordert, in der Formalstruktur staatlicher Macht mitzutun und nicht dazu, sich ihre Dinge selbst zu regeln. Wie wir vorher bei der Diskussion von Durkheims Thesen sahen, kann soziale Kohäsion und kollektive Moral nicht durch das Überstülpen von staatlichen Stellen über das Alltagsleben hergestellt werden, ganz egal, wie vorsichtig der Versuch ist. Oder wie es Murray sagt (1988, S. 263f.): „Zugehörigkeit ist ein Mittel, das Menschen mit gleichen Werthaltungen ermöglicht, nach diesen Werten zu leben. (…) Um entsprechend den eigenen Wertvorstellungen leben zu können, ist die Freiheit zum Zusammenschluß mit Gleichgesinnten nötig, denn nur gemeinsam hat man etwas Kontrolle über die Umwelt."

Natürlich muß die Verbindung zu einer Kleingruppe oder zu intermediären Institutionen willentlich und spontan sein, sollte sie zu sozialer Kohäsion führen. Der Staat kann nur die Rahmenbedingungen schaffen, in denen diese Verbindung entstehen kann, er kann sie nicht erzwingen. Genau das geschieht in einem liberalen Marktsystem: „Der Kapitalismus begünstigt intermediäre Strukturen. Er läßt Raum für sie, gerade weil er eine

Zone voller Dynamik schafft, die relativ autonom gegenüber dem Staat ist" (Berger 1987, S. 85).

In seiner Kritik an Peter Bergers Buch beklagt Gordon Marshall (1985), daß es nur wenige Belege dafür enthält, daß staatlicher Kollektivismus Gemeindesolidarität untergräbt, während die Marktwirtschaft sie stärkt. Die meisten Belege dafür haben sich in den letzten 50 Jahren in der Stadtsoziologie angesammelt. Von der Chicagoer ethnografischen Schule der zwanziger Jahre bis zur Nachkriegstradition der Gemeindestudien haben Stadtsoziologen dokumentiert, wie eine Sozialordnung, kulturelle Identität und ein Zusammengehörigkeitsgefühl aus ungeplanten und unkoordinierten Aktivitäten von Individuen in städtischen Zusammenhängen entstehen. Wo man hingegen versucht hat, Gemeinschaft zu planen – wie z. B. in den englischen New Towns oder den Wolkenkratzerstraßen der sechziger Jahre – waren die Resultate generell enttäuschend bis katastrophal, und ganze Generationen von Kritikern von Jane Jacobs bis Alice Coleman haben auf das Versagen des social engineering bei der Herstellung dauerhafter Gemeinschaftsstrukturen verwiesen. Wo sich jedoch der Staat zurückgezogen hat und den Menschen gestattete, ihre eigenen Probleme selbst zu lösen, entstanden meist spontan gemeinsame Organisationen und Gemeinschaftssinn.

Die klassische Erklärung dafür wurde von Robert Park in seiner Theorie der menschlichen Ökologie entwickelt. Seiner Ansicht nach fand der Wettbewerb zwischen verschiedenen sozialen Gruppen um urbanen Raum am Boden- und Wohnungsmarkt statt. Als Resultat davon siedelten sich Menschen ähnlicher Interessenslage und Vorlieben in ähnlichen Gegenden an. Nachdem sie sich einmal in diesen „natürlichen Nischen" niedergelassen hatten, nahm der Konkurrenzdruck ab und erlaubte die Ausbildung von gemeinsamen kulturellen Institutionen und Lebensstilen. In Parks' ökologischer Terminologie geht die Intensität des Lebenskampfes dann zurück, wenn verschiedene Gruppen ihre Nischen im städtischen Raum besetzt haben, wo ihre unterschiedliche Kultur Wurzeln schlagen kann. Gegenden bekommen daher langsam das Image der in ihnen Lebenden – d. h., verschiedene soziale Gruppen etablieren ihre Hegemonie über verschiedene Regionen und Stadtviertel. Aus dem Chaos entsteht so Ordnung, aus dem individuellen Überlebenskampf mit Zähnen und Klauen entstehen ein gemeinsamer Lebensstil und kollektive Institutionen.

Man muß nicht all den theoretischen Ballast dieses Modells mit sich herumschleppen, um seine Bedeutung zu sehen. Man muß z. B. die Ansicht nicht teilen, daß jede soziale Gruppe dort landet, wo sie hingehört, ebensowenig muß man Parks' Analogie mit der Pflanzen- und Tierwelt unterschreiben, die ihn in große Schwierigkeiten beim Unterscheiden von natürlichen Mächten und kulturellen Formen brachte, noch muß man in diesem Prozeß die biologische Basis von menschlichem Verhalten und menschlicher Beziehungen sehen, obwohl dies nicht ganz ausgeschlossen werden kann (vgl. z. B. Dickens 1989). Was an Parks' Argumentation wesentlich ist, ist die Erkenntnis, daß der Wettbewerb zwischen Individuen am Markt nicht zu gesellschaftlicher Atomisierung und dem Zusammenbruch des sozialen Lebens führen muß und führt. Wenn man sie in Ruhe läßt, bauen die Menschen in den Worten von Louis Wirth, inmitten der Anonymität der Großstadt ein „Mosaik sozialer Welten" auf. Intermediäre Strukturen und Kleingruppen entstehen also nicht wegen der Schöpfungen von Planern und Sozialtechnokraten, sondern durch die selbständige Aktivität der Menschen, die sich eine Gegend suchen, in der sie sich wohl und sicher fühlen und wo sie mit Gleichgesinnten kooperieren können.

6. Das Paradoxon des sozialen Zusammenhalts

Wir sahen, daß die „kleinen Einheiten" des sozialen Lebens die Grundsteine für die soziale und moralische Ordnung sind. Das Zuhause, die Familie, die Nachbarschaft, Arbeitskollegen, Freunde, freiwillige Assoziationen – durch sie entsteht bei Individuen ein Zusammengehörigkeitsgefühl und das Bewußtsein gegenseitiger Verpflichtung. Versuche, Menschen zum Kontakt mit anderen zu zwingen – z. B. indem man Schüler aus verschiedenen Gegenden mit Bussen zusammenkarrt, indem man „multikulturelle Erziehung“ einführt oder indem man verschiedene soziale Gruppen bewußt in den Stadtvierteln mischt oder gemeinsame öffentliche Räume einrichtet etc. – haben traurige Ergebnisse gezeitigt. Je mehr Kollektivismus den Menschen eingeredet oder aufgezwungen wird, umso mehr, so scheint es, entwickelt sich das Gegenteil. Die Versuche Frankreichs, die Schulen als Mittel zur Durchsetzung einer einheitlichen Kultur zu verwenden, führten vor kurzem zu schweren Konflikten mit moslemischen Eltern: Die Schüler stemmten sich gegen das Verbot traditioneller Kleidung in der Klasse. Ähnliche Spannungen entstanden auch in Großbritannien, als wohlmeinende Schulbehörden versuchten, die ethnische Zusammensetzung der innerstädtischen Schulen auszubalancieren, was nur zur Polarisierung lokaler Gemeinschaften führte, die früher friedlich, wenn auch voneinander abgeschieden im gleichen Viertel lebten.

Es gibt also drei Argumente gegen aufgesetzten Kollektivismus als Lösung des moralischen Problems des sozialen Zusammenhalts.

Erstens ruft er eher negative Reaktionen hervor und verschärft so soziale Konflikte, die er eigentlich lösen sollte. Positive Diskriminierung von Unterprivilegierten provoziert Beschwerden von jenen, deren Aussichten im Namen von sozialem Fortschritt und Bürgerrechten leiden. Eine Ausdehnung von Wohlfahrtsleistungen ruft den Verdacht hervor, daß der Nachbar mehr bekommt als er eigentlich sollte. Das ermutigt wiederum Schnüffeleien und erzeugt Ablehnung von „Sozialschmarotzern“ – beides führt zu Mißstimmigkeiten und Mißtrauen in den lokalen Gemeinschaften. Anstatt den Gemeinschaftssinn zu stärken, endet verpflichtender Kollektivismus in der Fragmentierung sozialer Gruppen und in verstärkten Spannungen zwischen den Menschen.

Zweitens politisiert verpflichtender Kollektivismus die Beziehungen zwischen den Menschen. Da der Staat Ressourcen anzubieten hat, werden die Leute ermutigt, miteinander darum zu konkurrieren, ob sie wohl ihren Anteil bekommen. Dies führt nicht nur zu einer ständigen Ausweitung der staatlichen Budgets, sondern verstärkt auch das Eigeninteresse auf Kosten der

Solidarität. Weiters verstärken die Resultate dieser Konkurrenz häufig die Ungleichheiten, die man mit kollektiven Maßnahmen überwinden wollte, da die Mittelschichten sich erfahrungsgemäß den Löwenanteil der staatlichen Mittel, z. B. für Schulbildung und Gesundheit sichern, während die Schwächsten in der Gesellschaft oft die größten Schwierigkeiten haben, den Zugang zu diesen Maßnahmen zu finden.

Drittens untergräbt verpflichtender Kollektivismus die Kleingruppen, die so wesentlich für den gesellschaftlichen Zusammenhalt sind. Ein typisches Beispiel dafür ist die Einführung eines allgemeingültigen staatlichen Gesundheitssystems in Großbritannien zu Beginn dieses Jahrhunderts: Es zerstörte effektiv die genossenschaftlichen Organisationen der Arbeiterklasse, die genau als kollektive Antwort auf das gemeinsame Bedürfnis nach Krankheitsvorsorge im 19. Jahrhundert entstanden waren (vgl. Green 1985). Je mehr der Staat versucht, die Probleme der Menschen für sie zu lösen, desto eher werden die Menschen ihre eigenen gegenseitigen Formen der Vergesellschaftung aufgeben, und desto größer wird wiederum die Notwendigkeit extensiver staatlicher Versorgung. Und inzwischen löst sich der soziale Zusammenhalt immer mehr auf.

Das Paradoxon des sozialen Zusammenhalts ist also, daß er umso schwächer wird, je mehr die Regierungen versuchen, ihn durch die Ausweitung von Bürgerrechten – im weitesten Sinn – zu erhalten. So lange wir diesen Zusammenhang nicht verstehen, sind wir dazu verurteilt, genau das Problem der sozialen Fragmentierung zu reproduzieren, das unsere Politik überwinden soll. Das wird solange anhalten, solange wir den Zusammenhang zwischen Markt und Eigeninteresse und zwischen Wohlfahrtsstaat und kollektivem Altruismus aufrechterhalten, denn genau dieser Dualismus führt uns zum Angriff auf die Rahmenbedingungen für soziale Bindung, während wir damit die Voraussetzungen für eine weitere soziale Fragmentierung schaffen.

Solidarität entsteht von unten und kann nicht dekretiert werden. „Individuen gehen gemeinschaftliche Bindungen ein und engagieren sich für gemeinsame Organisationen genau in dem Maß, indem diese ihnen nützlich sind. Sobald sie aber das tun, gewinnt der unfühlbare Zusammenschluß namens ‚Gemeinschaft' ein Leben und einen Wert, der Größer ist als die Summe seiner Teile. Beraube die Gemeinschaft ihres Nutzens und du beraubst sie ihrer Existenz" (Murray 1988, S. 279). Wenn wir also tatsächlich den sozialen Zusammenhalt aufrechterhalten wollen, dann müssen wir eher im privaten als im staatlichen Sektor nach einer Lösung suchen. „Das Paradoxon ist, daß Ganzheit am stärksten dort erlebt wird, wo der einzelne partizipiert." (Berger/Neuhaus 1977, S. 40).

7. Privatisierung und Bürgerschaft

Wenn die hier entwickelten Argumente richtig sind, dann ist mit jedem Schritt weg von kollektiven Versorgungsformen eine Erneuerung des Gemeinschaftslebens und des sozialen Bewußtseins zu erwarten. Das beste Beispiel dafür ist die Entwicklung im britischen Wohnbau, denn seit 1980, als die Gesetzgebung den Mietern den Kauf ihre Gemeindehäuser und -wohnungen zu Diskontpreisen ermöglichte, haben ca. eine Million Haushalte von dieser Möglichkeit Gebrauch gemacht. Zwischen 1981 und 1986 fiel zum erstenmal in England und Wales der Prozentsatz der in Gemeindewohnungen Wohnenden, und zwar von 29% auf 24% (vgl. Wohnbau- und Baustatistik 1987). Die sozialen Effekte von der Umstellung von kollektiver zu privater Versorgung können also an diesem Beispiel gut analysiert werden.

1986 arbeitete ich mit Kollegen an der Universität Sussex an einer Befragung von Eigentumswohnungs- und Eigenheimbesitzern sowie Gemeindemietern in drei verschiedenen englischen Städten (vgl. Saunders 1990). Die Ergebnisse dieser Studie weisen stark in die Richtung, daß das Wachstum privaten Wohnraumbesitzes und der Rückgang im öffentlichen Bereich nicht mit einem Anstieg von „Privatismus" einhergeht, wie oft behauptet wird (vgl. Stubbs 1988), sondern mit dem Wachstum von Selbstwertgefühl, Autonomie und Sicherheit, alles Grundlagen für die Bereitschaft, sich am Gemeinschaftsleben zu beteiligen und soziale Verpflichtungen einzugehen.

Es ist richtig, daß der Verkauf von Gemeindebauten zu einer Verschärfung der sozialen Spaltung in einigen Gemeindebauvierteln führte – 26% unserer Befragten gaben an, daß die Wohnungskäufer nun zurückgezogener und überheblicher sind. Ebenso sind die sozialen Netzwerke zwischen Bewohnern von Gemeindebauten zumeist dichter als die zwischen Eigentümern. Ins Auge sticht aber, daß bei einer ganzen Reihe von Indikatoren die Eigentümer *mehr* in das Gemeinschaftsleben außerhalb ihrer Wohnung oder ihres Hauses integriert zu sein scheinen als die Mieter, und zwar unabhängig von Klassen- und Schichtunterschieden zwischen den beiden Gruppen.

So sind z. B. Wohnungseigentümer mehr als Mieter in lokale Organisationen involviert – 56% der Eigentümer gehörten zumindest einer freiwilligen Vereinigung an, aber nur 34% der Mieter, und diese Unterschiede kann man in jeder Schicht finden. Ebenso gehören die Hälfte der Wohnungseigner einem Bewohnerverein an, wo es einen gibt, aber nur 10% der Mieter. Studien von Ineichen (1972) und Mori (zitiert nach Dickens 1988, S. 230) kommen zu ähnlichen Ergebnissen.

Ebensowenig führt Wohnungseigentum dazu, daß die Leute mehr zu Hause bleiben., denn es gibt keinen Unterschied der Häufigkeit von Außerhausaktivitäten zwischen Eigentümern und Mietern.

Dies alles ist nicht überraschend, wenn man versteht, wie persönliche Sicherheit und Autonomie auf Partizipation im Kollektiv rückwirken. Hugh Stretton (1976) ist nur einer der Sozialwissenschaftler, die erkannten, daß sich Menschen erst dann für die Gemeinschaft engagieren, wenn sie sich ihren persönlichen Lebensbereich gesichert haben. Nur Menschen, die ihr eigenes Leben unter Kontrolle zu haben glauben, nehmen eine aktive Rolle in der Gesellschaft ein. Soziales Leben entsteht dann, wenn das Selbstbewußtsein abgesichert und ein Zugehörigkeitsgefühl entstanden ist. Wie Stretton schreibt: „Öffentliches soziales Leben wird keineswegs gefördert, wenn man das Privatleben aushungert und überbelastet“ (Stretton 1976, S. 191).

Was für den Bereich des Wohnens stimmt, stimmt auch für die anderen Schlüsselbereiche des Alltags. Die Erfahrung, sein eigenes Leben und seine Umwelt unter Kontrolle zu haben, erzeugt einen Grad von Selbstbewußtsein und Selbstvertrauen, den man nicht künstlich herstellen kann und der wesentlich für eine lebendige und kooperative zivile Gesellschaft ist. Es ist ein schwerer Irrtum zu glauben, daß Selbstbewußtsein den Menschen irgendwie durch staatliches Agieren gegeben werden kann, oder daß Zusammengehörigkeitsgefühl durch staatliche Versorgung oder Gesetzgebung hergestellt wird. „Verfolgte Minderheiten“, so schreibt Susan Mendus (1989, S. 159), „verlangen Respekt und Achtung.“ Sie möchten willkommen und erwünscht sein. Sie wollen das Gefühl haben, dazuzugehören. Aber diese Dinge kann man nicht „verlangen“ oder „garantieren“. Sie entstehen aus der Erfahrung von Autonomie und Kontrolle über sein eigenes Leben. Wir können weder aktiven Bürgersinn noch eine moralische Sozialordnung herstellen, aber wir können die Rahmenbedingungen für ihre Entstehung schaffen. „Wir müssen aufhören, darüber nachzudenken“, so schreibt Charles Murray (1988, S. 157), wie man die Menschen dazubringt, daß sie „das Gefühl haben“, die Geschehnisse zu kontrollieren. Statt dessen müssen sie die Geschehnisse *tatsächlich* kontrollieren. (...) Die Frage ist nicht, wie die Regierung eine gute PR-Kampagne organisieren kann, sondern die, wie eine Gesellschaft organisiert werden kann, in der die Menschen tatsächlich über ihr eigenes Leben bestimmen und authentische Kompetenzen haben, über die sie sich freuen.“ Übertragene Staatsmacht, demokratisierte Strukturen, Partizipationsmöglichkeiten, nichts von alldem gibt wirklich endgültige Kontrollmöglichkeit und Verantwortung, und nichts von alldem beinhaltet Selbstverwirklichungsmöglichkeiten für Individuen und Gemeinschaften.

Wie dann kann Selbstverwirklichung und die Stärke kollektiven Handelns, die daraus entsteht, ermöglicht werden? Sowohl Murray wie Berger und Neuhaus kommen zur gleichen, offensichtlichen Antwort: Dort, wo die Menschen sich schon selbst um ihre eigenen Angelegenheiten kümmern können, sollte die Regierung dies nicht unterminieren, indem sie dafür Verantwortung übernimmt. Dort, wo dies aufgrund des Mangels materieller Ressourcen nicht möglich ist, sollte die Regierung die

Kaufkraft der Betroffenen erhöhen, sich aber nicht einmischen, wie sie ihr Geld ausgeben. Das ist der Kern aller Forderungen nach einem Mindesteinkommen und Gutscheinsystemen. Anders gesagt, es ist die Logik des Weges von der direkten, konkreten Staatsversorgung mit Gütern und Dienstleistungen hin zu einkommens- und vermögensabhängigen Transferzahlungen oder wertgleichen Gutscheinen.

Damit können Individuen selbst entscheiden, wie sie ihre Ressourcen am besten verwenden. Manchmal wird dies zu einer individualisierten Konsumform (die meisten Menschen ziehen z. B. Privatwohnungen Wohngemeinschaften vor), manchmal zur Entwicklung neuer Formen kollektiver Arrangements führen – z. B. der Zusammenlegung von Bildungs- oder Gesundheitsvorsorge-Gutscheinen, um eine neue Schule oder ein innovatives Krankenhaus zu errichten. Aber was immer dabei auch herauskommen mag, es ist mit Sicherheit ein lebendigeres soziales Leben als das in einem System obligatorischen Kollektivismus', wo die Menschen sich machtlos über die Kontrolle ihres eigenen Lebens fühlen und sich den Kopf darüber zerbrechen, daß niemand anderer mehr hat als sie.

In Großbritannien ist die Entwicklung hin zu einem privatisierten Konsummodell noch in einem frühen Stadium. In den Bereichen, wo sie schon weit fortgeschritten ist – z. B. im Wohnbereich – besteht das Problem, wie man sie auf die ärmsten Bevölkerungsschichten ausdehnt, die jetzt in Gefahr sind, marginalisiert zu werden. In Bereichen, wo sie noch nicht so weit ist, z. B. im Schul- und Gesundheitswesen, ist das Problem die Überwindung der tief verankerten Interessen der Produzenten für das staatliche System am Status quo, damit die Individuen ihre eigenen Strategien und Entscheidungen umsetzen können. Für beide Fälle ist ein Gutscheinsystem der Schlüssel. Das Aufrechterhalten direkter Versorgung durch den Staat – entweder für eine Minderheit (Gemeindebauten) oder für die Mehrheit (staatliche Schul- und Gesundheitssysteme) ist weder nötig, denn es gibt alternative Strategien, um den Menschen die Versorgung mit Wohnraum, Unterricht und Gesundheitsvorsorge zu ermöglichen, noch moralisch wünschbar, denn es verhindert die Möglichkeit autonomen Handelns und moralischer Entscheidungen und erzeugt eine Kultur der Machtlosigkeit und Entfremdung. Will man tatsächlich die Bedingungen für das Aufblühen des sozialen Lebens und freiwilligen Engagements schaffen, dann ist die Verteidigung kollektiver Versorgungssysteme wohl der schlechteste Weg. Die privatisierte Stadt, die sich langsam aus den Ruinen der kollektiven Wohlfahrtssysteme heraus entwickelt, verkörpert nicht die Gefahr von sozialer und moralischer Desintegration, sondern verspricht neue und aktive Formen des Bürgersinns, die auf individueller Kompetenz und der Entstehung genuin kollektiver Formen von Organisationen und Gemeinschaftssinn von unten beruhen.

Übersetzung aus dem Englischen:
Bernhard Perchinig

ANMERKUNGEN

1 Im britischen Gesundheitssystem kam es in den letzten Jahren zu einer rapiden Zunahme der Wartezeiten auf Operationen oder stationäre Behandlung, für die Festsetzung des Behandlungstermins spielt die Position auf der Warteliste eine zunehmend gößere Rolle. (Anmerkung des Übersetzers)

2 T. H. Marshall entwickelte ein vor allem in der angloamerikanischen Politikwissenschaft einflußreiches Konzept von Bürgerschaft („citizenship"). Dabei analysiert er den Begriff auf zwei Ebenen: Auf der Ebene der formalen Bürgerschaft, der am ehesten dem deutschen Begriff der Staatsbürgerschaft entspricht, und auf der Ebene der damit verbundenen materiellen Rechte. Diese können in drei Gruppen unterteilt werden: Den Bereich der klassischen individuellen Freiheitsrechte, die in der Gleichheit aller vor dem Gesetz ihren klarsten Ausdruck finden, den Bereich der politischen Rechte, wie z. B. Versammlungs- und Organisationsfreiheit – ihr klarster Ausdruck ist das allgemeine Wahlrecht –, und den Bereich der sozialen Rechte, aller Rechtstitel, die einen allgemeinen Anspruch auf Teilhabe am gesellschaftlichen Wohlstand umfassen. Diese Differenzierung kann im deutschen Begriff der Staatsbürgerschaft nicht wiedergegeben werden, daher wird hier entweder der Begriff „Bürgerschaft" oder der unübersetzte Begriff „citizenship" verwendet. (Anmerkung des Übersetzers)

3 im Original deutsch

4 Das britische Schulsystem kannte bis zur Reform durch Thatcher keine gesamtstaatlichen Curricula, die Gemeinden waren die entscheidenden Instanzen über den Lehrplan. (Anmerkung des Übersetzers)

5 Die britischen Stadträte (die city councils) hatten vor Thatcher und haben bis

heute noch bedeutend mehr Entscheidungsrechte als üblicherweise die Städte am Kontinent. So konnten sie z. B. relativ selbständig die Höhe der Steuern festsetzen, aus denen verschiedene Programme finanziert wurden. Eine der ersten Maßnahmen der Regierung Thatcher war die massive Reduktion der Macht der Gemeinderäte. (Anmerkung des Übersetzers)

LITERATUR

Bacon R., Eltis, W. 1978: Britain's economic Problem: too few producers, London, Macmillan

Bell, D. 1979: The cultural Contradictions of capitalism, London: Heinemann

Bendick, M. 1982: "Vouchers versus income versus services", Journal of social policy, vol. 11, 365-78.

Berger, P. 1978: The capitalist revolution, Aldershot: Wildwood House

Berger, P. Neuhaus, R. 1977: To empower people, Washington: American Enterprise Institute for Public Policy Research

Budge, I., Brand, J., Margolis, M., Smith, A. 1972: Political stratefication and democracy, London: Macmillan

Byrne, T. 1985: Local government in Britain, Harmondsworth: Penguin

Castells, M. 1976: "Is there an urban sociology" in Pickvance, C. (ed), Urban sociology: critical essays London, Tavistock

Castells, M. 1976: "Theory and ideology in urban sociology" in Pickvance, C., op cit

Dickens, P. 1990: Urban sociology: society, locality and human nature, Hassocks: Harvester Wheatsheaf

Duncan, S., Goodwin, M. 1988: The local state and uneven developemant, Cambridge: Politly Press

Green, D. 1985: Working class patients and the medical establishment, Aldershot: Gower

Hattersley, R. 1987: Choose freedom, Harmondsworth: Penguin

Holton, R., Turner, B. 1989: Max Weber on economy and society, London: Routledge

Hoover, K., Plant, R. 1989: Conservative capitalism, London: Routledge

Ineichen, B. 1972: "Home ownership and manual workers' life style", Sociological Review, vol. 20, 391-412

Jones, G. 1985: "Conclusion: Implications for policy and institutions" in Ranson, S., Jones, G., Walsh, K. (eds), Between centre and locality, London: George Allen and Unwin

Marshall, G. 1988: „Review article: The culture of capitalism", Work, employment and society, vol. 2, 247-60

Marshall, T. 1973: "Citizenship and social class" in his Class, Citizenship and social developement, Westport, Conn., Greenwood Press

Mendus, C. 1988: In pursiut of happiness and good government, New York: Simon and Schuster

Nisbet, R. 1986: Conservatism, Milton Keynes: Open University Press

Nove, A. 1983: The economics of feasible socialism, London: George Allen and Unwin

Pahl, R. 1984: Divisions of labour, Oxford: Basil Blackwell
Saunders, P. 1986: Social theory and the urban question, London: Hutchinson
Saunders, P. 1990: A nation of home owners, London: Unwin Hyman
Saunders, P., Harris, C. 1989: Popular attitudes to state welfare services, Research report number 11, London: Social Affairs Unit
Scruton, R. 1989: "Liberal politics and the decline of social membership", Paper given to the fourth International Congress of Professors World Pence Academy, London, August.
Stretton, H. 1976: Capitalism, socialism and the enviroment, Cambridge: Cambridge University Press
Stubbs, C. 1988: "Property rights and relations", Housing studies vol. 3, 145-58
Titmuss, R. 1970: The gift relationship, London: Allen and Unwin

Lucca

II

ZUR ORDNUNG DER RÄUME, ZUR ARCHITEKTUR UND ZUM STÄDTEBAU

Der „Einbruch der Wohnstube in die Fremde" (Braun 1987), dieser merkwürdige Prozeß einer „Verhüttelung" der Welt, dessen vorläufiges Endergebnis bei jeder Flugreise über Mitteleuropa ins Auge zu springen pflegt, wurde erst ermöglicht durch eine temporale Aufladung der Grenze zwischen Drinnen und Draußen.

THOMAS H. MACHO

THOMAS H. MACHO

DRINNEN UND DRAUSSEN

REFLEXIONEN ZUR ORDNUNG DER RÄUME

Vorbemerkung: Unterwegs nach Megalopolis

Von Stadtentwicklungskonzepten und Raumordnungsplänen verstehe ich wenig. Allerdings teile ich mit manchen Zeitgenossen die bedrückende Ahnung, daß uns die kommenden Jahrzehnte einer Art von Explosion chaotischer Urbanität ausliefern werden, – einem Explosionstypus, dessen kinetische Unwiderstehlichkeit alle Planungs-, Entwicklungs- und Steuerungsinititativen in die Nachbarschaft zu frommen Gebeten rücken könnte. „Zeitbombe Stadt", so lautet der Titel einer nüchternen Studie gegenwärtiger Wohnverhältnisse (*Schweizer 1987*). Die Leitmetapher von der „Zeitbombe" ist freilich ein bißchen irreführend, sofern sie nämlich suggeriert, daß die Höllenmaschine bloß tickt und noch gar nicht losgegangen ist. Faktisch beweist der Autor das Gegenteil: die Druckwelle einer jahrzehntelangen Kettenreaktion ist spürbar, selbst in den westeuropäischen Zentren; und ihr Gipfelpunkt ist ebensowenig absehbar wie ihr Ende.

In dieser Einschätzung stimmen selbst so unterschiedliche Geister wie Theodor W. Adorno und Martin Heidegger fast nahtlos überein. Das vielleicht meistzitierte Urteil Adornos – „Es gibt kein richtiges Leben im falschen" (*Adorno 1951:42*) – beschließt nicht zufällig eine Reflexion über die materielle und geistige Obdachlosigkeit der Moderne; Heidegger wiederum hat die Wohnungsnot „in unserer bedenklichen Zeit" mit jener existenziellen „Verstellung" in Zusammhang gebracht, die er „Seinsvergessenheit" nannte (*Heidegger 1954:160ff*). Adorno und Heidegger haben die „Unwirtlichkeit der Städte" als Zeichen einer fundamentalen Krise unseres Weltverhältnisses gedeutet; sie haben gewissermaßen die Druckwelle gespürt, ohne doch die eigentlichen Zentren der Explosion zu kennen. Darum mag es notwendig sein, auch einen Sprecher jener Erdteile zu Wort kommen zu lassen, die wir gewöhnlich als „Dritte Welt“ bezeichnen; einen Experten der Flucht, geboren in Konstantinopel, gestorben in Südamerika. In seinem „Brevier des Chaos“ schreibt Albert Caraco:

„Die Städte, die wir bewohnen, sind die Schulen des Todes, weil sie unmenschlich sind. Jede ist das Sammelbecken von Lärm und Gestank geworden, jede wird zu einem Chaos von Gebäuden, wo wir uns zu Millionen einpferchen und unseren Lebenssinn verlieren. Hoffnungslos unglücklich, fühlen wir uns wohl oder übel ins Labyrinth des Absurden verstrickt, und wir werden es nur tot verlassen, denn unser Schicksal ist, uns unaufhörlich zu vermehren, einzig um zahllos zugrunde zu gehen. Mit jeder Drehung des Rades rücken die Städte, die wir bewohnen, unmerklich aufeinander zu, bestrebt zu verschmelzen, es ist ein Marsch ins vollkommene Chaos, im Lärm und Gestank.“ (*Caraco 1986:9*).

Im Vortragssaal oder im gemütlichen Wohnzimmer bedarf es schon einer gewissen Anstrengung der Einbildungskraft, um auch nur halbwegs nachfühlen zu können, wovon Caraco spricht. Können Sie sich denn – bloß für einen Augenblick – vorstellen, was es bedeuten mag, in einer Stadt mit 36,7 Millionen Einwohnern leben zu müssen?

2. Drinnen und Draußen

Gottlob ist Mexico City weit entfernt, irgendwo draußen. In unseren Wohnzimmern dagegen, – sie sind gut beheizt, – fällt es einigermaßen schwer, an Platznot, Slums, Obdachlosigkeit und gedrängte Menschenmassen zu denken. Bestenfalls fühlen wir uns wie Architekten, die in ihren Großraumbüros eine neue Wohnbausiedlung entwerfen. Aber vielleicht darf ich Sie zu einem kleinen Gedankenexperiment überreden, das unsere Vorstellungskraft beflügeln wird. Angenommen, wir würden von einem gewaltigen Flüchtlingsstrom erreicht, – einem Flüchtlingsstrom, der sich auch mit gegenwärtig aktuellen Ereignissen nicht vergleichen läßt; angenommen weiter, wir müßten einen Großteil dieser Flüchtlinge unterbringen; und angenommen schließlich, wir könnten diese Menschenmassen nur bei zusätzlicher Nutzung von Privatwohnungen versorgen: dann wäre doch die Frage sinnvoll und erlaubt, wieviele Menschen Sie maximal – sagen wir für den Zeitraum eines Jahres – in Ihre eigenen vier Wände aufnehmen würden. Ein einzelnes Paar? Oder eine kleine Familie? Oder das „Fähnlein der sieben Aufrechten"? Oder die zwölf Apostel? Oder die vierzehn Gerechten? Ab welcher Zahl würden Sie sagen, die Tür bleibe von nun an verschlossen? Ab welcher Zuwachsrate würden Sie niemand mehr eintreten lassen, – selbst wenn es sich um die „heilige Familie auf Herbergssuche" höchstpersönlich handeln würde?

Die Grenze, die Sie jetzt hoffentlich in Ihrer Phantasie ermitteln, ist eine elementare Bedingung menschlicher Raumordnung. Sie scheidet nämlich das Drinnen vom Draußen. Kurz gesagt: das wohlbekannte Gefühl, nach einem anstrengenden Arbeitstag oder nach der Rückkehr von einer Reise, die Tür zum Daheim hinter sich absperren zu können, ist möglicherweise nur die moderne Version eines der ältesten Gefühle menschlicher Lebewesen. Der Stoßseufzer nämlich, den wir nicht selten ausstoßen, während wir die Straßenkleidung ablegen und die Hausschuhe überstreifen, entspringt jener evolutionären Überlebensstrategie, die Hugh Miller „Insulation" genannt hat (*Claessens 1980:60f*). Dieser Titel bezeichnet die ungeplanten Techniken sozial organisierter Lebewesen, sich dem evolutionären Anpassungsdruck teilweise zu entziehen. „Insulation" heißt die Entwicklung eines „Binnenklimas", das sich vom äußeren Klima klar unterscheidet. Wenn beispielsweise Pflanzen eng zusammenstehen, so bildet sich in ihrer Mitte ein schattigeres, meistens auch feuchteres und ausgeglicheneres Klima, als außen herum herrscht. Die Pflanzen avancieren gleichsam zu „Managern" ihrer eigenen Überlebensbedingungen: sie werden „zu Mäzenen für Entwicklungen, die nun nicht vorrangig durch Mutationstheorie erklärt werden müssen" (*Claessens 1980:61*). „Insulation" bedeutet in erster Linie Schutz, die Möglichkeit, eine „ökologische Nische" selbst zu errichten und zu bewohnen.

Nach allen Argumenten einer anthropologisch orientierten Soziologie, wie sie beispielsweise Dieter Claessens vorzutragen pflegt, sind die Menschen geradezu Experten der „Insulation“ und des Aufbaus „ökologischer Nischen“.

„Während die Evolution auf die Säugetiere hin die Nischenfunktion einem überlebensfreundlichen Medium wie Wasser, dann dem eindeutigeren Schutz des Eies, zuletzt dem Mutterlebewesen selbst übertragen hat (das sofern direkt der Mäzen des Nachwuchses wird und selbst in sich jenes künstliche Innenklima entwickelt, das die Voraussetzung für anspruchsvollere Entwicklung ist), wendet sich auf den Menschen zu die Entwicklung in gewisser Weise um: jetzt wird der Uterus wieder ein sozialer Raum, was ja nichts anderes bedeutet, als daß ein Teil der Schutzfunktion, den der mütterliche Innenraum übernommen hatte, nun wieder nach außen verlagert wird, was nicht möglich wäre, wenn ein solcher Außenraum nicht vorher geschaffen würde: der ‚soziale Uterus'“(*Claessens 1980:61*).

Die Grenze zwischen dem Drinnen und Draußen verläuft also zunächst entlang der mütterlichen „Wasserscheide“. Mit der Geburt wird diese primäre Grenze zwar überschritten: doch wird sie nicht aufgehoben, sondern lediglich neu gezogen. Ein „sozialer Uterus“ konstituiert ab nun die lebenswichtige Differenz zwischen der jeweiligen „Heimat“ (dem Drinnen), und einer fremden, gefährlichen und chaotischen Welt (dem Draußen).

Die ältesten Wohnstätten der Menschen zeigen bereits dieses Bild: die Gestalt eines geschützten Innenraums, und die Spur einer Grenze zwischen Drinnen und Draußen. André Leroi-Gourhan hat beispielsweise die Wohnstätten des Mousterien (achtzigtausend Jahre vor unserer Zeitrechnung) klar beschrieben: „Sie bestehen aus einem Zentralbereich, in dem sich die Feuerstellen befinden und der relativ frei von Tierresten, aber reich an Steinwerkzeugen ist; umgeben ist dieser Zentralbereich von einem dichten Gürtel abgeschabter und zertrümmerter Knochen“. Der Neandertaler lebte also „umgeben von den Resten seiner Jagdbeute, die er ein wenig nach außen schob, um sich einen Raum zum Leben zu schaffen“ (*Leroi-Gourhan 1980:396*). Hinter dem Knochenwall, den sichtbaren Zeichen des notwendigen Austauschs mit der Welt, begann gleichsam das Draußen. Rund fünfzigtausend Jahre später hat sich zwar das technische Erscheinungsbild verändert, nicht aber das Prinzip der Organisation eines bewohnten Raums. Die ehemaligen Stellflächen der Zelte vor der Rentierhöhle von Arcy bilden Kreise „von drei oder vier Metern Durchmesser mit einer zentralen Fläche aus versteinertem und aufgehäuftem Ton, die wiederum von einem Ring aus Steinplatten, einer Art Pflaster umgeben ist. An der Grenze des Kreises sind senkrechte Löcher angeordnet, in die große Mammutstoßzähne eingelassen waren, sie bildeten das Gerüst. Der ganze Raum ist sorgfältig gesäubert; außerhalb stößt man auf einige Haufen größeren Schutts und, über die Abhänge verstreut, auf die ‚Abfallhaufen', kleine Ansammlungen von Asche, die mit Steinabfällen und winzigen Knochenfragmenten durchsetzt ist" (*Leroi-Gourhan 1980:397*).

Aus derselben Zeit, in der diese Zelte aufgebaut wurden, stammen die ersten Bilder und Kunstwerke der Menschen. Die immer perfektere Abgrenzung eines geordneten, uterinen Innenraums gegen die bedrohlich chaotische Außenwelt ließ unaufhaltsam jenen gewaltigen Symbolisierungsprozeß vorankommen, dessen Spuren an den Wänden eiszeitlicher Höhlen bestaunt werden können. Aus der Mitte des Drinnen begannen die Menschen, das Draußen zu entwerfen und zu ordnen. Vielleicht bestand das erste Evangelium schlicht in der Botschaft, daß die Welt draußen genauso organisiert ist, wie drinnen: daß der Himmel wie ein aufgespanntes Zelt über dem Erdboden thront, und daß er gestützt wird von einer Weltsäule, oder von einem Weltenbaum, der als *axis mundi* Himmel und Erde verbindet. Als Abbild des Drinnen wurde das Draußen erobert; als Abbild des Draußen wurde das Drinnen sakralisiert. Am Fuß des Mittelpfostens der Zelte wurden die kosmischen Opfer dargebracht; am Fuß jener „Himmelsleiter" also, welche die Schamanen der arktischen, nordamerikanischen und nordasiatischen Stämme bei ihrer Trance-Reise erklettern (*Eliade 1984:49f*).

Erst in diesem Symbolisierungsprozeß, der langsamen Angleichung von Drinnen und Draußen, gewann die menschliche

Insulationsgeschichte ihre besondere und originäre Gestalt. In diesem Prozeß entfesselte sich die paradoxe Genialität einer weltfremden, akosmischen Weltaneignung; diese Fähigkeit, Drinnen und Draußen zu vertauschen, die ein habituelles Fluchtwesen auf den Einfall bringen konnte, seine Verfolger stellvertretend flüchten zu lassen (*Claessens 1980:63*). Der Clou einer permanenten Umkehrung hat die menschliche Evolutionsgeschichte geprägt: Anpassungszwänge wurden durch Distanzierungsstrategien minimiert. Wen die Welt ängstigte (frei nach Johannes 16.33), der konnte sich in seiner Höhle verbergen; aber er konnte auch die Welt als Höhle auffassen und ordnen. Wer das Draußen fliehen wollte, konnte sich zurückziehen; aber er konnte auch das Draußen zum Rückzug zwingen und der Logik des Drinnen unterwerfen. Der Mensch ist das einzige Lebewesen, das seine Ängste und Wünsche gewissermaßen „kosmisieren" kann; und wenn er sich in überwältigender Furcht „totzustellen" versucht, kann es leicht geschehen, daß die Welt „totgestellt" wird, – ein Zustand, den wir bald erreicht haben werden. Das wahrheitstheoretische Programm unserer Gattungsgeschichte – die *adaequatio rei et intellectus* – ist beinahe erfüllt: unsere Vorstellung beginnt mit der Welt übereinzustimmen, weil die Welt inzwischen so aussieht, wie wir sie uns vorgestellt haben. Oder nicht?

3. Diesseits und Jenseits

Der „Einbruch der Wohnstube in die Fremde" (*Braun 1987*), dieser merkwürdige Prozeß einer „Verhüttelung" der Welt, dessen vorläufiges Endergebnis bei jeder Flugreise über Mitteleuropa ins Auge zu springen pflegt, wurde erst ermöglicht durch eine temporale Aufladung der Grenze zwischen Drinnen und Draußen. In einem gesteigerten Symbolisierungsschub wurden Geburt und Tod als die eigentlichen Grenzen des Daseins erfaßt: als die zeitlichen Schranken zwischen Diesseits und Jenseits. Mit der Symbolisierung von Geburt und Tod begann das Zeitalter der Religionen, die Epoche der „Vertikalisierung" des Bewußtseins.

Irgendwann muß sich ein gewaltiger Sprung ereignet haben; ein Sprung, der sich vielleicht in einer neuen Antwort auf jene „Kinderfragen" ausdrückte, die Ernst Bloch an den Beginn seines Hauptwerks gestellt hat: „Wer sind wir? Wo kommen wir her? Wohin gehen wir? Was erwarten wir? Was erwartet uns?" (*Bloch 1973:1*). Irgendwann haben Menschen nicht mehr gesagt, sie kämen aus dem Burgenland und gingen nach Wien; irgendwann hat sie die Frage nach ihrer Identität nicht mehr dazu verführt, von ihrem Lager, von der Zugehörigkeit zu ihrem Clan, von Ahnen, Freunden oder Verwandten zu berichten. Irgendwann, in diesem langen Prozeß der Assimilation von Drinnen und Draußen, müssen sie – erschreckt oder verwundert – erkannt haben, daß es ein Draußen gibt, das sie auf ihren üblichen Wegen nicht erreichen können. Dieses zweite Draußen lag vor ihrem Eintritt in den Mutterleib, und hinter dem Augenblick der Verwandlung eines lebendigen, atmenden Zeitgenossen in eine Leiche. Irgendwann wurde das zweite Draußen entdeckt, und folgerichtig ein zweites Drinnen: ein Drinnen, das nun nicht mehr als Schutzraum allein, sondern ebensogut als lebenslange Gefangenschaft erfahren werden mochte. Von Platons „Höhlengleichnis" bis zu den gnostischen Spekulationen über das Weltgehäuse, von der altbiblischen Verzweiflung Hiobs bis zur buddhistischen Sehnsucht nach dem Nirwana, von der zoroastrischen Apokalyptik bis zur Schöpfungskritik Ciorans oder Becketts, haben sich die Empfindungen eines existenziellen Unbehagens artikuliert: eines Unbehagens am Dasein als Drinnensein.

Es ist paradox: die mythisch-technische Kolonisierung des Draußen, die vorgestellte und praktizierte Kosmogonie (*Eliade 1984:47ff*), hat uns das Drinnen vermiest. Mit zunehmender Seßhaftigkeit, mit steigender Sicherheit und Wehrbereitschaft, hat sich eine melancholische Grundstimmung etabliert, von der schon die ältesten Schriften Zeugnis ablegen.

„Wenn es in 1. Mose 3.17 heißt ‚Verflucht sei der Acker um deinetwillen, mit Kummer sollst du dich darauf nähren dein Leben lang', so spüren wir hinter diesen Worten ein völlig anderes Lebensgefühl als hinter den Liedern der Bambuti oder dem Gesang der Eskimo-Schamanin Uvavnuk. In der Genesis ist das

Leben ein Fluch, die Strafe für den Sündenfall der Menschheit, ein Bauernleben voll Mühsal und Plage, das man nicht länger lieben kann. Dabei ist es wichtig zu beachten, daß nicht die Tiefpunkte und Mißgeschicke des Lebens überhaupt als Leiden charakterisiert werden. ‚Was nützen uns', heißt es etwa in dem heiligen Text einer anderen Bauerngesellschaft, der Maitraya Upanisad, ‚die Vergnügungen und Wonnen in diesem Leib, der nur eine dreckige Ansammlung von Knochen, Haut, Sehnen, Mark, Fleisch, Samen, Blut, Schleim, Tränen ist, eine Masse von Kot, Urin, Fürzen, Galle und anderen Säften, übelriechend und kraftlos? Erfahren wir nicht, daß göttliche und dämonische Wesen sterben, daß Ozeane austrocknen und Berge eingeebnet werden, und daß die Erde eines Tages aufhören wird zu existieren? Was nützen uns die Vergnügen in einem samsara dieser Art, in das ein Mensch, der zu ihm Zuflucht nimmt, immer wieder zurückkehren muß? Ich bin in diesem samsara wie ein Frosch in einem verschlossenen Brunnen'." (*Duerr 1984:237*).

„Wie ein Frosch in einem verschlossenen Brunnen" – besser läßt sich die Erfahrung eines ausweglosen Drinnenseins kaum charakterisieren. Wie aber ist der Frosch in den Brunnen gefallen? Der Preis erfolgreicher Insulation besteht – ganz schlicht – im Zwang, miteinander auszukommen: keine Chance auf Überleben außerhalb der uterinen Gruppe. Die Existenzform der Jäger und Sammlerinnen erlaubte noch einen ziemlich flexiblen Umgang mit diesem Zwang; Verwandtschaftsverhältnisse und Heiratsnormen bildeten nur den allgemeinen Rahmen zur Regelung der Beziehungen zwischen den Menschen. „Wo und mit wem man wirklich zusammenlebte, darüber entschieden zusätzliche Faktoren – unter anderem auch, ob man miteinander auskam" (*Herbig 1988:197*). Im Konfliktfall konnte sogar ein „putatives Verwandtschaftssystem" in Geltung treten; die Streitenden trennten sich vorübergehend oder für immer, um sich einer anderen Gruppe anzuschließen, frei nach der Maxime: mit wem man gut zusammenleben kann, ist man irgendwie wohl auch verwandt. Nach den Beobachtungen von Richard Lee besteht das typische Lager einer nomadisierenden Wildbeuter-Gesellschaft bis heute aus den „Sippenmitgliedern und ihrem Anhang, die herausgefunden haben, daß sie gut zusammenleben und zusammenarbeiten können. Nach diesem flexiblen Organisationsprinzip können Brüder vereint oder getrennt sein, Väter und Söhne zusammen oder getrennt leben" (*Herbig 1988:197*).

Diese relativ „unbeschwerte" Leben mag viele Jahrtausende gedauert haben; unter Bedingungen der Seßhaftigkeit (und also auch unter veränderten ökonomischen Voraussetzungen) ließ sich die organisatorische Flexibilität der Jäger und Sammlerinnen nicht mehr aufrechterhalten. Die „Ökonomie des Teilens" wich der „Ökonomie des Hortens"; und die sozialen Bindungen verschärften sich wie von selbst. Die Bewohner der ersten Dörfer waren gebunden „an ihre Felder in der Umgebung der Siedlungen und durch Vorräte, die Nahrung für Monate bedeuteten. Gebunden waren sie durch Häuser, Vorratsbehälter, Mahlsteine und andere stationäre Einrichtungen." Gebunden waren sie aber auch und vor allem aneinander: den mühselig erwirtschafteten Besitzstand „konnte man nicht leichten Herzens aufgeben, nur weil man sich mit seinem Nachbarn wegen einer Lappalie in die Haare geraten war" (*Herbig 1988:196ff*). In dieser Lage mußten neue Zugehörigkeitskriterien definiert werden. Aber erst die Temporalisierung der Grenze zwischen Drinnen und Draußen, erst die Entdeckung des zweiten Draußen, ermöglichte die Ablösung des kooperativen Prinzips nomadischer Assoziation durch das Abstammungs-Apriori seßhafter Gesellschaften. Von nun an entschied die Geburt über soziale Zugehörigkeit, und weder Verträglichkeit noch Freundschaft, sondern die Abstammung „legte fest, mit wem man zusammenlebte und zusammenarbeitete" (*Herbig 1988:204*). Ein genealogisches Ordnungsparadigma wurde etabliert (*Macho 1990*): daher mußte das temporalisierte Draußen ins Zentrum der Gesellschaft einziehen, mitten ins Herz des Drinnen. Nach wie vor glich zwar die räumliche Gestalt der ersten Dörfer und Städte den Stellflächen der Zelte vor der Rentierhöhle von Arcy; die frühe Stadt war umgeben von ihrem Verteidigungsgürtel und schloß sich „um die Getreidevorräte und den Schatz" (*Leroi-Gourhan 1980:227*). Aber unter den Wohnstätten der Familien, der Handwerker, Krieger und

Priester, lagen die Toten. Denn jede Abstammungsideologie beruft sich notwendig auf die Toten: auf diese Zeugen meiner Zugehörigkeit, die meine Zeugung ermöglichten. Den genealogisch legitimierten Ahnen gebührte die Verehrung der Lebenden, weil sie deren soziale Existenz verursacht hatten und dauerhaft garantierten. Aber zugleich entstand ein gefährlicher Raum, eine bedrohliche Zone, im Zentrum des sozialen Körpers: der Friedhof. Bei seinen Untersuchungen der Gräber von *Ain Mallaha* und *El Wad* (rund zehntausend Jahre vor unserer Zeitrechnung) stellte der Prähistoriker Gary Wright fest, daß die meisten Toten nicht zum erstenmal bestattet worden waren. Offenbar wurden die Toten – wenn sie anderswo gestorben waren – nur provisorisch beigesetzt und später in die Heimatsiedlung überführt. Nicht zufällig auch wurden die Toten dieser Epoche in Gemeinschaftsgräbern (mit zwei bis zehn Personen) bestattet: das Totenritual sorgte für die Vereinigung von Menschen gleicher sozialer Zugehörigkeit. In den Friedhöfen von Ain Mallaha und El Wad, aber auch in den Gräbern und Hausruinen der Yang Shao-Kultur und des Oaxaca-Hochtals „wurden Menschen mit verschiedenen Lebensspannen, Biographien und Sterbeorten nur aufgrund ihrer gemeinsamen Abstammung im Tod wiedervereint. Gemeinschaft bis ins Grab spiegelte das Grundprinzip der sozialen Organisation dieser frühen Entwicklungsphase seßhafter Gesellschaften wider" (*Herbig 1988:207*).

Gemeinschaft bis ins Grab. Der Vertrag zwischen Toten und Überlebenden verdichtete sich in der Erfahrung existenzialer – und das heißt: genealogischer – Schuld. Der Tote ist gestorben, damit du existieren kannst: so lautete die dunkle Botschaft der Abstammungsordnung. Verpflichtung und Schuldevidenz verkörperten sich in der Einsicht, daß ich selbst verursacht, „verschuldet" worden bin, daß also andere vor mir dagewesen sein mußten, um mein Leben zu ermöglichen, – und daß diese Schuld, „Erbschuld" par excellence, irgendwann abgegolten werden mußte: durch meinen eigenen Tod. Denn die Ahnen waren nicht nur Vorfahren und Schöpfer, sondern auch Gläubiger des Daseins. Gemeinschaft bis ins Grab. Von den Zentren des zweiten Draußen ging also eine merkwürdige Vergiftung aus: eine Vergiftung, die nicht selten durch grausame Opferarrangements kuriert werden sollte.

Der Preis für die Assimilation von Drinnen und Draußen war hoch: er bestand in der Temporalisierung der Grenzen zwischen Drinnen und Draußen. Der Preis für diese Temporalisierung war ebenfalls hoch: er bestand in der Institutionalisierung der Abstammungsordnung. Aber der Preis für die Institutionalisierung des genealogischen Paradigmas war vielleicht am höchsten: denn er bestand in der Heimkehr des Unheimlichen. Und der Frosch stürzte in den Brunnen…

4. Ich und die Welt

Vielleicht habe ich Sie schon zu lange mit anthropologischen und prähistorischen Daten und Befunden gequält. Ein makrohistorischer Sprung in die Nähe der Gegenwart wäre möglicherweise erwünscht: und ich begnüge mich daher mit dem Hinweis auf die enorme Stabilität der genealogischen Ordnung, die noch das Erscheinungsbild der mittelalterlichen Friedhöfe unverwechselbar prägte (*Ariès 1980:43ff*).

Just im heurigen Jahr haben wir des zweihundertjährigen Jubiläums jener Revolution gedacht, die unter der Parole von „Freiheit, Gleichheit und Brüderlichkeit" den Umsturz aller Abstammungs- und Geburtsordnungen proklamierte. Nicht zufällig hat sich diese Revolution einen neuen Kalender gegeben; und nicht zufällig hat sie auch die genealogischen Verträge mit den Toten gekündigt. Gegen Ende des 18. Jahrhunderts wurden zahlreiche Friedhöfe aufgelassen und an die Peripherie der europäischen Städte verlegt. Im Jahre 1793 erließ der Konventsdelegierte Fouché eine Verordnung, die den Wegfall jeglicher Zeremonien bei Beerdigungen verfügte, die Friedhöfe von Paris in Grünanlagen verwandeln und nur durch ein Schild kennzeichnen lassen wollte, auf dem geschrieben stehe: „Der Tod ist ein ewiger Schlaf" (*Fuchs 1973:86f*).

In seinem Essay „Der Erzähler" hat Walter Benjamin die konstitutive Totenfeindlichkeit der bürgerlichen Revolution hellsichtig charakterisiert:

„Im Verlauf des neunzehnten Jahrhunderts hat die bürgerliche Gesellschaft mit hygienischen und sozialen, privaten und öffentlichen Veranstaltungen einen Nebeneffekt verwirklicht, der vielleicht ihr unterbewußter Hauptzweck gewesen ist: den Leuten die Möglichkeit zu verschaffen, sich dem Anblick von Sterbenden zu entziehen. Sterben, einstmals ein öffentlicher Vorgang im Leben des Einzelnen und ein höchst exemplarischer (man denke an die Bilder des Mittelalters, auf denen das Sterbebett sich in einen Thron verwandelt hat, dem durch weitgeöffnete Türen des Sterbehauses das Volk sich entgegen drängt) – sterben wird im Verlauf der Neuzeit aus der Merkwelt der Lebenden immer weiter herausgedrängt. Ehemals kein Haus, kaum ein Zimmer, in dem nicht schon einmal jemand gestorben war. (...). Heute sind die Bürger in Räumen, welche rein vom Sterben geblieben sind, Trockenwohner der Ewigkeit, und sie werden, wenn es mit ihnen zu Ende geht, von den Erben in Sanatorien oder in Krankenhäusern verstaut." (*Benjamin 1980:449*).

Benjamin bedauert diese Entwicklung, weil sie den Niedergang der Erzählkunst mitverschuldet habe; ich frage mich, ob wir nicht vielmehr bedauern sollten, daß der antigenealogische Funke der bürgerlichen Revolution bald wieder erloschen ist. Im neunzehnten Jahrhundert hat der Nationalismus Gewalt über die Völker gewonnen, – als hätte das Vakuum zerschlagener Zugehörigkeitsordnungen die Karriere neuer Abstammungsphantasien geradezu provoziert. Und im 20. Jahrhundert kamen faschistische Bewegungen an die Macht, die ein genealogisches System mit allen Mitteln, einschließlich des Völkermords, zu restaurieren versuchten.

Nach allen Erfahrungen dieses Jahrhunderts ist es besonders deprimierend, daß die alten Feindbilder und Nationalismen bis auf den heutigen Tag virulent geblieben sind. Immer noch werden Resolutionen gegen irgendwelche „Ausländer" verfertigt, und nach wie vor wird um die Erhaltung genealogischer Legitimationen gerungen, die eigentlich längst schon blamiert sind. Nicht einmal die jüngste Gegenwart dispensiert uns also von der Frage: Woran ist die bürgerliche Revolution gescheitert? Wieso hat der Umsturz feudaler Abstammungsordnungen keine tiefgreifende strukturelle Wirkung erzielt? – Diese Frage verschärft sich noch im Licht der aktuellen Ereignisse. Sie müßte nämlich auch die offenkundige Niederlage jener antibürgerlichen Revolution einschließen, die das Projekt und den Traum der Verwirklichung einer geschwisterlichen Lebensordnung einer Klasse anvertrauen wollte, die weder durch Geburt noch durch Tradition, weder durch Kapital noch durch Besitz von Produktionsmitteln, an irgendeine Vergangenheit gebunden war. (Angesichts dieser, ohnehin vielfach verratenen und korrumpierten Hoffnung schmerzt es dennoch zu lesen, wie manche Spekulanten die Berliner „Mauer" scheibchenweise, bei beachtlichen Gewinnspannen, an souvenirgeile Zeitgenossen in aller Welt verscherbeln.)

Zurück zu meiner Frage: woran ist das Programm einer Abschaffung genealogischer Organisationsprinzipien gescheitert? – Ich denke, daß die bürgerliche – und in gewisser Hinsicht auch die marxistische – Revolution einen weiteren Zivilisationsschub forderte, den man auch als „Insulationsverzicht" charakterisieren könnte. Die Grenze zwischen Drinnen und Draußen mußte decodiert, und das heißt: von der verbindlichen Ordnung genealogischer Regeln und metaphysischer Dualismen abgekoppelt werden. Und also wurde sie verschoben: direkt in die Subjekte hinein, die nun die Verantwortung für die Abgrenzung ihrer inneren, privaten und ihrer äußeren, öffentlichen Existenz ausschließlich selbst übernehmen sollten. Dem einzelnen Ich – als dem *Drinnen* seiner Reflexionsakte, Selbstverhältnisse, Triebe und Maximen, – wurde die ganze Welt, – als das neue *Draußen* – zugleich eröffnet und aufgebürdet. Kosmopolitismus und Innerlichkeit: beiden Ansprüchen sollte das moderne Subjekt genügen; obendrein blieb ihm das Wissen um die Befristung des eigenen Lebens, ohne Perspektive auf Gerechtigkeit oder himmlischen Ausgleich biographischer Asymmetrien.

Dieses Programm einer Grenzziehung zwischen dem Drinnen des einzelnen Ichs und dem Draußen einer ganzen Welt, – dieses „Projekt der Moderne", das sich auch in den urbanen Lebensstrukturen spiegelt, – ist wohl vorerst gescheitert. Die raffinierten Prothesen des Kosmopolitismus – wie etwa die Informationstechnologie oder das Fernsehen – haben die Überforderung ebensowenig ermäßigt wie die sublimen Prothesen der Innerlichkeit – zum Beispiel die Meditationsindustrie oder der „Psychoboom". Kurzum, wir sind verzagt, und unser Lebensgefühl wird von Erfahrungen der Unübersichtlichkeit und diverser individueller Krisen bestimmt, die den „Ausgang aus der selbstverschuldeten Unmündigkeit" leicht als Eintrittspforte in die geschlossene Abteilung einer psychiatrischen Klinik erscheinen lassen.

Was bleibt, zum Abschluß, ist eine hartnäckige und schlampige Hoffnung: die Hoffnung des Emigranten, irgendwann einmal heimkehren zu dürfen. John Berger hat diese seltsame Art von Hoffnung, gewissermaßen eine Restutopie nach dem Verschleiß aller Utopien, mit folgenden Sätzen ausgedrückt: Es ist „unmöglich, in jenen historischen Zustand zurückzukehren, wo jedes Dorf Mittelpunkt der Welt war. Die einzige Hoffnung, sich jetzt wieder einen Mittelpunkt zu schaffen, besteht darin, die ganze Erde dazu zu bestimmen. Nur weltweite Solidarität kann vielleicht die moderne Heimatlosigkeit transzendieren. Brüderlichkeit ist eine allzu eingängige Bezeichnung. Wenn man von Kain und Abel absieht, scheint sie irgendwie zu verheißen, daß alle Probleme lösbar seien. In Wirklichkeit sind viele unlösbar – daher das unaufhörliche Bedürfnis nach Solidarität. Heutzutage kann das Haus, sobald die allerfrühste Kindheit vorbei ist, niemals mehr Zuhause sein, wie es das in anderen Epochen war. Dies Jahrhundert ist bei all seinem Reichtum und all seinen Kommunikationssystemen das Jahrhundert der Verbannung. Nach und nach wird vielleicht die Verheißung, deren großer Prophet Marx war, erfüllt, und dann wird der Ersatz für die Obhut eines Zuhauses nicht einfach nur in unseren persönlichen Namen bestehen, sondern in unserer kollektiven bewußten Präsenz in der Geschichte, und wir werden wieder inmitten des Wirklichen leben. Trotz allem kann ich es mir vorstellen. Unterdessen leben wir nicht einfach nur unsere eigenen Leben, sondern auch die Sehnsüchte unseres Jahrhunderts." (*Berger 1986: 77*)

VERZEICHNIS DER ZITIERTEN LITERATUR

Adorno, Theodor W.: Minima Moralia. Reflexionen aus dem beschädigten Leben, Frankfurt/Main (Suhrkamp) 1951.
Ariès, Philippe: Geschichte des Todes, München/Wien (Carl Hanser) 1980.
Benjamin, Walter: Der Erzähler. Betrachtungen zum Werk Nikolai Lesskows, in: Gesammelte Schriften Band II.2 (=Werkausgabe Band V), Frankfurt/Main (Suhrkamp) 1980, Seiten 438-465.
Berger, John: Und unsere Gesichter, mein Herz, vergänglich wie Fotos, München/Wien (Hanser: Edition Akzente) 1986.
Bloch, Ernst: Das Prinzip Hoffnung. Band I, Frankfurt/Main (Suhrkamp) 1973.
Braun, Christina von: Der Einbruch der Wohnstube in die Fremde, Bern (Benteli) 1987.
Caraco, Albert: Brevier des Chaos, München (Matthes & Seitz) 1986.
Claessens, Dieter: Das Konkrete und das Abstrakte. Soziologische Skizzen zur Anthropologie, Frankfurt/Main (Suhrkamp) 1980.
Duerr, Hans Peter: Sedna oder Die Liebe zum Leben, Frankfurt/Main (Suhrkamp) 1984.
Eliade, Mircea: Das Heilige und das Profane. Vom Wesen des Religiösen, Frankfurt/Main (Insel-Verlag) 1984.
Fuchs, Werner: Todesbilder in der modernen Gesellschaft, Frankfurt/Main (Suhrkamp) 1973.
Heidegger, Martin: Bauen Wohnen Denken, in: Vorträge und Aufsätze, Pfullingen (Neske) 1954, Seiten 145-162.
Herbig, Jost: Nahrung für die Götter. Die kulturelle Neuerschaffung der Welt durch den Menschen, München/Wien (Carl Hanser) 1988.
Leroi-Gourhan, André: Hand und Wort. Die Evolution von Technik, Sprache und Kunst, Frankfurt/Main (Suhrkamp) 1980.
Macho, Thomas H.: So viele Menschen. Jenseits des genealogischen Prinzips, in: Peter *Sloterdijk* (Hrsg.): Vor der Jahrtausendwende. Berichte zur Lage der Zukunft, Frankfurt/Main (Suhrkamp) 1990, Seiten 29-64.
Schweizer, Gerhard: Zeitbombe Stadt. Die weltweite Krise der Ballungszentren, Stuttgart (Klett-Cotta) 1987.

GERDA AMBROS

PHANTASMA UND TECHNÉ

Notizen zur Architektur

ARCHÉ-TEKTON, die Figur des Anfangs, der Stiftung, der Gründung. Ein Anfang, der gemacht sein wird, nachträglich um dem Anfangen, dem An-fang, der als Verfängliches zurückbleibt, ein Ende zu setzen. Ein Her-stellen, das von der wenig geachteten, verborgenen Figur des tekton, des Zimmermanns oder Handwerkers ausgeht, wie ihn die Griechen kennen, um als wissender Ursprung beansprucht, selbst an den Anfang gesetzt zu sein. Als müßte ihm vorausgehen, was noch heute als unumgänglicher Anspruch hingestellt wird: „– der Architekt ist aus der Natur seiner eigenen Arbeit dazu gezwungen, die Totalität zu denken".[1]

Aber die Figur ist doppeldeutig, als Ordnen und Zusammenfügen, ein dem Chaos abgerungener Kosmos, ist sie keine Schöpfung, die das Ganze schon gedacht haben wird und die nach dieser Vollendungslogik sich selbst in die Verlegenheit setzt, erneut anfangen und eingreifen zu können. Die in Einem gebaute Welt ist immer schon am Ende angekommen, – wie es das Denken des Ganzen vorgibt. Wenn es dagegen „Zeus bei Homer blitzen und hageln läßt, so ist dies kein Erschaffen, sondern ein Herstellen, Zusammenfügen ... Die Götter sind in der techné ..."[2] Aber von dieser Sphäre der Mittel und Vermittlungen gerät man unversehens auf die zweite Seite der Ordnung, wenn sie schon vorhanden ist, lokalisierbar in dem, was es gibt, und damit erneut in dieser Weise des Denkens, das das Sein thematisch werden läßt. Von hier aus kommt gegen das Diktum eine neue Kunst in den Blick, die das Vorhandene versteht in seinen Möglichkeiten zu lesen, ein Lesen, das nicht einfach auflesen sein kann, wenn es vor allem logos auf das legein als Finden und Er-findung verweist. Wenn Architektur so unumgänglich mit dem Anfang verbunden scheint, dann dient sie doch zugleich dem Denken ihn vorzustellen, wie wenn an ihr das Fundament gefunden wäre, um den Aufbau der Welt und den Gründer der Welt vor Augen zu führen. Auch dann, wenn von dem heiligen Ursprung, der Hierarchie, nicht die Rede ist, verbindet sich das Denken des zentralen Ortes – der den Ursprung der Stadt markiert, mit dem des wissenden Urhebers als Zentrum aller Organisation von Welt. Von hier aus wird die Sphäre der Mittel nicht allein die Hand des Handwerkers, sein Tun und sein Werkzeug – wie Heideggers Zeug-Welt es denken läßt – sein. Von hier aus setzt sich schon etwas in Gang, das die Hand vom Wissen trennt, und so einer Verteilung folgt, die als massenhafte Organisation der Arbeit jene Maschine bildet, die sich vorerst nicht materialisiert, wenn sie als „Mega-Maschine" die – zum Anfang der Architektur erklärten – monumentalen Bauten produziert. Wenn Platon und Aristoteles den Weltenbau dem Demiurgen überlassen, dann wird er schon als Mittel ein Maß gefunden haben, das sich in der Geschichte seiner Objektivierung beschreiben läßt, in seiner zunehmenden Abtrennung vom Kontext seiner Findung, um als Unvorgängliches selbst zum eidos geworden zu sein, zum Urbild des metron. Es gilt in Platons Timaios somit, die Vorhandenheit der Elemente aus dem Maß abzuleiten, das eine noch nicht in die Architektonik Euklids gebrachte geometrische Ordnung darstellt:

„Daß nun erstens Feuer, Erde, Wasser und Luft Körper sind, das sieht wohl jeder ein; aber jede Gattung von Körpern hat auch Tiefe, und es ist ferner durchaus notwendig, daß die Tiefe das Wesen der Fläche um sich herum hat, die rechtwinkelige Fläche aber besteht aus Dreiecken. Alle Dreiecke nun gehen von zweien aus, deren jedes einen rechten und sonst spitze Winkel hat;... Das also nehmen wir, indem wir den Weg, der sich uns als mit Notwendigkeit verbunden und zugleich wahrscheinlich zeigt, einschlagen, als den Anfang des Feuers und der übrigen Körper an."[3] Verweist der eingeschlagene Weg schon auf die Wiederholbarkeit einer „notwendigen" Methode, so scheint doch das griechische Denken noch zwiespältig, was die stereometrischen Körper im Raum betrifft. Der griechische Raum wird noch nicht dem leeren Raum der Neuzeit gehorchen, der je schon den entleerten Gegenstand von seinem Volumen her vorstellt. Ein Zwiespalt, der sich noch bei Aristoteles zeigt, wenn er vom Ort in einer Weise spricht, die ihm eine Bewegtheit zukommen läßt, mit der er Korrespondenzen und Einflüsse zur Körperwelt unterhält.[4] Und schließlich ist es der Raum, die chora, als Empfänglichkeit des Werdens, wie sie aller Formung „durch Gestaltungen und Zahlen"[5] vorausgeht. Darin sind die vier Elemente in ihrer Verteilung auf eine Beweglichkeit angewiesen, von der her sie erst „verschiedene Stellen eingenommen" haben: auf Platons „Amme des Werdens". Sie ist kein Anfang, auf den unverhohlen zurückgegangen werden könnte, befindet sich doch „nichts an ihr im Gleichgewicht, sondern als überall ungleichmäßig schwebend wird sie selbst durch jene erschüttert und beschüttet, in Bewegung gesetzt, umgekehrt jene."[6]

Dem, was „ohne Maß und Verhältnis" war, aber sagt selbst Platon „gewissse Spuren von sich selbst" nach[7], über denen sich die Ordnung erschließt. Von ihr her wird das Andere zum Maßlosen, zum bloßen Fehlen des Maßes, mit dem die Welt ins Werkgesetzt scheint. Kommt dieses Setzen aber selbst in den Blick, dann fügt es sich nicht der Methode der Mittel. Darauf weist Heidegger hin, wenn er das Technische wie die Kunst, die für die Griechen beide techné sind, als Weisen des Ent-bergens und Her-vor-bringens versteht, die somit der poiesis angehören: der Erfindung.

Das kann dann nicht mehr ein Urheber sein, der von Außen kommt, um mit einem Mal das Ganze zu schöpfen, und keiner der sein Maßwerk schon bereithält. Das Poietische stellt nichts vor, und geht dem Her-stellen und Vor-stellen voraus. Von daher zeigt es seine Verbindung an zur „semiotischen Chora", die nach Kristeva „keine andere Analogie als den Rhythmus von Stimme und Geste (duldet)"[8]: „als Einschnitt und als Artikulation – als Rhythmus – der Evidenz und Wahrscheinlichkeit, der Räumlichkeit und Zeitlichkeit voraus."[9]

Pyramidale Trennungen

Hegels Pyramide wirft in einem die Frage nach der Architektur und die nach dem Zeichen[10] auf. Nicht nur verdichtet sich darin die Bedeutung der Architektur, was sie durchspielt ist ein erstes Ordnen, dessen Hintergehung auf dem Spiel steht.

Hegels Kunstphilosophie stellt die Architektur in ihrer Entsprechung zur „symbolischen Kunstform“ vor. Sie geht darin systematisch der Skulptur voraus und damit schon dem Inbegriff des „klassischen“ Kunst-Ideals – der Verkörperung des Geistes in der menschlichen Gestalt. Während diese sich von der als Innerlichkeit gefaßten „romantischen Kunstform“ abgelöst findet oder sich vielmehr in sie auflöst.

In dieser Argumentation wird das Symbolische, als andeutende, suchende Kunst beschrieben, die „noch nicht“ in die „Angemessenheit“ von Inhalt und Form des Klassischen gefunden hat, um diesem Inkarnationsmodell des in seiner Geschlossenheit freien Kunstwerks, das „nicht mehr“ und „darüber hinaus“ der „unendlichen“ romantischen Subjektivität zu konfrontieren. Sie wird sich aber auch als Verlegenheit erweisen, der Architektur ihren Kunstbegriff zu formulieren.

Im Kontext der „eigentlichen Symbolik“, die der Architektur Ägyptens zukommt, ist zugleich auch der Anfang der Kunst und jene allbekannte Grenzziehung der historischen Vernunft thematisch, die stets Geschichte von Vor-geschichte, wie Kunst von Vor-Kunst unterscheiden muß, um auch im Anderen bei sich zu bleiben.

Die „Selbständigkeit“ der Architektur berührt eine Grenze, denn ihre Produktionen „sollen also durch sich selbst zu denken geben“[11]. Zugleich aber ist ihnen kein Inhalt, den sie darstellen sollten, vorgegeben. So stehen sie im Horizont des Heiligen, um nichts weniger zu sein, als „das Band“ der sozialen Ordnung[12]. Für dieses Band nun steht zum einen das Bauen selbst, zum anderen sein je schon ambivalentes Produkt: der babylonische Turm. Für Hegels Architekturbegriff – und nicht nur für seinen – wird dieser Turm stets wiederkehren, um den Mangel des Begriffs anzuzeigen, einen Mangel, der die Sprachverwirrung überhören muß, um dem, was die Vereitelung des Baus durch Gott war, das Projekt der Überwindung zu konfrontieren: als technische, funktionale, ästhetische und kommunikative.

Was Hegel als „selbständige Architektur“ beschreibt, muß somit eine Reihe von Abgrenzungen durchlaufen: Noch ist die Architektur nicht „dienend“ geworden – eine Dienstbarkeit, die dem Haus und seiner Ökonomie entspricht, noch hat sie nicht die Funktion der Umgebung und der Hülle angenommen, noch ist sie in diese Teilung nicht eingetreten, die sie zum Mittel eines anderen und wesentlichen Zwecks macht, der Mensch, Subjekt oder das Bild eines Gottes ist. Ein „noch nicht“, das stets auf den Unterschied gerichtet ist, den es negiert, und darin schon mit der Fassung des Symbols übereinkommt: Nicht zufällig beginnt dessen Erläuterung damit, daß es – „zunächst“ – ein Zeichen ist, und insofern arbiträr „stellt (es) dann so wenig sich selber vor“, noch einen Inhalt, der ihm verwandt wäre. Sodann aber nimmt es in stets zweideutiger Weise dieses Verwandt-sein ein, das, begriffen, immer schon ein Drittes voraussetzt, das den Vergleich vollziehbar macht. Eine Verwandtschaft von Darstellendem und Dargestelltem, die jenes erste immer schon in diese Relation gebracht haben wird, in die es eintritt.

Das scheint nur dort überwunden, wo die Idee der Kunst das Schöne im Auge hat und selbst Vewandtschaft als eine Äußerlichkeit des Bezugs verwirft.

Von dort her wird das Symbol an den Anfang gesetzt – nicht bloß an die Schwelle der Kunst, sondern ebenso an jene des Zeichens, an die Bedingungen und Möglichkeiten seiner Dienstbarkeit. Von beiden ist es überwunden vorgestellt – so in „der schönen Menschengestalt“ des Kunstideals wie im „objektiven Gedanken“. Daß das Symbol dagegen auf der Suche nach Gestalt wie Inhalt sei, betreibt eine Einbindung, die seine Ausgrenzung sein wird. Und es ist die Teleologie der Suche selbst angesprochen, wenn das Symbol ein Rätsel ist, das lösen wird, was ihm aufgegeben ist, wenn es dazu kommen muß, den Dingen einen festen Ort zu geben und wenn das Festhalten an der Suche wie ein Starrsinn erscheint, um jedes Unterwegs-sein an die Überbrückung zu binden.

Das architekturale Symbol als Rätsel, das in einer aufgegebenen Lösung besteht, ist so immer schon Schnittstelle des Übergangs in die „dienende Architektur“, die als Umhüllung der Arbitrarität des Zeichens gleich kommt; letztlich Schnittstelle der

Opposition, die Kunst und Denken eingehen, die nichts anderes verdecken wird, als die Annäherung an das Selbständige der Architektur.

Verraten wir zuerst die Lösung des Rätsels, in das die Pyramide gestellt ist – das vielmehr in der Pyramide gestellt erscheint – um gleich vorwegzunehmen, daß sie auch die Lösung des „objektiven Rätsels" selbst sein wird: von diesem los-gelöst wird es die Antwort des Ödipus sein – ich bin es, der Mensch.

An der Pyramide erscheint er als schon eingekehrte Innerlichkeit. So schreibt Hegel:

„In dieser Weise stellen uns die Pyramiden das einfache Bild der symbolischen Kunst selber vor Augen; sie sind ungeheure Kristalle, welche ein (!) Inneres in sich bergen und es als eine durch Kunst produzierte Außengestalt so umschließen, daß es sich ergibt, sie seien für dies der bloßen Natürlichkeit abgeschiedene Innere und nur in Beziehung auf dasselbe da. Aber dieses Reich des Todes und des Unsichtbaren, das hier die Bedeutung (!) ausmacht, hat nur die eine und zwar formelle Seite, welche zum wahrhaften Kunstgehalt gehört, nämlich dem unmittelbaren Dasein entrückt zu sein, und ist so zunächst nur der Hades, noch nicht eine Lebendigkeit, die, wenn auch dem Sinnlichen als solchem enthoben, dennoch ebenso zugleich in sich daseiend und dadurch in sich freier und lebendiger Geist ist".[13] Noch ist das „ich bin es" nicht ausgesprochen, noch ist der „in sich lebendige und freie Geist" nicht im Ideal der Skulptur, im Denken der organischen Gestalt und eines sie durchdringenden organischen Geistes vollzogen, bloß die Arbitrariät des Zeichens ist angebrochen: „Damit" – so Hegel – „bleibt die Gestalt für solch ein Inneres eine dem bestimmten Inhalt desselben ebensosehr noch ganz äußere Form und Umhüllung. Solch eine äußere Umgebung, in der ein Inneres ruht, sind die Pyramiden".[14]

Es ist die „organische Gestalt", die im Innern der Pyramide als unbewegte festgehalten ist, der mit der Maske des Anorganischen belegte Körper. So muß er den leeren Ort als Mitte besetzen – an die Stelle des „formlosen schwarzen Steins" getreten sein. So und nicht anders wird er zum Signum der Zeit, die er in sich als Mitte verortet. Die vom abgeschiedenen Organischen erschlichene Mitte wird es – als Körper des Pharaos – in jene Linie stellen, die schließlich die Zeit als „inneren Sinn" begreifen wird, zunächst aber den bewahrten Körper als Träger der Symbolik von Raum und Zeit erscheinen läßt. Wie historisch das Symbol(ische) zum Emblem des anthropomorphen Gottes wird, so wird die Architektur zu dessen Umgebung.

Das Signifikat der Pyramide ist der organische Körper als Signifikant des Geistes. Wenn der Mensch als Leiche ins Zentrum der Architektur tritt, dann wie der Körper des Tiers, das, in die Vorstellung erhoben, zum Symbol wird, um das Unbegreifliche der Natur in die Unangemessenheit ihrer Symbolisierung zu überführen. Daß diese Arbeit des Todes im Medium der Vorstellung den versteinerten Signifikanten als Signifikat produziert, ist zugleich Hinweis auf den prekären Vorzug des architekturalen Symbols, das als Unbegreifliches nicht mehr fragwürdig wird, weil es immer schon von der Idee des Organischen – im Denken der Inkarnation des lebendigen Geistes gedacht ist. Die Pyramide aber ist selbst der Ort, an dem die Differenz von Lebendigem und Totem sich einstellt. Dort, wo sie – dienend – zur Hülle eines Inneren wird, *stellt sich die Differenz von Organischem und Anorganischem heraus*. Das Eins der Bedeutung ist im mumifizierten Körper doppelt bewahrt, wenn er zugleich das Signum der Innerlichkeit ist, mit der das abgeschiedene (!) Subjekt die Differenz von Raum und Zeit initiiert. Anders wird diese von Hegel beschrieben, als in der Trennung von göttlichem und menschlichem Gesetz, als Trennung des Weiblichen und Männlichen, wie des Bewußtlosen und Bewußten. Die so mit der pyramidalen Relation eingekehrte Bedeutung aber kann das ihr Vorgängige nur im einschließenden wie ausschließenden „noch nicht" beschreiben und es so bloß als Verkanntes vorstellen.

Dem gemäß wird die ausgesprochene Lösung des Rätsels schon ein Kind der Differenz sein, das die verschleierte Göttin zu Sais in die Geburtsmetapher bringt: „Die Frucht, die ich gebar, ist Helios" – nach Hegel niemand sonst als Ödipus, der im nunmehr ausgesprochenen Ich die Sphinx vom Felsen stürzt. Derart wird der Fels zum Boden des Geistes, um mit Hegel endlich sagen zu können „daß das Innere der Natur der Gedanke ist".

Dem „Selbständigen der Architektur" bleibt somit nichts anderes übrig, als der unentwickelte Gedanke, den es an sich schon in sich hätte, oder aber schlicht Gedankenloses zu sein, was ihm den Zutritt zur Kunst, selbst als Vor-Kunst versperrt.

Die doppelte Berufung auf Arbitrarität und Skulptur aber wird zugleich die Ohnmacht des Denkens zeigen, jenem Selbständigen sich zu nähern. Die Differenz von Innenraum und Außenraum ist der Frage nach der architekturalen Bedeutung schon vorgeschrieben. In dem Maße, wie eine ihr innewohnende Bedeutung anhebt, ist sie in der Dienstbarkeit des Zeichens verstummt und daß sie als von sich aus sprechende – wie etwa die Sphinx – von der Skulptur her gedacht ist, fixiert noch einmal die Opposition des Nützlichen und Göttlichen. So eben denkt Hegel, das „Selbständige der Architektur" als „anorganische Skulptur". Die Gestaltung des Räumlichen ist damit an die Gestalten im Raum verwiesen, über die sich ein Göttliches anzeigt. So ist die Säule, der Turm auch ins Doppelte von Nützlichem und Göttlichem gestellt. An ihr – steht sie nicht frei für sich im Raum – wird ihre tragende Funktion beschreibbar, die ihre Rolle als Bedeutungsträger auszulöschen scheint. Als Symbol eines Göttlichen aber wird sie Skulptur: als Phallus-Säule Symbol der Fruchtbarkeit. Nicht zufällig ist sie darin integriert in die Identifizierung der Vorstellung: in Gestalt des abgeschiedenen Organs. Denn es ist immer die Frage nach dem ersten der Symbolisierung, das den Phallus als transzendentalen Signifikanten auf den Plan ruft. Dagegen und damit ist die Höhle vorweg schon des Mangels an Selbständigkeit verdächtig, als Raum einer ihr fremden Innerlichkeit, die hervorzubringen die Geburtsmetapher einlöst.

Aber folgen wir Hegels Präferenz für den Turm, dann zeigt sich die skulpturale Interpretation an ihrer Grenze: im Obelisken als Abstraktionsgestalt, die den Sonnenstrahl symbolisiert. So gelangt man dorthin, worüber nachzudenken Hegel als Borniertheit verwirft: Zur Frage der Form und der Größe, zur Geometrie und zum Strich. Gleichwohl sind sie es, die das „Unorganische" und damit Architektonische der Skulptur bezeichnen, wie es „das Material als solches“ ist, dem die „Kunst am Äußeren“ sich zuwendet. Nur das Maßlose wird noch als Zeichen des Monuments verstehbar, das als Symbol im unerreichten Grenzenlosen Hegels Göttliches verfehlt. Im Maß als Raumverhältnis, Reihe, Regelmäßigkeit, bleibt noch einmal ein letzter Austausch mit einer eigentümlichen Vorstellung übrig: in der Symbolik der Zahl.

Nicht nur als gezählte Himmelsschrift und so reproduzierte Konstellation der Planeten, selbst als gezählte Zeit von Sonnenauf- und -untergang, als Zählbarkeit der Phasen des Mondes suggeriert sie die Abbildbarkeit von Raum und Zeit noch im gemessenen Raum und als Sukzession oder Zyklus vorgestellter Zeit. Sind diese aber nur darin möglich, daß Raum und Zeit aufeinander abgebildet werden, um in Folge und Verhältnis einzugehen, so wird dem von Hegel als begriffslos/geistlos verworfenen Formellen der abstrakten Form das Kunstideal erneut zum zweiten Bild der Schwelle: In das Telos der Aufhebung des Raums in die Zeit gestellt, setzt es je schon voraus, daß Zeit Raum geworden sei. Medium der Vorsstellung, wie es die Tonsprache sein wird. Verräumlichung wird zur Gegenmarke all dessen, was Hervorbringen an ein Subjekt der Selbstergreifung verweist, das sich in der Zeitlichkeit der Vorstellung bewegt. Es ist dieser Ausgang vom Denken der Selbstbewegung, das der paradoxalen Struktur eines zum unbewegten versteinerten Organischen als Grundfigur organischer Beweglichkeit gehorcht. Der Blick auf diese Positionierung der Verräumlichung in ihrem Ausgang, die es schon hier nicht anders kann und den Gegenzug zum Lebendigen repräsentiert, wie die Aufmerksamkeit auf ein Hervorbringen, dem im Medium des Vorstellens vergeblich nachgestellt wird, sind benennbare Grenzmarken architekturalen Denkens.

Fragt man nun danach, in welcher Weise die Architektur der „Ausdruck“ oder die „Inkarnation“ einer Bedeutung sei, dann folgt man dieser Logik des Zeichens, die Hegels Pyramide zeigt. Man fragt nach dem Lebendigen (dem Organischen, der beseelenden Seele), von dem man wissen kann, daß es zum unbeseelten Zeichen des Lebenden geworden sein muß, um als dieses Zeichen dem „Körper“ der Architektur, ihr als „Anorganischem" Lebendigkeit zu verleihen. Dieses „Verleihen" aber bleibt an die zwei ausgezeichneten Weisen gebunden, in denen ihr „Bedeutung" innewohnt: an die Skulptur und das Haus, das von einem Anderen bewohnt wird. Damit wird deutlich, daß nicht nur die Repräsentation einer anderen Form, die der Vorstellung verhaftet ist, sondern auch die der Funktion den Schacht der Pyramide durchlaufen haben. Auch wenn der Schacht nun vom Korpus der Wissenschaften und dargestellten Bedürfnisse erfüllt ist.

Ein gefährdeter Dienst

Am griechischen Tempel entwickelt Hegel das Bild der „eigentlichen", der „dienenden" Architektur. Gerade im Gegensatz zur symbolischen als „selbständiger" Architektur, scheint der Dienstbarkeit zugleich auch die „Freiheit" zuzukommen – befreit von dem Darstellungsanspruch der klassischen Ästhetik.

Befreit von dem Postulat der Repräsentation des Göttlichen/Geistigen ist der Architektur im Augenblick ihres Eintritts in die Dienstbarkeit der Ort der Erfindung zugesprochen. Ein kurzes Aufblitzen, das von mehreren Seiten wieder verdeckt wird. Auch dann, wenn sie nicht in die vielfältigen Beschränkungen des – profan – Nützlichen tritt, ist sie als Umgebung des Sakralen gleich wieder in die „Hauptbestimmung"[15] ihrer „Grundzüge" gefügt: das Haus. Von daher werden die „Grundzüge", einer Erfindung der Umgebung in die Vergleichbarkeit gebracht, die sie nun als Steigerung beschreiben läßt: „einfache, ernstere, großartige oder anmutigere und zierliche Verhältnisse".[16] Zweifach springt das Haus in diese Leerstelle ein, von der her „die klassische Architektur ihre Form und deren Figuration dem Inhalt nach aus geistigen Zwecken und in betreff der Gestalt aus dem menschlichen Verstande ohne direktes Vorbild erfindet".[17] – Umgebung wird immer schon „Haus" gewesen sein, wenn nicht davon abgesehen werden kann, einen „geistigen Zweck" zu umschließen – wie ein „Um" mauerloses Enthaltensein anzeigt – von etwas, das schon da gewesen sein wird.

Während die „Grund-züge“ schon zu „Verhältnissen“ des Hauses verhalten sind, um nur mehr im wissenden Auge des Betrachters als „Mauern, Säulen, Balken, in ganz verständigen kristallinischen Formen zusammengesetzt“ wahrgenommen zu werden, womit sie schon in die Frage nach dem „Gefälligen“ der Maß-Verhältnisse und Formen überführt sind – in die Typologien des Geschmacks.

Die Verlegenheit des Denkens, das Verständige zu verstehen – und in dem Sinne, wie Heidegger ein „es verstehen“ ans Können bindet – wird in Hegels Denken gar nicht aufgekommen sein. Verstehen bleibt beim „Abstrakten“ und „Trockenen“ nicht stehen und ist schon auf dem Weg zur Interpretation. Daß dem Fortgang mindest auch ein Rückgang korrespondiert, ist dabei ausgespart. So bleibt es nur als Einwand gegen das Ent-standene Ex-akte, daß die Verhältnisse „sich nicht auf genaue Zahlbestimmungen und Maße reduzieren.“[18]

Ob Geometrie, ob Arithmetik, schon bleibt das Haus in seiner Steigerung zum griechischen Tempel „in seinem mechanischen Verhältnis zu sich selbst.“[19] Nicht das, was nicht mechanisch sein kann, wenn es dieses sich erst erfindet, in seinem Verhalten mit dem Mechanischen kommt in den Blick, sondern ein Selbstbezug des Hauses allein in der Interpretation: als Tragendes, Getragenes, Umschließendes. Von hier aus erweist sich ein Stück Moderne: „Eine Konstruktion nun, die, als eine Ineinanderfügung unterschiedener Bestimmungen, ein konkretes Ganzes ist, hat dies auch an ihr selber zu zeigen.“[20]

Die Grund-züge und Ineinander-fügungen sind schon von „Zug“ und „Fug“ zu „Fug“ und Recht gewandelt, wenn das Anmessen des Angemessenen schon ins Lot gebracht ist – wie stets der Rechtsbegriff die Frage der Raum-ordnung ab-löst, um das Mechanische als Dinge mit Eigenschaften vorzustellen. Die „Ab-sicht“, mit der die Konstruktion sich als Konstruktion zeigt, aber deutet noch einmal zurück auf das Bedrohliche des freilich nur negativ indizierten Un-geformten. Das Maß erscheint hier, wo es ums Zeigen geht, etwa als „Fuß“ der Säule. Aber nicht so sehr diese Metaphorik, die buchstäblich gelesen bis zu Le Courbusiers Modulor reicht, um das Architektonische vom am menschlichen Körper abgelesenen Maß her ihm anzumessen, steht bei Hegel hier im Vordergrund, denn was er zu beschreiben anfängt, ist der Anfang der Säule. Auf den ersten Blick ist es einfach: der Pfosten wird im Unterschied zur Säule „unmittelbar in die Erde gesteckt“[21] wie auch sein „Aussein“ „erscheint“ sein „Anfangen“ bei Hegel als „eine negative Begrenzung durch Anderes“, denn es bleibt ungewiß, wie tief die basislose Säule „in den Boden hineingedrückt“ wurde[22]. Kann damit das Auge auch die „bestimmte Länge“ nicht ermessen, so kann vermutet werden, daß hier das „Fundament“ des „positiven Bauens“ erst gelegt wird. Nicht allein darum geht es „oberirdisch“ und nicht „aushöhlend“ – „wo nur negativ weggenommen“[23] wird, zu bauen, sondern um den Anfang der aufgestellten Säule, „der ihren Anfang ausdrücklich als Anfang zu erkennen gibt.“[24] Was ist die Sicherung, die Hegel so betonen läßt, daß es eines „festen Abschlusses bedarf“, wenn nicht die, daß es mit dem Anfangen Schluß sein muß, damit der Anfang sein kann – objektiv. Wie es das Alpha und Omega des verzierten Anfangsbuchstabens des Buches war, um – so Hegel – „die Vorstellung, daß es anfange und aus sei, objektiv zu machen.“[25]

Von daher schreibt sich ins Bemühen, das „Tragen“ – als – Tragen zu zeigen, ein anderer und buchstäblich zu lesender Text ein, dessen Ab-wehr noch einmal auf den „Fuß“ als Maß zurückkommt. „Anzufangen aber und sich zu endigen“[26] als Begriffsbestimmungen der Säule, müssen in diesen verständigen Erfindungen ihres Verhältnisses in die Nähe der tierischen und menschlichen Gestalt rücken, denn sie „haben ihren Anfang und ihr Ende in freien Konturen in sich.“ Auf solches, weil sie gleichsam auf dem Sprung ist, gründet sich der Ursprung der Säule, um eine Entfernung zu verzeichnen, die in der Verzierung des Anfangsbuchstaben sich andeutet – zum Kriechenden, Schlingenden, Wuchernden der Pflanzenwelt.[27] In Hegels Doppel-Metaphorik des Organischen ist sie angezeigt. Der mythologisierte Hintergrund als Pflanzenwelt ist der Text – die Textur – das Gewebe und Geflecht, das die Thematik des „Tragenden“ und der „Positivität“ des Bauens, des durch Versinken und Zurücksinken in die „Negativität“ der Aushöhlung des Gefährdeten durchsetzt. Dementsprechend ist es auch die andere

Abgrenzung der Säule, – gegen die Wand, aus der sie, wie Hegel in Anschluß an Goethe schreibt „von ihr unabhängig für sich heraustreten ‚muß'; ihren Fuß vor die Wand setzen."[28] Eine Wand, auf die Gottfried Semper als Gewundenes der „Textrin " verweist, die der Tektonik und Stereometrie voraufgehe.

An der als „architektonisch verzogen"[29] – „dem Kreisrunden, Verständigen, Regelmäßigen, Geradlinigen nähergebracht", vorgestellten Pflanzenwelt bleibt die Perspektive des Urteils in der Teilung und Komplementarität des „Organischen" und „Anorganischen". Nicht nur kehrt das „Organische" dort wieder, wo die Pflanze „anorganisch" und das heißt für Hegel wesentlich „verständig " geworden sei, sondern erweist an der Säule das phantasmatische Grundverhältnis der Architektur als „Für sich", als „freistehend" und damit gleichsam in der Schwere gehaltenes Automaton. Ein „selbstbewegtes", dessen unmittelbares Bild die Fort-bewegung der tierischen und menschlichen Körper ist. Im Bau ist somit vorerst vermieden, was an den griechischen Götterstatuen noch ungewiß schien – ob sie sich nicht doch in Bewegung setzen würden. So ist auch dann, wenn der tags erhellte Wahrnehmungsraum verschwindet, dieser Furcht schon begegnet, die in ihren Anfängen die Statuen nachts noch an Ketten gebunden hat. Die architektonische Gewißheit scheint von diesem Schein her in je anderer Weise mit dem Verschwinden der Welt verknüpft – der „Positivität" des Bauens nicht endgültig versichert.

Die Arabeske als Motiv des Labyrinths verschränkt sich noch einmal mit der „Negativität" des Bauens, wenn Hegel dieser pflanzlichen Übertragung folgt und die „ungeheuren Anlagen über dem Erdboden nur als Nachahmung und überirdische Erblühungen aus dem Unterirdischen ansehen kann."[30]

Für das Bedeckende, Gewundene ist so vor aller Umschließung seine Durchlässigkeit thematisch, die es mit der „Negativität" verknüpft zeigt. Nicht nur das, was es abschirmt,[31] sondern sein Geflecht selbst wird da verdächtig, wo es noch nicht Gerüst geworden ist. Erst nachträglich kommt nun das Maß der Bekleidung ins Spiel, das vom Raum als Bewegungsraum ausgeht. Von Hegel wird sie am Ideal der griechischen

Kleidung reflektiert: Als das, was vor allem freie Bewegung ermöglicht, und sich in seinem „Fall“, der Index des Gesetzes der Schwere ist, der Variationsbreite von „Stellungen“ jeweils paßt. Damit verwirft Hegel eine der Gliederung des Körpers abgelesene Kleidung, die als „moderne“ „nun auch die Stellung zu überwiegend ausdrückt und doch die Formen der Glieder nur verunstaltet; oder wo sie im Faltenwurf usf. eine selbständige Gestalt gewinnen könnte, bleibt es wieder nur der Schneider, der diese Form nach der Zufälligkeit der Mode macht. Der Stoff ist einerseits von den verschiedenen Gliedern und deren Bewegungen, andererseits durch seine eigenen Nähte hinüber und herübergezerrt.“[32]

Das ist nicht nur der Hinweis, daß die Abmessung der Proportionen des menschlichen Körpers als objektivierte Maßkategorie deshalb ihm noch lange nicht angemessen sein muß, sondern zeigt am „Gebrauch“ den Kontrast zum idealistischen Kunstideal: die Akzeptanz der Differenz, die nicht aufzuheben ist, sondern als Differenz ihre Variabilität zu erweisen hat. Damit ist der „Weltbaumeister“ darauf hingewiesen, daß eine „zugeschnittene“ Architektur einem Ideal der Adäquation entspricht, das das „Entsprechende“ festschreibt – ob als Faktizität der Funktion oder als Faktizität des Geschmacks.

Die von Hegel meist verworfene „Äußerlichkeit“ zeigt sich hier als Voraussetzung eines „Eignens“ eines Geeigneten, das sich der Aneignung entzieht, wie dem Anspruch, das Eigene zu verwirklichen.

Zugleich wiederholt die Schnitt-metapher das Unhintergehbare Doppel der Hegelschen Reflexion. Als an der Gestalt Festgestelltes bleibt sie Pendant der „Übertragung“ des Organischen als Index einer Beherrschbarkeit, die sich nicht auf den Ausgang der zum Vorstellungs-bild versicherten „belebten“ Natur und ihrer – architektonischen – „Bildung“ allein bezieht. Denn dieses „Bilden“ wird sich selbst als „anorganisches“ begreifen. In solchem (Verstandes-)Begriff setzt es nun wie mit einem Schlag die „unbelebte“ äußere Welt und sich selbst. So bleibt, hinter dem „Ein-bilden“, das als bildliche Vorstellung wie als „bloß“ Verständiges aufscheint, auf ein anderes zurückzufragen, will man nicht in dem Bann der Übertragungen bleiben, die am architektonisch gebildeten Werk den Begriff der „techné“ zwischen Kunst als Ausdruck eines Inneren und dem technischen Wissen und Tun als gemeistertem Gebrauch der rationalen Mittel verteilen.

Erhabenes

Daß das architekturale Symbol niemals Stätte sein darf, die es als Symbol mit dem Durchlaufen der pyramidalen Bestattung schon war, stellt es am Anfang mitten in die Natur hinaus, die damit selbst zur Stätte erklärt ist. Die „offenen Konstruktionen“ aber geben selbst mit der Materie als dem „Innerlichkeitslosen“ die Idee als Leerstelle zur Hand. So ist die Stätte von der Innerlichkeit der Bestattung stets aufs Neue befreit. Am singulären Monument etwa, das Denkzeichen ist, ohne (an sich selbst) Erinnerungszeichen zu sein, wenn Erinnerung schon die besetzte Aushölung des Monuments vorausgesetzt hat. Das Selbstbezügliche reiner Arbitrarität – das als Auslöschung des Verweisungszusammenhangs lesbar wird, korreliert dem Prinzip des reinen Abgeschiedenen, das nicht als manifestierter und zukünftiger Bedeutungsträger mehr aufscheint.

So steht das Symbol der Erhabenheit wie die erhabene Funktion des Schönen an der Grenze des Singulären, wo Benjamin es an der räumlichen Konstellation beschreibt, die niemals einfach Abbild des Himmels sein kann. An der Sprache wird der Name dieser Singularität des Räumlichen bezeugen, das die Frage nach der ursprünglichen Zeitlichkeit eröffnet, wenn er sich wie eine Idee der Benennung enthält, statt in die Idee des Wortes zu münden.

Ist die Idee im erhabenen Symbol die vom Gedanken gehaltene Stätte, so nur im Wissen darum, daß er sie nicht innehat. Die notierte Grenze aber ist an der Anschauung selbst virulent, die sich als Vorstellung zeigt, von der aus das Gestalten des Räumlichen immer schon auf Wahrnehmung verwiesen war. Ist dieses je schon als Einbilden gedacht, so weist selbst Hegel einen Werkmeister aus, der jene Arbeit der strengen Form begeht: Es ist ein „instinktartiges Arbeiten“, das die noch nicht vom Geist erfüllten Formen produziert; und „was er in den Stein hineinschreibt, sind seine Rätsel" – die Kristalle der Pyramiden und Obelisken – einfache Verbindungen gerader Linien. Nicht wie der Baumeister bei Marx hat dieser Werkmeister schon die Vorstellung im Kopf und damit vor Augen, was er einschreibt, Hegel vergleicht ihn vielmehr mit den Bienen, die ihre Zellen bauen.

Darin aber ist die Kantsche Einbildungskraft angekündigt, die ohne Begriff schematisiert. Das „dumpfe Weben", wie Hegel die Empfindung nennt, fällt so nicht in das Meinen des Geistes, da es gemeint schon in der Anschauung gefaßt ist. Denn erst, so Eva Meyer, „wenn sich im Nachhinein das Mittel zu erkennen gibt, nicht weil man es gewußt hätte, sondern weil man sich immer schon darin geübt hat, entsteht zukünftige Erlebbarkeit, die zu gegebener Zeit offen daliegt und eine Art und Weise des Begreifens auslöst, das von keinem Verstehen mehr gemeistert werden kann."[33] Daß diese Übung selbst als Form der Bemeisterung gedacht wird, verkennt schon die Selbstwiederholung als Wiederholung des Selben. Das zeigt sich an der Art, wie Hervorbringen als ursprünglich Mechanisches fixiert ist, die Wiederholung als verständiges Geschäft des Toten festgeschrieben: „Wie der materielle Mechanismus", so Hegel, „besteht auch der geistige darin, daß die im Geiste bezogenen sich einander und ihm selbst äußerlich bleiben. Eine ‚mechanische Vorstellungsweise', ein ‚mechanisches Gedächtnis', die ‚Gewohnheit', eine ‚mechanische Handlungsweise' bedeuten, daß die eigentümliche Durchdringung und Gegenwart des Geistes bei denjenigen fehlt, was er auffaßt oder tut."[34]

Als so gewohnter wird der Bau zum selbst-verständlichen Gegenstand des Subjekts. Eine Selbst-verständlichkeit, die als Gewohnheit zum bloßen Fundament verkommt. In ihr ist das Wohnen vergessen, wenn es sich nur noch erinnern kann. Dagegen kann nach Heidegger nur vom Wohnen her ein Bauen eröffnen, das sich nicht im bloß Verfertigten verschließt.

Die Frage nach dem Einräumen des Baus stellt sich an die Architektur als Verknüpfung der Vielfalt von Räumen und reicht dorthin, wo sie nicht bloß her-gestellte ist. Das Symbol als Überwindung von Ent-fernungen, die es bei Hegel als Fels noch betreibt, um einen als undeutlich klassifizierten Sinn zu transportieren, hat jenes Einräumen schon verraten. Nicht aber als „verratene Substanz", viel eher schon im Bild der zweiten Natur, die Hegel als Gewohnheit vorstellt. Am Benennbaren der Gewohnheit ist das Bild der Wiederholung gegeben, die mit der Aufmerksamkeit des Wohnens es als einräumendes eröffnet.

Was den Dienst der Architektur und die Ästhetik des Erhabenen zusammenkommen läßt, ist das Ausbleiben der Inkarnation. Das heißt schon, daß Göttliches und Weltliches und somit die, die Heidegger die Sterblichen nennt, nicht in eins gesezt werden können. Ist Erhabenes stets auch vom Urteil seiner geschichtlichen Indienstnahme als „reine" Pepräsentation der Macht zu sehen, so bleibt es umgekehrt, an Kants „Zärtlichkeit" des Begriffs (Adorno) geknüpft. Wenn von daher der Selbstvergottung des Menschen Einhalt geboten ist, so bleibt doch die gewonnene „Endlichkeit" zu befragen. Für Hegel, der sich stets in der Bedeutungsrelation fortbewegt, bleibt sie „bloß" prosaisch, wenn er festhält, daß „sowohl die natürliche als auch die menschliche Existenz jetzt die neue Stellung (erhält), eine Darstellung des Göttlichen nur dadurch zu sein, daß ihre Endlichkeit an ihr selber hervortritt."[35] Die „negative" Darstellung des Unendlichen erscheint so als „Dienst" der Kreatur. Eine Dienstbarkeit, die dem historischen Verdacht ausgesetzt ist, ein Jenseitiges, Göttliches zum diesseitigen Pol der Unterwerfung bereitzuhalten, wie es die „Faszination" des Monumentalen betrieben hat: als Ästhetisierung der Politik und Aufbereitung des „Kultwerts" (Benjamin). Gegen sie wie gegen den Rückgang zur bebilderten Geschichte, bleibt die Leerstelle des Jenseitigen zu bewahren, soll nicht erneut die Teleologie des Ganzen sich auf den Weg seiner Erfüllung/Vollendung begeben.

Von diesem Nicht-Ort als U-topos her wird gegen den Anspruch der Darstellung von U-topie noch einmal opponiert. In dieser Haltung, die den Gedanken der Versöhnung nicht aufgibt, versteht Adorno die widerspruchsvolle Existenz der Kunst. „Schlagend ist das an der Architektur: wollte sie aus Überdruß an den Zweckformen und ihrer totalen Angepaßtheit, der ungezügelten Phantasie sich anheimgeben, sie geriete sogleich in Kitsch."[36]

Zeigt Kant die Darstellung des Undarstellbaren an der Un-angemessenheit der Darstellung, so ist der Hinweis auf ein Nicht-vollkommenes gegeben – als Zug der Endlichkeit, die jeweils diese Grenze in sich einschreibt. Von diesem „jeweils" her erst wird das Gesetz verstehbar, der Name Gottes sei nicht aussprechbar. Er ist das Signum der Selbstreferenz. Wenn es nicht als „objektiver Gedanke" festgehalten wird, sondern sich jeweils im Raum verteilt, dann ist auch die leere Stätte noch hintergangen, die ein Kollektiv als Besetzung des Gesetzes versammeln würde. Der sich verschließende Fetisch des Allgemeinen entzieht sich erst dort der politisch-ästhetischen Logik der Repräsentation, wo er auf seine eigenen Mittel zurückkommt. Von daher ist die Selbstreflexion der Form, der Konstruktion, der Funktion nicht in die subjektive Sicherung des erhabenen Gefühls bei Kant zurückgewiesen. Während er angesichts des vom Auge nicht Faßbaren der Größe und Gewalt des naturalen Raums, der unermesslichen Felsen etwa, die kein Bild abgeben, auf den Status des in Sicherheit befindlichen Betrachters rekurriert, wird eine Poiesis der Architektur sich im Gefährdeten von Beherrschung und Nicht-Beherrschung bewegen. Von daher erst läßt sich mit Derrida sagen: „Das Allerhöchste ist noch jenseits der Höhe, es ist das Erhabene, das Sublime, das, was sich der Meßbarkeit, der Vergleichbarkeit mit anderen Höhen, jeglicher Vorstellbarkeit und Darstellbarkeit also, entzieht. So gesehen ist die Architektur keine Sache des Raums, sondern eine Erfahrung des Allerhöchsten, das nicht höher, sondern gewissermaßen älter als der Raum ist, und von daher als eine Verräumlichung in der Zeit zu verstehen ist."[37]

Als Hinweis darauf kann gelten, was Giedion die „Ungerichtetheit"[38] der sogenannt prä-historischen Kunst nennt. Mit Leroi-Gourhan läßt sich zeigen, „daß die bildende Kunst an ihrem Ursprung unmittelbar mit der Sprache verbunden ist und der Schrift im weitesten Sinne sehr viel näher steht als dem Kunstwerk."[39] Damit ist der Vorrang des Abbilds – sei es als das, was man seit dem Aufkommen der Perspektive als „realistisch" begreift, sei es als Kunstbegriff der Ästhetiken des 19.

Jahrhunderts, verworfen. Der „Graphismus" als „symbolische Umsetzung" der Realität, bringt die Frage nach dem Ort ins Spiel, wenn er nicht einer naiven Darstellung dient, sondern als „Stützpunkt eines mündlichen Kontextes" vermutet wird.

Das kann dann nicht erneut als bloße Negation des „Gerichteten" erscheinen, wenn die Geste der Einschreibung einer Rhythmik der Anordnung übergeben ist, die keinem „deskriptiven Bezug" sich unterwirft: „weil der graphische Ausdruck der Sprache die Dimension des Unausprechlichen wiedergibt, die Möglichkeit der Mehrdimensionalität der Tatsachen durch visuelle Symbole, die zur gleichen Zeit zugänglich sind, gerecht zu werden."[40]

Auf diese Technik der Einschreibung, die Marie König[41] als Kreuzung der Linien im Linienkreuz beschreibt, weist Eva Meyer hin, als auf ein Denken der Vier, die dem Ursprung der Zahlenreihen in der Eins vorangeht, „denn insofern sich die Vier als Chiffre geistiger Prozesse lesen läßt, desavouiert sie ihre Natürlichkeit als erschlichen und verwirft damit die Ontologie des Ursprungs, die der Eins als dem Maß aller Dinge verhaftet bleibt. Indem die Vier ihren Anfang nicht im Zusammenfallen von Beobachtung und Darstellung nimmt, sondern in ihrer Differenz, verkörpert sie diese selbst und gibt so kompakte topologische Räume, daraus sich Gestaltungsprinzipien und Strukturbilder für eine Nach-Geschichte gewinnen lassen"[42]

Der Graphismus zeigt so eine Architekturalität an, die noch nicht in den Dienst der Symbolisierung getreten ist, wenn sie ein anderes Verfahren des Symbolischen betreibt, das gerade darin den Ort nicht zum Verschwinden bringt, wenn es ihn von der Besetzung distanziert. Anders als der Kenotaph, der zum einen Denkmal einer Bedeutungsrelation wird, wenn das Grab die Leerstelle abgibt, ist das Kenogramm eine Verteilung und Anordnung von Stellen, die sich in ihrer Wiederholung einer komplexen Ordnung verschreiben.

So kommt ein gestisches Verfahren in den Blick, „darin die Hand sich gleichsam theoretisch verhält und zu einem Schreiben zurückfindet, das nicht bloß wissen heißt, noch daß das Eingravierte immer wieder das Universum ausdrücken, ihm ähnlich sein, es versammeln soll."[43]

Himmels-Stadt

Vom Anfang an holt die Stadt sich ihren Himmel auf die Erde. Das mit der Seßhaftigkeit, der Metallurgie, der Phonetisierung der Schrift verbundene Denken des Kosmos setzt die Stadt ins Zentrum einer Spiegelung, das sich an der Kreuzung der Achsen, nach den Himmelsrichtungen einstellt. Jede Stadt wird so zum Mittelpunkt, omphalos, Nabel der Welt. Eine Welt, die der Zahl vier zukommt, die zugleich auch als Zahl des Weiblichen begriffen wurde. So setzt sich der Ursprung der Geneologien ins Zentrum der Vierung, um von da aus den ausgezeichneten Ort des Heiligen abzugeben. Die Zahl tritt von hier den Weg ihrer Verwendbarkeit an, der sie aus den vielfältigen Korrespondenzen befreit, die sie mit der kosmischen Ordnung verknüpfen. Sie tritt in die identische Zählbarkeit über, wie sie gleichzeitig die Erzählung der Gründungen, den geschaffenen Ursprung begleitet. Als „gefrorene Musik", in der Tradition der Architektur-Ästhetik bewahrt, scheint sie dort schon auf, wo die Mauern der Stadt Theben errichtet werden, zu deren Schutz Amphion die Leier spielt.

Nicht zufällig ist es Hermes, der Bote, der den Weg und die Grenzen markiert, dessen doppeldeutige Gestalt im Terminus, dem Grenzgott besiegelt scheint. Die Gründung verlangt stets ein Ritual, das die Setzung des Ursprungs begleitet, „Konstruktionsriten" nennt sie Eliade, der kaum hinter die Arche-typen des zentrierten Raums zurückfragt. Als „axis mundi" ist darin jede Stadt, der heilige Tempel oder Palast auch „heiliger Berg" des Zusammentreffens von Himmel und Erde. Aus den Praktiken der Geomantie wird die Entsprechung zum Kosmos zur kosmischen Projektion: Das „Urbild" der Stadt wird von der Projektionsfläche des Himmels auf die Erde geholt. Das wird Sedlmayr als „abbildende" Architektur verstehen: „Abbild und Abgebildetes – oder Bild und Urbild – liegen hier auf einer Ebene: beides sind Bauten."[44] Folgt man Eliade, so hat alles Land, das von dem Unberührten und Ungeformten des Chaos sich abtrennt, sein Urbild im Firmament. „Den ägyptischen Orten und Nomen waren ihre Namen nach den himmlischen ‚Feldern' gegeben worden. Man begann damit, die ‚Felder des

Himmels' kennenzulernen, dann erst identifizierte man sie in der irdischen Geographie."[45] Ein „Nomos" als räumliche Verteilung, die nicht vom Vertrag und der Thesis als Setzung herrührt.[46]

In der christlichen Überlieferung wird es das vielfach beschriebene heilige Jerusalem sein, das beansprucht, als ewige Stadt zu gelten. So heißt es in der Apokalypse (21,2): „Ich sah die heilige Stadt, das neue Jerusalem, von Gott her aus dem Himmel herabkommen; sie war bereit wie eine Braut, die sich für ihren Mann geschmückt hat". Die vom Himmel gefallene Stadt muß sich hier schon gegen den „Fall" verwehren, das Abfallen, das der Gegenspielerin der biblischen Dramaturgie von allem Anfang an zukommt, der „Sünden-stadt" Babel. Von dieser Dopplung her wird sich der Hirte der christlichen Gemeinde immer wieder aufs Land berufen und die große Stadt umgehen, die sich mehrfach mit Kain verknüpft und den Hinkenden, den Handwerkern des Feuers, als würde die Geschichte von Nomaden und Seßhaften stets aufs Neue wiederholt. Aber der vierfache Schriftsinn Jerusalems scheint selbst auf den Weg gebracht. Wenn der buchstäbliche Sinn von der historischen Stadt, der allegorische von der Kirche, der moralische von Glaube und Seelenheil und der anagogische vom heilsgeschichtlichen, erlösten Jerusalem sprechen, so wird die Heilsgeschichte sich weltlich auf den Weg begeben: In der mittelalterlichen Stadt wird die „Offenbarung des Johannes mit seiner Vision der Idealstadt (‚Und sie hatte eine große und hohe Mauer, und hatte zwölf Tore …') … jetzt gleichsam reale Planvorlage, wenn auch mit einer ‚kleinen' weiterführenden Variante: aus dem Viereck dort wird die ideale kreisrunde Anlage hier. Die kreisrunden Weltpläne des späten 13. und frühen 14. Jahrhunderts, ein kreisrunder Mauerzug um den Kosmos wie die Stadt, das Gassenkreuz im Inneren, das vier Viertel ausfüllt, wird zum Schematismus der vier Quadranten und vier Tore."[47]

An den gotischen Kathedralen läßt sich die Einrichtung der Vierung noch einmal verzeichnen. Auf sie kommt der Antimodernist Sedlmayer mit der Idee des Gesamtkunstwerks zurück, um ihre Ikonologie als Ganzheit auszuweisen.

Wenn auch die Nachbildung der Himmelsstadt je andere

Züge betont und Nachbildung auch heißen konnte, daß allein die Maßverhältnisse zur Grundlage des Bauens wurden, so wird die kathedrale Wölbung, der „Baldachin“ zum Signum der Steigerung des im Innenraum repräsentierten Kosmos. Himmelsstadt, Himmelsburg, Himmelstor, das als porta coelis mit der Gottesmutter jenes Tor wieder öffnet, das Eva versperrt habe, aber werden wie eine Stadt fundiert:

„Schon vorher hat ein Kleriker, während der Chor den Hymnus ‚Veni creator spiritus‘ anstimmte, die vier Hauptecken der Kirche mit handbreiten Streifen gestreuter Asche kreuzweise verbunden. Nach der Litanei beginnt der Pontifex von links nach rechts vorschreitend mit dem Stab in die Asche des einen Kreuzarmes das griechische und des anderen das lateinische Alphabet zu schreiben. Hier übt der Bischof die Funktion des altrömischen agrimensors aus. Durch dieselbe geometrische Konstruktion, mit der auf dem Bauplatze die Richtung der Kirche von Westen nach Osten festgelegt worden ist, bestimmt er jetzt den Punkt im östlichen Teil des Gebäudes, an dem der Altar errichtet werden soll. Wenn der Konsekrator statt des Zauberzeichens des Augurs das griechische und lateinische Alphabet beschreibt, so will er durch die beiden Weltsprachen des Altertums die Weltkirche und durch die Reihe der Buchstaben von A bis Ω, von A bis Z, die ewige Dauer symbolisieren.“[48]

Während zugleich noch Riten überliefert sind, die den Ecken des Gevierts ihr symbolisches Opfer der Gründung darbringen, vollzieht sich im Innenraum der Kathedrale erst die Ausstellung des Opfers, die ihre architektonischen Zeichen mit sich zieht: die Elevation der Hostie. Einem Hinweis Catharina Rieses folgend kann hier die Aufhebung der zentrierenden Genealogien vermutet werden, wenn nicht nur die Form der Hostie Indiz ist, sondern auch die Einführung der Transsubstantiation mit den frühen Spuren der Geldwirtschaft in eins fallen. Sedlmayer schreibt der Kathedrale den Vorrang der Visualisierung zu. Wenn sie als Ganzes den Ort des Heils repräsentiert, dann verschwinden zugleich die unterirdischen Räume der Krypta. Als würde hier der Unsterblichkeitsindex der Genealogien noch einmal die Austreibung des Todes vollziehen, wenn der

Kultwert der Kathedrale in sich schon den Ausstellungswert der Reliquien praktiziert …

Während die Stadtkritik das Maßlose der Städte zumeist auch an den „merkatores" festmacht, zeigt jene Gleichung von Stadt und Geld sich an der Sprache selbst: Als Etymologie des Wortes „Ort" findet sich nach der Bedeutung von „Spitze" u. a. bei Kluge folgende Notiz zu dän. (rings)ort „vierter Teil einer Münze": „runde Münzen wurden in vier Stücke zerbrochen und nach den damit entstehenden Ecken benannt, vgl. frz. quart de risdale. So hießen, als in Österreich die Guldenscheine zerrissen umliefen, die Viertelstücke Örtel oder Eckele. Auf den vierten Teil von Maß und Gewicht ist mhd. ort, nnl. oord erst von den Ortstalern und -gulden her übertragen.

Urbanität: Weder organisch noch mechanisch?

Die Metaphern der Stadt überlagern sich mit denen der Maschine, wenn der homogenisierte Raum sich der Beherrschung entzieht. So wird sie zum „Dickicht", zum „Dschungel", zur „Wüste", zeigt sich als ungeheurer Organismus, mit „Adern" und Verkehrs-„strömen", zum Lichter-„meer" und Häuser-„meer", wird zum verschlingenden Moloch. Als parzellierter Raum folgt sie der selbstbewegten Organisation – als sich unaufhörlich und stets neu verzweigendes Netz, wucherndes Gewebe, um die Krankheits-metapher des Organischen als Krebs auf sich zu ziehen. Wenn die metaphorischen Energien sich erneut an sie als verdichteten Körper halten, folgt der Explosion der Städte die Implosion. Den organischen und mechanischen Katastrophenmetaphern stellt sich das Uneindeutige der Zuordnung zur Seite, Orte des Lichts oder solche der Finsternis, der Monotonie und Erstarrung oder der unkontrollierbaren Gleichzeitigkeit von Bewegungen, eines stets beschleunigten Lebens.

Die Naturalisierung des städtischen Raums nimmt sich sodann erneut zurück, wenn sie, zum Netz der flottierenden Zeichen transformiert, im selben Maß exakte Orientierungen verspricht, wie in die Metapher des Labyrinths zurückkehrt, um ihre Unüberschaubarkeit am architektonischen Modell zu visualisieren. Von nun an wird es fraglich, was die Weise eines städtischen Lebens ist, das schon lange das Labyrinth betreten hat.

Von der Masse schreibt Benjamin, „Sie ist, endlich im Labyrinth der Stadt das neueste und unerforschlichste Labyrinth".[49] Die städtische Raum-Zeit kommt so an den Rhythmen und Bewegungen in den Blick, dem jene „zerstreute Aufmerksamkeit" zukommt, die an die „gleichschwebende Aufmerksamkeit" Freuds erinnert. Während die Jahrhundertwende sich zur Epoche der Nervosität erklärt, wird Georg Simmel die Distanz betonen, den intellektuellen Mehrwert der Beschleunigung. Wenn Simmel die Mobilität aus dem Kalkül der Geldwirtschaft versteht, so wird sie zugleich in einer Großstadt verortet, die allein von ihren Funktionen her lesbar wird, deren Raumgrenzen schon jede Relevanz verloren haben. Von dort her wird die Überwindung von Entfernungen erneut an die Auflösung ihrer Wahrnehmbarkeit zurückgebunden. Damit aber ist schon die Beweglichkeit vorerst verspielt, die das Begehen der Stadt noch melancholisch als Verlust von Erfahrung verzeichnet, um sich der Ambivalenz eines Gedächtnisses auszusetzen, das Geschichtlichkeit im einzelnen verdichtet. Wenn die Beschreibung auf die Fahrt übergeht, bleibt sie an der Wiederkehr der Mechanik orientiert, an aufgelöster Wahrnehmung und widerständigen Körpern, die den Passagier in seinem Haus belassen, das motorisiert die Räume durchquert.

Solche Er-fahrung von Mobilität bleibt vorerst das Hintergrund-bild der neuen Technologien, die ihren Standort irgendwo finden, keines städtischen Raums mehr bedürfen und schließlich im Terminal des Wohnraums verortet werden können: „Fährt man im Wagen von San Diego nach Santa Barbara, also eine Strecke von mehreren hundert Kilometern, durchquert man eine Zone der ‚Verstadtung' (Zersiedlung). Das ist weder Stadt, noch Land, noch Wüste. Der Gegensatz zwischen Zentrum und Peripherie verschwindet, ja es gibt auch kein Innen (Stadt der Menschen) und kein Außen (Natur) mehr. Man muß dabei mehrere Male das Autoradio wieder neu einstellen, da man mehrere Male den Sendebereich wechselt. Es wäre eher angemessen, von einem Nebelgebilde zu sprechen, in dem die Materialien (Gebäude, Straße) metastabile Zustände einer Energie sind. Die städtischen Straßen sind ohne Fassaden. Die Informationen zirkulieren über Strahlungen und unsichtbare Interfaces."[50]

Wie die Idee einer Einholung und Meisterung der Maschinen von dort her fraglich geworden ist, wo die Forderung ihrer „humanen Anwendung" ihre Funktionsweise verkennt und Verwaltung das Umschlagen des Nützlichen ins Dysfunktionale vollzieht, so scheint auch die Stadt als Maschine auf, mit der man sich nicht mehr durch Überschaubarkeit verknüpft. Darin ist mit dem Image des Ganzen als Imaginärem der Stadt ein Bruch vollzogen, der sich an die Bewegung überträgt, mit der sie durchquert wird. Certeau hat auf die Blindheit dieser Gänge und Durchquerungen verwiesen, die den Bewegungsraum erst entstehen läßt, um dem Zu-fälligen der Orte und Anhaltspunkte keine Aufzeichnung mehr vorzugeben. Wer geht, schreibt seinen eigenen Text, in dem er selbst hier und dort vorkommen mag und der als solcher dem Modell der Aneignung des Ganzen widersteht. Das zeigt eine andere Kartographie, die nicht schon in weltläufiger Privatheit verkommt, wenn sie davon absieht, sich von diesem Blick her zu orientieren, der selbst ausgespart bleibt:

„Auf die Spitze des World Trade Centers emporgehoben zu sein, bedeutet, dem mächtigen Zugriff der Stadt entrissen zu werden," vermerkt Certeau. „Der Körper ist nicht mehr von den Straßen umschlungen, die ihn nach einem anonymen Gesetz drehen und wenden; er ist nicht mehr Spieler oder Spielball … Als Ikarus dort oben über diesen Wassern kann er die Listen des Daedalus in jenen beweglichen und endlosen Labyrinthen vergessen. Seine erhöhte Stellung macht ihn zu einem Voyeur … Die Panorama-Stadt ist ein ‚theoretisches' (das heißt visuelles) Trugbild."[51]

Beweglichkeit folgt einer anderen Rhythmik und umgeht darin die Ausdehnung des Körpers, die den Innenraum füllt im Phantasma des Eignens, der Ausbreitung im Interieur oder dem Sauberen, das „propre" heißt. Zugleich weicht sie dem Körper als Geschoß aus, der seine Präsenz in der Fortbewegung bewahrt, um sich dem Außenraum zu stellen. Diese Stellung rechnet mit dem Gegenüber als Monument und leerem Raum. Beide bewahren vor Verstrickung. Der Blick bleibt der Fluchtpunkt der Wahrnehmung. Wenn er testet, wie Benjamin sagt, so zugleich von einer Grenze zur Tastatur gefährdet, die ihn ins Spiel der „petites receptions" verführt, dessen was zu-fällt ohne schon in der Motorik des Bewußtseins vor Augen gestellt zu sein. Was die Grenze des Unterscheidbaren markiert, ist die Blindheit, die absieht, um ihren Absichten nachzugehen, und jene, die einem anderen Vergessen zuspricht, das wie ein Gedächtnis funktioniert. Diese Mechanik der Beweglichkeit verkehrt sich im Parcours des Sportkörpers, wenn er sich ins „Draußen" begibt, sich als mechanische Maschine der trägen Präsenz des Innenraums entgegenstellt – den aufrechten Gang bewahrt, wenn er dieses Raum-einnehmen, auf die Grenzen des Körpers konzentriert, dessen Präsenz als Symptom fungiert, sich in der projektiven Ausdehnung zu ermessen.

Die Verstrickung aber ist auch nicht Kontemplation. Was als Stil des urbanen Parcours sich zeigt, ist flüchtig und de-konzentriert in Aufmerksamkeiten verteilt, die dem Detail und der Lücke gehorchen: „Was einen in Gang bringt sind Bruchteile von Bedeutungen, manchmal auch ein Bedeutungsüberschuß, die zweckentfremdeten Reste großer Ambitionen."[52] Die Lektüre begibt sich darin immer schon auf den Weg und schreibt lesend, wie sie schreibend liest. Die Figuren der Dissemination, der Verstreuung, Dispersion, setzen sich ab von der Opposition der städtischen Ordnung in ihren kleinräumigen Bildern hier, der Parzellierung und maßlosen Beherrschung des Raumes dort.

„Die Stadt ist ein Ideogramm"[53], schreibt Barthes. Damit hört sie schon auf, den Übertragungen zu gehorchen, die sie bebildern. Wenn die Prämissen der Moderne am Proletariat als sozialem Körper die Überschaubarkeit präferiert haben, dann sind die Texte der Stadt an die Figur der sub-proletarischen Listen geknüpft. Von daher mißtraut man ihnen nicht bloß als Euphemismen, sondern aus dem Verlangen, zu wissen, wer spricht.

ANMERKUNGEN

1 Eco, Umberto: Einführung in die Semiotik. München 1972, S. 352.
2 Castoriadis, Cornelius: Durchs Labyrinth Seele, Vernunft, Gesellschaft. Frankfurt a. M. 1983, S. 197
3 Platon: Timaios. Werke Bd. 5, Hamburg 1959, Kap. 20.
4 Aristoteles: Physik 1 208 b4-11. Vgl dazu: Ströcker, Elisabeth: Philosophische Untersuchungen zum Raum. Frankfurt a.M. 1965, S. 181 ff.
5 Platon: op. cit. Kap. 19.
6 ebd.
7 ebd.
8 Kristeva, Julia: Die Revolution der poetischen Sprache. Frankfurt a. M. 1978, S. 37.
9 Kristeva op.cit. S. 36.
10 Vgl. dazu: Derrida, Jacques: Der Schacht und die Pyramide. Einführung in die Hegelsche Semiologie. In: Randgänge der Philosophie. Wien 1988, S. 85 ff.
11 Hegel, G.W. F.: Vorlesungen über die Ästhetik II. Ges.W.Bd. 14. Frankfurt a. M. 1970, S. 273.
12 vgl. ebd. S. 276.
13 Hegel, G.W.F.: Vorlesungen über die Ästhetik I. Ges.W. Bd 13. Frankfurt a.M. 1970, S 459 f.
14 ebd
15 Hegel, Georg Wilhelm Friedrich: Vorlesungen über die Ästhetik II. Ges. W. Bd. 14. Frankfurt a. M. 1970, S. 306
16 ebd.
17 ebd. S. 305
18 ebd. S. 306
19 ebd. S. 309
20 ebd.
21 ebd. S. 310.
22 ebd. S. 310.
23 ebd. S. 289.
24 ebd. S. 311
25 ebd.
26 ebd. S. 310
27 Vgl. dazu: Bahr, Hans-Dieter: Sätze ins Nichts. Ein Versuch über den Schrecken. S. 144 ff. Tübingen.
28 Hegel op. cit. S. 317
29 ebd. S. 300
30 ebd. S. 289
31 Vgl. Feldtkeller, Christoph: Der architektonische Raum: eine Fiktion. Annäherung an eine funktionale Betrachtung. Braunschweig 1989.
32 Hegel op. cit. S. 408
33 Meyer, Eva: Die Autobiographie der Schrift. Frankfurt 1989, S. 14.
34 Hegel, G.W.F: Wissenschaft der Logik II. Ges. W. Bd. 6, Frankfurt a.M. 1970, S. 410
35 Hegel, G.W.F: Vorlesungen über die Ästhetik I. Ges.W. Bd. 13, S. 482

36 Adorno, Theodor W. : Ästhetische Theorie. Frankfurt a.M. 1970, S.55

37 Derrida, Jacques/Meyer, Eva: Archi/Textur und Labyrinth. In: Das Abenteuer der Ideen. Architektur und Philosophie seit der industriellen Revolution. Internationale Bauaustellung Berlin 1984, S. 105.

38 Vgl. Giedion, Siegfried: Ewige Gegenwart – Der Beginn der Architektur. Köln 1965.

39 Leroi-Gourhan, André: Hand und Wort. Die Evolution von Technik, Sprache und Kunst. Frankfurt a.M. 1980, S. 240.

40 ebd. S. 249.

41 König, Marie E.P.: Am Anfang der Kultur. Die Zeichensprache des frühen Menschen. Frankfurt/Berlin/Wien 1981.

42 Meyer, Eva: Gelandete Horizonte. Vortragsmanuskript

43 ebd.

44 Sedlmayr, Hans: Die Entstehung der Kathedrale. Zürich 1950, S. 101

45 Eliade, Mircea: Kosmos und Geschichte. Der Mythos der ewigen Wiederkehr. Frankfurt a. M. 1984, S. 19.

46 Vgl. dazu Schmitt, Carl: Der Nomos der Erde im Völkerrecht des Jus Publicum Europaeum. Köln 1950. Auf diese Gründung in der Akzeptanz des Raumes versucht Schmitt hinzuweisen, nicht weit entfernt von den Verheerungen der totalen Mobilmachung, die sich zwischen der Mythologisierung der Scholle und einem buchstäblich lesbaren „ohne Raum" expandiert haben.

47 Borst, Otto: Babel oder Jerusalem? Sechs Kapitel Stadtgeschichte. Stuttgart 1984, S. 46.

48 Herwegen, Ildefons: Das Kunstprinzip der Liturgie. Paderborn 1929. zit. nach Sedlmayr.

49 Benjamin, Walter: Das Passagenwerk. Frankfurt a.M. 1983, S. 559.

50 Lyotard, Jean-François mit anderen: Immaterialität und Postmoderne. Berlin 1985, S. 87

51 Certeau, Michel de: Kunst des Handelns. Berlin 1988, S. 180 f.

52 ebd., S. 200

53 Barthes, Roland: Das Reich der Zeichen. Frankfurt a. M. 1981, S. 48

WINFRIED STEINER

EINE ZEITREISE

I. Entliehene Vorbemerkungen

1. Spolien (spolium), bei den Römern: erbeutete Waffen; im Mittelalter: dem Staat, der Kirche, anheimfallender Nachlaß eines geistlichen Fürsten; archäologisch: Teile eines Kunstwerkes, die nicht für dieses geschaffen, sondern anderen Werken entnommen sind.

2. In einer Spolie ist Geschichte materiell präsentiert. Dabei bezeichnet die Spolie ein Geschichtsbild, innerhalb dessen das Material immer dasselbe bleibt, obwohl sich die semantische Struktur, das semantische Bezugsfeld beständig verändert. Eine Spolie ist immer konstruktiv innerhalb eines Gebäudes.

3. Eine Spolie hat einen ursprünglichen Zusammenhang aufgegeben: sie geht sehr unterschiedliche neue Verbindungen ein. Spolie ist immer Material, kann bedeuten oder sogar ausdrücken. Die Art und Weise der Verwendung von Spolie gibt Auskunft über das Geschichtsbild einer Kultur.

4. In einem Gebäude, in dem Spolien zur Anwendung kommen, bildet die Geschichte anschaulich ein Kontinuum: Geschichte bildet immer ein Kontinuum, ist „Jetztzeit". Das Gebäude ist „Jetztzeit", die Spolien sind Vergangenheit: Eine Vergangenheit ist nicht vollständig zu rekonstruieren. Vergangenheit ist Spolie.

5. Der Gegenbegriff zur Spolie ist das Denkmal. Im Denkmal wird die Illusion angestrebt, eine Vergangenheit rekonstruieren zu können. Die Denkmalpflege konserviert Vergangenheit. Vergangenheit nimmt zu. Eines Tages hat uns die Vergangenheit eingeholt. Wir werden unsere eigene Geschichte.

6. Auch das Denkmal ist Spolie.

7. Spolie als Arbeitsmodell. Der Kunsthistoriker als Lumpensammler. Walter Benjamin und das Passagenwerk. Bricoler (Lévi-Strauss) als Arbeitsmethode. Ausgewähltes, heterogenes Material zu einer neuen Einheit zusammenzuführen.

Nicht Hineindenken in ein Material, sondern Verwenden von Material.

8. Kunst und Kunstgeschichte
    1. Die Verwendung von Gegenständen als Spolie
    2. Die Collage als Beispiel für eine Kunstform, in der Spolien zur Verwendung kommen. Forderung, die Erkenntnismöglichkeit der Bildenden Künste und der Architektur zu nutzen.
9. Die Konsequenz: kreatives Schreiben.

(aus: Johannes Odenthal: Imaginäre Architektur; Edition Qumran im Campus-Verlag, Frankfurt/Main – New York 1986; S. 129f.)

Auch Texte sind Spolien: Ein Vorschlag: Johannes Odenthals Textausschnitt umzuschreiben. Ich ersetze in Punkt 4 Gebäude durch Stadt und lese: In einer Stadt, in der Spolien zur Anwendung kommen, bildet die Geschichte anschaulich ein Kontinuum. Geschichte bildet immer ein Kontinuum, ist „Jetztzeit", die Spolien sind Vergangenheit. Eine Vergangenheit ist nicht vollständig zu rekonstruieren. Vergangenheit ist Spolie.

Ich füge die letzten Sätze aus dem Kapitel „Spolie: Bild und Geschichte. Ein Hinweis zum historischen Materialismus" (Johannes Odenthal 1986) hinzu: „Geschichte ist Produkt der Erinnerung. Vergangenheit erscheint fragmentarisch. Die Fragmente werden wahrgenommen als Bilder, die die Vergangenheit symbolisieren. Geschichte erscheint in der Form des Symbols. Geschichte ist Bild. Im Bild, in der Geschichte, kommt Zeit zum Stillstand: Denn beide stehen in Opposition zum Tod.

Architektur und Städtebau sind Sprachen geworden, in denen der historische Augenblick in die Zeit reflektiert wird. Diese Aussage gilt für alle drei grundlegenden Kräfte oder Tätigkeiten des Städtebaus, nämlich für Modernisieren, Sanieren und Konservieren. „Stadtkulturpolitik ist im Wesentlichen die Konjugation dieser Verben und der Kampf der Interessen, die jeweils durch eines von ihnen bezeichnet werden. Wenn es auf das Charakteristische der Althauptstädte ankommt, dann ist freilich evident, daß es für sie alle nur eine Zukunft gibt, wenn sie sich den Primat des Konservierens ausdrücklich bewußt machen." (Peter Sloterdijk in: Die Zukunft städtischer Kulturen, Anmerkungen zur Kritik des Lebens in Städten, Vortrag am 15.11.1989 im Wiener Rathaus im Rahmen des Kulturprogramms KAOS STADT?)

II. Zum Umgang mit Bestehendem: Eine Zeitreise

Reiseprogramm: Von Gegenwarten, in denen bestehende Substanz zerstört werden, um vermeintlich Neues schaffen zu können, in denen die Kurzformel Baukunst zerstört Baukunst Gültigkeit hat, zu Gegenwarten, in denen der Primat des Konservierens zur Maxime wird.

Station 1: Baukunst zerstört Baukunst. Etwa das Beispiel Straßburger Münster: Die ursprüngliche Innenausstattung wird 1681 bei der Katholisierung durch barockes Mobiliar, das damals als besonders katholisch galt, ersetzt.

Station 2: Schnöder Nutzen zerstört Baukunst. Etwa das Beispiel der Abtei Schwarzach unweit Würzburg: Die neue bayerische Verwaltung wollte die Erhaltungskosten der kleinen Dorfgemeinde zuschieben. Die Gemeinde wehrte sich. Man wurde einig, die Prachtbauten abzubrechen und ihre Steine als Chausseematerial zu zerklopfen. Das wurde langsam und bedächtig ausgeführt, von 1820 bis 1830.

Station 3: Schutz von Einzelgebäuden und Ensembles durch Gesetze. Erzähler: Nach Georg Dehio, dem wohl bedeutendsten Wegbereiter und Streiter für eine geschichtsbewußte Denkmalpflege, können die dreißiger Jahre des vorigen Jahrhunderts als Zeitgrenze angesehen werden, „um welche der von der Obrigkeit wegen betriebene Denkmalsfrevel aufhörte als eine gute Verwaltungsmaxime zu gelten" (Georg Dehio im Vortrag: Denkmalschutz und Denkmalpflege im 19. Jahrhundert. Festreden an der Kaiser-Wilhelms-Universität zu Straßburg, den 27. Januar 1905, Reprint 1988 in: Bauwelt Fundamente 80, Braunschweig/Wiesbaden)

Zwei kurze Einblendungen in die Festrede Dehios: Georg Dehio spricht: „Die Sammler des 16., 17., 18. Jahrhunderts sammelten aus ästhetischen Motiven oder aus irgendeiner sonst begründeten Liebhaberei; sie kannten Kunstepochen, die sie bevorzugten, und andere, sehr viele meist, die sie verachteten; immer war der Maßstab der Wertschätzung ein subjektiver. Die Denkmalpflege des 19. Jahrhunderts kennt grundsätzlich solche Unterscheidungen nicht. Ihr letzter Beweggrund ist *die Achtung vor der historischen Existenz als solcher*. Wir konservieren ein Denkmal nicht, weil wir es für schön halten, sondern weil es ein Stück unseres nationalen Daseins ist. Denkmäler schützen heißt nicht Genuß suchen, sondern Pietät üben. Ästhetische und selbst kunsthistorische Urteile schwanken, hier ist ein unveränderliches Wertkennzeichen gefunden.

Nun aber zeigt sich noch von einer ganz anderen Seite her der Gedanke des Denkmalschutzes als Angehöriger einer neuen Zeit. Anscheinend lediglich konservativ in seiner Tendenz, wie es auch seiner Entstehung in der Restaurationsepoche entspricht, führt er zu Konsequenzen, die, zunächst noch unbewußt, aber ganz unwiderstehlich, nach einer völlig anderen Richtung hindrängen: ich weiß keinen Namen dafür, als nur den des Sozialismus. Diese sozialistische Tendenz ist es fast noch mehr als die konservative, die die Interessen des Denkmalschutzes praktisch nicht selten mit dem Liberalismus in Konflikt geraten lassen."

Nachdem Georg Dehio die Folgen des Kunsthandels für die Klasse der beweglichen Denkmäler erörtert hat, führt er diesen Aspekt weiter aus: „Eigentlich einen noch schwereren Stand haben die unbeweglichen. Der Strom des modernen Wirtschaftslebens sieht in ihnen nur Hindernisse; er unterspült sie, verschlingt ein Stück nach dem andern von Tag zu Tag. Genug! Von dem Augenblicke an, wo ein ernstlicher Wille zum Denkmalschutz da war, mußte man auch darüber sich klar werden: er sei nicht durchführbar ohne Beschränkung des Privateigentums, ohne Beschränkung der Interessen des Verkehrs, der Arbeit, der individuellen Nützlichkeitsmotive überhaupt. Das ist es, weshalb ich ihn sozialistisch nannte."

Station 4: Der Primat des Konservierens. Vier Einblendungen in die Rede Peter Sloterdijks „Die Zukunft städtischer Kulturen, Anmerkungen zur Kritik des Lebens in Städten." (Vortrag am

15.11.1989 im Wiener Rathaus im Rahmen des Kulturproramms KAOS STADT?)

1. „Die postmoderne Stadt ist ein Zwitter zwischen Totalmuseum und elektronischer City; sie hat Zentrum, aber sie weiß, daß sie keines mehr ist. Die Stadtkultur von morgen ist planetarische Dorfkultur. …

2. Es ist gerade das Geheimnis der posturbanen europäischen Charakterstädte, daß in ihnen Musealität und Vitalität keine exklusiven Gegensätze sind. Die alteuropäische Großstadt kann den Beweis dafür liefern, daß ein Leben im Museum lebendiger sein kann als in der Charakterlosigkeit der modernen Ballungsräume. Museal sein wollen wird zum Vitalitätsgeheimnis der alteuropäischen Weltstadtkerne im 21. Jahrhundert. Für sie ist die Venezianisierung der einzige sinnvolle Weg ins planetarische Zeitalter…

3. Die Stadt steht gewissermaßen für das einmalige namentliche Individuum selbst, für seine Geschicklichkeit, für sein Glück, für seine Sterblichkeit, für seine Arbeitskraft, für seinen schöpferischen Sinn, für seinen Traum von der Zugehörigkeit zu einer offenen Welt. …

4. Die charakteristischen Hauptstädte Europas stehen allein da, wenn es darum geht, ihre Einmaligkeit überlieferbar zu machen. Es gibt keine Entsatzarmeen mehr, um untergehende umzingelte Metropolen zu befreien. Es gibt nur noch die Bürger selbst, die als Kustoden über die unwiederholbaren Züge ihrer Städte wachen oder sich überrollen lassen vom anonymen Heerbann der motorisierten Mongolen. Ich glaube, das zeigt, daß der kosmopolitische Traum der Moderne als grenzenloser Mobilmachung in seinem weltstädtischen Zentrum selbst zu Ende geträumt ist. War die Weltstadt in ihrer Blütezeit ein Sieg der Künstlichkeit über die Natur, so droht heute der Untergang des Siegers an den Folgen seines eigenen Siegs. Man hat bis ins Grenzenlose Natur für Kultur geopfert, hat Typisches zugunsten von Einmaligem verbraucht und Wiederholbares ausgebeutet, um Nichtwiederholbares zu schaffen. Jetzt ist die Erde umkreist, und die Selbstumzingelung der Menschheit tritt in ihre dramatische Phase ein. Man hat Städte gebaut, als könnte die ewige Regeneration der Natur für immer das

Feuerwerk der Kultur finanzieren. Aber inmitten unseres metropolitanen Feuerwerks breitet sich die Gewißheit aus, daß ja die Erde selbst auch nur ein endliches Gebilde ist, eine kosmische Singularität, die wie ein hellblauer bemannter Feuerwerkskörper im Kosmos aufleuchtete. Die charakteristischen Städte auf diesem Feuerwerkskörper sind die Orte, wo man zuerst versteht, was es heißt, an einem Platz zu leben, den es so nur einmal gibt."

III: Schlußfolgerung für die Analyse des Wiener Städtebaus

Im gegenwärtigen Städtebau Wiens sind die Maximen, die den ersten drei Stationen der Zeitreise zugeordnet werden können, „Baukunst zerstört Baukunst", „Schnöder Nutzen zerstört Baukunst", „Schutz von Einzelgebäuden und Ensembles durch Gesetze" gleichzeitig ablesbar. Ein illegitimes Kind der Denkmalschutzbewegung des 19. Jahrhunderts, das Restaurationswesen, feiert in Wien ebenso fröhliche Urständ wie ein weiteres Kind des 19. Jahrhunderts, der Historismus in Gestalt eines sich postmodern gebenden Neuhistorismus. Angesichts der Zunahme an historisierenden Neubauten, Rekonstruktionen, Imitationen und potemkinschen Umbauten bei gleichzeitiger Behandlung von Architekturen aus den fünfziger Jahren als wären sie Produkte, deren Aufbrauchszeit abgelaufen ist, kann der Satz Johannes Odenthals „Die Art und Weise der Verwendung von Spolien gibt Auskunft über das Geschichtsbild der Kultur" auf eine Analyse des gegenwärtigen Wiener Städtebaus nicht sine ira et studio angewandt werden.

Wien, Schwarzenbergplatz

III

Städtebilder von Georg Christoph Lichtenberg bis Ridley Scott

Erst der wie ein Automat reagierende Mensch ist fähig, den vielfältigen Anforderungen der Großstadt zu begegnen. Das Bild auf der Netzhaut – für den Renaissance-Menschen noch die Einheit von Raum und Dingwelt spiegelnd – zerbricht dem Menschen des 19. Jahrhunderts zu vielen „Einzelbildern". Das Auge lernt zu sondieren, hervorzuheben und zu vergrößern.

Alexander Horwath · Gottfried Schlemmer

HEINER SCHENKE

GEORG CHRISTOPH LICHTENBERGS LONDON-AUFENTHALTE UND DIE ENTDECKUNG DER „GROSSEN STADT" FÜR DIE DEUTSCHE LITERATUR

I. Vom „Gesumse" der Börse

STADTLITERATUR IN DEUTSCHLAND

Am 16. 11.1775, kurz vor seiner endgültigen Abreise aus London, schreibt Georg Christoph Lichtenberg an seinen Freund und Verleger Dieterich in Göttingen: „Ich wohne jetzt auf einem Kaffeehause gantz allein und mein Heinrich in Lord Bostons Haus eine Meile von mir. Es ist jetzt ein sehr großes Sterben hier, und manche Leute, die mehr zu verlieren haben, als dein Freund, sind äußerst ängstlich. Ich bin sehr gelassen dabei und lebe so ordentlich fort als wie vorher, ohne mich mehr in Acht zunehmen. Sterbe ich, so gehe ich nicht nach Deutschland, das ist alles."[1]

Insgesamt 16 Monate, im April 1770 bei seiner ersten und vom September 1774 bis Ende 1775 bei seiner zweiten und letzten Reise, hatte er in der „Hauptstadt der Welt"[2] gelebt, in die er eigentlich gegangen war, „um Deutsch schreiben zu lernen"[3], hatte dort physiognomische Betrachtungen angestellt, die mit „nicht geringer Gefahr verbunden waren"[4], und die Stadt detektivisch erforscht: „Nie sind in meinem Leben meine Füße so aktiv gewesen."[5] Es war die wohl interessanteste und schönste Zeit seines Lebens. Nun mußte er in das ungeliebte Göttingen zurück, dessen Häuser er in einer späteren Eintragung in sein Sudelheft mit „Scheiterhaufen“ verglich, „die mit Türen und Fenstern versehen sind.“[6]

Lichtenbergs Kummer und Unwille nach Deutschland zurückzukehren, scheint mir an die Erfahrung zweier unterschiedlicher Lebensräume gebunden: an die Enge der kleinstädtischen Verhältnisse in Göttingen auf der einen und der Größe und Weite der Metropole London auf der anderen Seite. Lichtenberg war – vor allem während seines zweiten fünfzehnmonatigen Londonaufenthaltes – zu einem Bewunderer des großstädtischen Lebens geworden, zu einem Typus, den man später als „asphalten“ bezeichnet hätte.

Das Phänomen „Stadt“ und die neuartigen urbanen Lebensformen haben Lichtenberg, der nach seiner zweiten Englandreise die meiste Zeit in Göttingen verbrachte, lange beschäftigt: Noch kurz vor seinem Tod notiert er: „Cartesius sagt (...), daß man die Einsamkeit in großen Städten suchen müsse, und er lobt sich dazu Amsterdam (...). Ich sehe auch wirklich nicht ein, warum ein Börsengesumse nicht ebenso angenehm sein soll, als das Rauschen des Eichenwaldes zumal für einen Philosophen, der keine Handelsgeschäfte macht, und zwischen Kaufleuten wandeln kann, wie zwischen Eichbäumen, da die Kaufleute ihrerseits sich so wenig um den müßigen Wandler bekümmern, als die Eichbäume um den Dichter.“[7]

Dieses Bekenntnis zur Großstadt – da ein „Börsengesumse“ ebenso angenehm sein kann, wie das „Rauschen des Eichenwaldes“ – hat in der deutschen Literatur- und Geistesgeschichte eher Seltenheitswert. Hier dominierte bis weit in das 20. Jahrhundert eine Tradition, die das Leben auf dem Land bevorzugte, und der die Urbanität eher verdächtig war. So findet das Großstadt-Motiv erst sehr spät Eingang in die deutschsprachige fiktionale Literatur, während es bei Autoren anderer Länder – Balzac, Dickens, Zola, E. A. Poe oder Dostojevski – längst ein konstitutives Element war. Daß sich die Literatur der Moderne ohne den Einfluß der „Großen Stadt“ gar nicht vorstellen läßt, ist ja heute offensichtlich: Man denke nur an „Manhattan Transfer“, „Ulysses“, „Berlin Alexanderplatz“ oder den „Mann ohne Eigenschaften“, die vor allem auch Stadtromane sind.

Aber auch für die Autoren selbst, für den Produktionsprozeß von Literatur, ist die urbane Sphäre von entscheidender Bedeutung gewesen: Dickens' Schreiben aus Lausanne 1846, wo er darüber klagt, wie sehr ihm die Straßen Londons fehlen, die seinem Gehirn etwas geben, „dessen es, wenn es arbeiten soll, nicht entbehren kann"[8], können andere Zitate, etwa von Dostojevski oder Baudelaire, an die Seite gestellt werden. Im Deutschland des 18. und 19. Jahrhunderts gibt es solche Optionen so gut wie nicht: Das neuartige Phänomen „Großstadt", das mehr und mehr beginnt, das Leben der Menschen grundlegend zu verändern, wird entweder fast vollständig ausgeblendet oder grundsätzlich abgelehnt.

Eine Ausnahme bildet Georg Christoph Lichtenberg: Wie entschieden er sich selbst als einen „Städter" sah, mit welcher Faszination er auf die neue Erfahrungswelt einer Metropole reagierte und welche theoretischen und auf die literarische Moderne verweisenden Schlüsse er aus seinen Londonreisen zog, möchte ich in den folgenden Kapiteln zeigen.

II. „London ist ganz mein Ort"

DIE FRÜHE ERFAHRUNG DER GROSSTADT ALS EIN FEST IN PERMANENZ

Am 17. April 1770, nachdem Lichtenberg acht Tage in England ist, schreibt er an Christian Gottlieb Heyne, noch unter dem Eindruck der Ereignisse stehend, die ihm in der ersten Woche wiederfuhren: „Es ist unglaublich was die Menge von neuen Gegenständen, die ich nicht sogleich in meinem Kopf unterzubringen wußte für eine Wirkung auf mich gehabt haben."[9] Er spricht von einer Verwirrung, durch die er „über das letzte das erste völlig"[10] vergißt. Am Anfang seines zweiten Englandaufenthaltes – und man meint, er müßte die Sache ja nun kennen – berichtet er von einem „Schwindel" der „jedermann befallen muß, den man auf einmal aus einem Göttingschen Hintergebäude in eine der ersten Straßen der Hauptstadt versetzt."[11]

In Deutschland, wo die Einwohnerzahl der größten Stadt Berlin erst gegen Ende des 19. Jahrhunderts die Millionengrenze überschreitet, wo sich der Prozeß der Moderne verzögert, machten die Bewohner ähnliche Erfahrungen, mit einem in der Geschichte der Menschheit neuen Phänomen, der Großstadt[12], über hundert Jahre später: „Welch ein Trommelfeuer von bisher ungeahnten Ungeheuerlichkeiten prasselt seit einem Jahrzehnt auf unsere Nerven nieder!" schreib Kurt Pinthus 1925 in der „Berliner Illustrirten " und fährt fort: „Trotz sicherlich erhöhter Reizbarkeit sind durch diese täglichen Sensationen unsere Nerven trainiert und abgehärtet wie die Muskulatur eines Boxers gegen die schärfsten Schläge."[13]

Die Nerven der deutschen Englandreisenden im 18. und 19. Jahrhundert waren das nicht: Heinrich Heine, der fünfzig Jahre nach Lichtenberg in London war, bemerkt an einer Stelle in den „Englischen Fragmenten": „Ich hatte mir vorgenommen, über die Großartigkeit Londons nicht zu erstaunen. Aber es ging mir wie dem armen Schulknaben, der sich vornahm, daß er die gewöhnlichen Hiebe mit dem gewöhnlichen Stabe, wie gewöhnlich auf dem Rücken erwartete, und statt dessen eine ungewöhnliche Tracht Schläge, auf einem ungewöhnlichen Platze, mit einem dünnen Röhrchen empfing."[14]

Lichtenberg war sich der Neuartigkeit und Besonderheit der großstädtischen Lebenswelt, die Georg Simmel vor allem als eine „Steigerung des Nervenlebens", die „aus dem raschen Wechsel äußerer und innerer Eindrücke hervorgeht"[15], charakterisierte, bewußt. Er hat selbst darüber keinen Essay geschrieben, aber in einem für ihn typischen „Gedanken-Experiment"[16], ein Spezifikum des großstädtischen Lebens, die „Überfülle des Erlebens"[17], durchgespielt: An seinen Bruder Christian schrieb er 1773 aus Hamburg: „Am Hafen liegt ein Gebäude, das das Baumhaus genannt wird, mit einer Galerie oben auf dem Dache, worauf zuverlässig einer der schönsten Prospekte in Deutschland nach dem einstimmigen Zeugnis aller Reisenden ist." Nach der Darstellung der Versuchsanordnung erfolgt das „Experiment" selbst: „Ich glaube, ein empfindsamer Darmstädter, den man mit verbundenen Augen dahin brächte und sie auf jenem Dache öffnete, würde wie der

Mensch den Cheselden der Star stach, Zuckungen bekommen."[18] Was wäre wohl erst passiert, wenn man den „Versuch" im Hafen von London durchgeführt hätte?

Lichtenberg jedenfalls fühlt sich in der größten Metropole der Welt wohl. Für die vielfältigen Wahrnehmungsreize Londons, die Heine mit einer „ungewöhnlichen Tracht Schläge, auf einem ungewöhnlichen Platze"[19] verglich, benutzte er Metaphern aus einem entgegengesetzten Assoziationsbereich: in dem bereits erwähnten Brief an den Göttinger Freund Heyne, schreibt er weiter: „Euer Wohlgeboren werden mir gerne glauben, daß dieses für eine eingezogene Seele wie diese meinige eben das sein muß, was für meinen Körper eine Woche von Doktorschmäusen und Hochzeitsfesten ohne Ruhe und Schlaf sein würden."[20] Für ihn war es ein Fest in Permanenz. An Dieterich berichtet er Anfang 1775, nachdem er sich für etwas längere Zeit auf dem Land aufgehalten hatte:„ Nun bin ich endlich in dem lieben London, wonach ich gewünscht und geangelt und alle vier von mir gestreckt habe (...) London ist ganz mein Ort(...)"[21]

Daß diese Erfahrung und Wahrnehmung der „Großen Stadt" für Reisende aus Deutschland, die im letzten Drittel des 18. Jahrhunderts in Massen in die europäischen Metropolen reisten, nicht unbedingt typische waren, zeigt ein Vergleich mit Karl Philipp Moritz, der 1782 – also sieben Jahre nach Lichtenberg – in London war. Nach drei Wochen Aufenthalt war er froh, als er die Stadt wieder verlassen hatte. Nachdem er mit einer Postkutsche bis Richmond, einem Ort vor London gefahren war, wurde ihm bei der Wiederbegegnung mit der Natur bewußt, was er als Bewohner der „Großen Stadt" versäumt hatte: „(...) ich machte mir tausend Vorwürfe wegen meiner Unentschlossenheit, daß ich nicht schon längst jenen großen Kerker verlassen hatte, um mich in einem Paradiese zu verweilen."[22] Mit diesem „Paradiese" war die englische Landschaft gemeint. Unter dem Eindruck der „blühenden jugendlichen Wangen (...), grünen Wiesen, und (...) Ströme"[23], formulierte er eine Kritik Londons und der modernen Großstadt: Dort seien die Geräusche „wild". Er vergleicht London mit einem „Kerker": „Wohl mir", stellte er erleichtert fest, „daß ich jenem melancholischen Gemäuer noch zu rechten Zeit entflohen bin!“[24]

Lichtenberg war da ein ganz anderer Typus. Bei ihm findet sich, wenn ich es richtig übersehe, keine Stelle, in der er sich über die englische Landschaft äußert. Es scheint ihm nicht wichtig gewesen zu sein oder ihn nicht berührt zu haben. Obwohl er nicht nur in London gelebt hat, sondern auch Ausflüge nach Margate und Bath, den bekanntesten englischen Seebädern, unternahm und sich längere Zeit auf dem Landgut Lord Bostons in Hedsor und in den Königlichen Gärten in Kew aufgehalten hat, berichtet er von keinem intensiven Erlebnis mit der Natur. Wenn Naturschilderungen auftauchen, dann, wie in dem berühmten Brief an Baldinger, in ironisierender Absicht.[25]

Lichtenberg – ein anderer Typus als Moritz – war Städter durch und durch. Kurz vor seiner Abreise aus London schreibt er am 16.11.1775 an Dieterich: „Ich habe wieder 3 Tage die Stube gehütet, welches in Göttingen nichts, allein in London, wenn das Herz gesund ist, eine wahrhafte Pein für einen Abreisenden ist.“[26]

Wenn es in der deutschen Literaturgeschichte des 18. und 19. Jahrhunderts jemanden gab, dem Lichtenberg in diesem Punkt ähnelte, so wohl vor allem E.T.A. Hoffmann: „Und doch war Hoffmann“, so Walter Benjamin in seinem Baudelaire-Essay, „nach seiner Veranlagung von der Familie der Poe und Baudelaire.“ Zur Veranschaulichung zitiert er eine Notiz des Hoffmann-Freundes und Biografen Julius Eduard Hitzig: „Von der freien Natur war Hoffmann nie ein besonderer Freund. Der Mensch, Mittheilung mit Beobachtung über, das bloße Sehen von Menschen, galt ihm mehr als Alles. Ging er im Sommer spazieren, was bei schönem Wetter täglich gegen Abend geschah (…) so fand sich nicht leicht ein Weinhaus, ein Conditorladen, wo er nicht eingesprochen, um zu sehen, ob und welche Menschen da seyen.“[27]

Von derselben Veranlagung war auch Lichtenberg: Nichts interessierte ihn mehr als die Beobachtung von Menschen. Dafür bot ihm London die beste Gelegenheit.

III. Der Erkunder und die Menge

DIE REIZE DER „GROSSEN STADT“

Für den Flaneur – den eigentümlichen Pariser Stadtbewohner des 19. Jahrhunderts – wäre im „fieberhaften Verkehr der City“[28] von London kein Platz gewesen. In London war dagegen – wie Walter Benjamin im Vergleich von E.A. Poe und Charles Baudelaire analysierte – ein anderer Typus zuhause: „Der Mann der Menge“, dem Poe 1840 in seinem „The Man of the Crowd“ ein literarisches Denkmal gesetzt hat.[29] Aber bereits in den zwanziger Jahren des 19. Jahrhunderts war der „parabulator“ oder „explorator“, der detektivische Durchwanderer der „Großen Stadt“, der die Leser der Mittel- und Oberschichten in ihnen unbekannte Gegenden und Vororte des East-Ends führte, eine populäre Figur und ein Topos der englischen Literatur.[30] Den Beginn dieser Tradition markiert Pierce Egants 1821 erschienenes „Life in London“. Auch eines der ersten erfolgreichen Bücher von Charles Dickens, die „Sketches by Boz“, die ein facettenreiches Panorama des damaligen London liefern, verdanken ihre Popularität wohl vor allem der exotischen Wirkung, die die Darstellung von Kneipen, Pfandhäusern, billigen Pensionen etc. auf ein frühviktorianisches Publikum gehabt haben muß. Bevor Dickens, auf Motivsuche, allabendlich London zehn oder mehr Meilen durchstreifte[31], gab es einen anderen leidenschaftlichen Erkunder der „Großen Stadt“: „Unter allem was Ich (sic!) mitbringen werde“, berichtet Lichtenberg aus London seinem Freund und Verleger Dieterich „wird sich nichts besser in Göttingen befinden als meine Beine, denn die habe ich in London erbärmlich mitgenommen und doch habe ich am wenigsten darunter zu klagen gehabt.“[32] Nie – so verkündete er mit einigem Stolz – seien seine Füße „so aktiv gewesen“;[33] trugen ihn nicht nur in das „offizielle“ London, in die Stuben der Gelehrten-Kollegen oder in die Salons der adligen Freunde seines Gastgebers Lord Bostons. Lichtenberg lernte London von ganz anderen Seiten kennen: Seine Erkundungstouren führten in die „verrufenen“ Gegenden der Stadt. Bald hatte er „verschiedene Bekanntschaften unter der Klasse von Menschen gemacht (...), die mit dem westlichen Teil wenig zu schaffen hat", und die für ihn die „interessantesten war(en), weil es hier auf Essen und nicht Essen ankommt."[34]

Um an Informationen zu gelangen oder um Menschen beobachten zu können, ging Lichtenberg auf seinen Erkundungen sogar einige Risiken ein. Die Gefahr muß ihn gereizt haben. Einmal allerdings, so schreibt er in der Einleitung zur zweiten Auflage seiner Schrift „Über Physiognomik wider die Physiognomen", hätte nicht viel gefehlt, „so wäre ich ein physiognomischer Richman geworden."[35] Richman, ein russischer Physiker, war bei seinen eigenen Versuchen mit Elektrizität ums Leben gekommen.

Bei Lichtenberg, so wissen wir, ging alles gut. Mit der Intuition eines Detektivs – und die Figur des Detektivs sollte einige Jahrzehnte später in der „Großen Stadt" geboren werden[36] – konnte er Situationen einschätzen:„Wenn ich den Eifer in mir verspürte, so (...) folgte (ich) allzeit dem ersten Eindruck, den der Anblick eines Mob oder einer Gesellschaft auf mich macht, dieser belehrt mich bald, ob ich ohne Gefahr untertauchen kann oder nicht, und ich betrüge mich alsdann selten (...)."[37] Lichtenberg verließ sich aber nicht nur auf sein Gespür: Er tarnte sich auch. An Dieterich schreibt er am 30. Okober, er „(...) habe im Coventgarden in einem Auflauf von Patriotismus besoffenen Gesindel(s) in einem alten Kleide gewandelt, wo der Pöbel der einen Partei Vivat schrie und die Hüte schwung und die andere Hälfte statt des Pereats tote Katzen warf."[38]

Vielleicht spielte er bei seinen Verkleidungen auch mit der eigenen Identität. Als Lichtenberg im Oktober des folgenden Jahres eine Reise nach Oxford, Birmingham und Bath unternahm, tat er dies auf eine recht ungewöhnliche Art: „Diese Reise habe ich ohne Bedienten ohne Coffer und selbst ohne Portemanteau getan, sondern ich ging nach London, legte in einem Winkel meinen Glanz ab und bestieg, wie ein Webergeselle, mit ein paar reinen Hemden und Halsbinden in einem Schnupftuch, den Postwagen und kam, ohne aufgesessen worden zu sein, wieder hierher."[39]

Was mag ihn zu solchen Streifzügen motiviert haben? Was trieb den Professor aus Göttingen, der bei seinem zweiten Besuch auch offizieller und hochgeschätzter Gast des Königs war, in die entlegensten Ecken der Stadt, in die verruchtesten Pubs und unter die diversesten Menschenansammlungen? Lichtenberg – auch ein Zeitgenosse Lavaters – war ein passionierter Menschenbeobachter: „Von meiner ersten Jugend an waren Gesichter und ihre Deutung eine meiner Lieblingsbeschäftigungen. Ich habe mich und andere gezeichnet, ehe ich die geringste Absicht sah. Ich habe nicht einzelne Blätter, sondern Dutzende von Bogen voll Gesichter gekritzelt und ihre Bedeutung nach einem dunklen Gefühl darunter geschrieben.“[40]

Für diese Leidenschaft war London, von dem etwa zehn Jahre zuvor der englische Schriftsteller James Boswell geschrieben hatte, daß es ein Ort sei, „wo man Menschen und Sitten auf vorteilhafte Weise beobachten kann“[41], das beste Terrain. Auch hier hat er „gekritzelt“: In seinen Tagebüchern finden sich beispielsweise Versuche, die besondere Physiognomik eines Mohrenkopfes festzuhalten und John Wilkes, einen der ersten Volkstribune zu skizzieren.[42]

Lichtenbergs Faszination galt aber nicht nur der Beobachtung von einzelnen Gesichtern. Die „Große Stadt“ bot ihm ein anderes Schauspiel, das ihn faszinierte: Das war die Menge. Ein Brief aus Hamburg läßt erahnen, wie sehr sie ihn fesselte: „Ich logiere in einem Wirtshaus“, berichtet er, „wo einen in den anderen gerechnet alle Sekunden ein Mensch vorbei ging, also alle Stunden 3660 Menschen mit allerlei Gesichtern, Figuren und Absichten (...)“.[43] In London notiert er in sein Reisetagebuch: „Die Gesichter der gemeinen Leute anzusehen ist jederzeit eine meiner größten Vergnügungen gewesen. Keine Zauberlaterne kommt diesem Schauspiel bei.“[44] Ich möchte einen Augenlick an diesem Punkt verweilen.

Das Phänomen der Menge ist – wie Walter Benjamin gezeigt hat – wie kaum ein anderer Gegenstand „an die Literaten des neunzehnten Jahrhunderts herangetreten.“[45] Sowohl im Werk von E.A. Poe wie auch bei Charles Baudelaire spielt sie eine große Rolle. Dabei sind die Wahrnehmungen des neuen Phänomens bei beiden durchaus unterschiedlich: Poe gab ihr etwas Unheimliches, Bedrohliches; in ihr dominiert die Gleichförmigkeit der Menschen in ihrer Kleidung wie in ihrem Verhalten. Bei Lichtenberg, der 70 Jahre vor Poe dem Schauspiel der Londoner Menge folgte, fehlen diese Züge der Gleichförmigkeit: „(...) alles war in sich vergnügt und jedes mit seiner eigenen Grille berauscht und schrie und lachte ohne jemanden zu kränken (...),“[46] charakterisiert er beispielsweise einen Auflauf zu Ehren des Londoner Lord Mayor. Er beschreibt die Menge als eine Ansammlung von Individualisten. Auch wohnt ihr nichts Barbarisches inne, im Gegenteil: „Ich denke ein Trupp mutwilliger Studenten“, so setzt er die Beschreibung fort, „ist viel gefährlicher als 10.000 solcher Menschen, gegen jenen kann oft keine Art von List schützen, da ein englischer Anzug und ein bißchen Verstellung hier jedermann sicherstellt.“[47]

Die Wahrnehmung und Darstellung der Londoner Menge in dieser Form mag überraschen. Zu Beginn des 18. Jahrhunderts – mit dem Beginn der industriellen Revolution und der sie begleitenden Landflucht – hatte es in London eine soziale Katastrophe ungeheuren Ausmaßes gegeben: Die sogenannte „Branntwein-Epidemie“.[48] Tausende von ehemaligen Landarbeitern kamen mit ihren Familien in die Metropole, wo sie in den Straßen lebten und den Rest ihre Geldes für billigen Rum ausgaben. Mit dem Anstieg des Alkoholkonsums wuchs auch die Kriminalitätsrate. Die Straßen waren unsicher. Noch 1751 – als das Parlament durch eine Besteuerung des Gins versuchte, deas Problem zu lösen – bemerkte der damalige Premierminister Horace Walpole: „Man ist gezwungen sogar mittags so auszugehen, als ob man sich auf dem Weg in eine Schlacht befände.“[49] Lichtenberg wußte, nicht zuletzt durch die Kenntnis des Hartschen Werkes, dessen berühmte Arbeiten „Gin Lane“ und „Beer Street “ sich auf die Branntwein-Epidemie bezogen, von diesen Vorfällen und den enormen sozialen Spannungen. Konnte sich in dreißig Jahren grundsätzlich so viel geändert haben?

Mir scheint Lichtenbergs Haltung zur Menge der des Flaneurs ähnlich: „Die Direktheit und Härte, mit der ein Shelley London im Bild seiner Menschen festhielt, konnte dem Paris von Baudelaire nicht zugute kommen“,[50] schreibt Walter Benjamin und mag damit auch Poes London charakterisiert haben. Dagegen grenzt er die Sichtweise des Flaneurs ab: „Dem Flaneur liegt ein Schleier auf diesem Bild. Die Masse ist dieser Schleier (…). Sie macht, daß das Grauenhafte auf ihn bezaubernd wirkt. “[51]

Diesem Zauber muß auch Lichtenberg erlegen sein, wenn er das Schauspiel der Menge mit der Wirkung einer Laterna Magica verglich.[52] London, so scheint es, war für ihn ein riesiges Erkundungs- und Beobachtungsareal. Dem Glauben an einen in seinen Sudelheften vor den Englandreisen formulierten Satz konnte er – anders als Poe – auch in Anbetracht der großstädtischen Menge treu bleiben: „Je länger man ein Gesicht betrachtet, desto mehr wird man an den sogenannten nichtsbedeutenden Gesichtern Dinge wahrnehmen, die sie individuell machen.“[53]

IV. Shakespeare, Kaffeehäuser und deutsche Tröpfe

DER ZUSAMMENHANG VON GROSSTADT UND LITERATUR, VON MENSCHENKENNTNIS UND SCHREIBEN

In einem Brief an Christiane Dieterich, der Frau seines Verlegers und Freundes, zieht Georg Christoph Lichtenberg im Januar 1775 eine einer Art Zwischenresumée seines bisherigen Aufenthaltes: „Ich habe vieles gesehen und erfahren, habe Flecken in meinem Rock wie Ordenssterne, habe mich dreimal geschnitten und viermal verbrannt und Dinge gesehen und gehört – du liebster Himmel.“[54]

Die „Expeditionen“[55] – wie er seine Erkundungen selbst nannte – in das Londoner Leben, auf die er – bezeichnete er doch seine Flecken im Rock als „Ordenssterne“ – sehr stolz gewesen sein muß, unternahm er – ausgestattet mit vielen losen Zetteln, auf die er sich Notizen machte und die er in Taschen oder Ärmelaufschlägen versteckte – nicht aus touristischer Sensationsgier: Ihm ging es darum seine Kenntnisse auszubilden, denn: „Mit Menschenkenntnis“, so schrieb er im Sudelbuch D,

„scheint es eine andere Bewandnis zu haben als mit der Arzneien-Gelehrtheit."[56] Diese erlange man nicht durch Lesen oder Stubensitzerei[57], sondern nur durch eigene Beobachtung. Auch seine Erfahrung – so Lichtenberg in England – habe er mit „vielem Schweiß und Mühe auf fast unzähligen Hochzeiten, Kindbetten und Magisterschmäusen"[58] erworben.

Zur Ausbildung der Menschenkenntnis und mehr noch zur Ausbildung „alle(r) Seelenkräfte", schien Lichtenberg – und man kann das auch als ein Gegenprogramm zu Rousseau sehen – kein Ort so gut geeignet, wie eine „große reiche Stadt, wo Pracht und Üppigkeit auf das höchste gestiegen ist."[59]

Interessanterweise findet sich bei Immanuell Kant fast zur gleichen Zeit ein ähnliches Plädoyer für das Leben in einer Großstadt, die für ihn einen „schicklichen Platz zur Erweiterung sowohl der Menschenkenntnis als auch der Weltkenntnis", darstellte, und wo diese „auch ohne zu reisen, erworben werden kann."[60]Auch der berühmte Aufklärer und Königsberger Lokalpatriot hatte wie Lichtenberg einen Zusammenhang zwischen Urbanität und der Ausbildung intellektueller Fähigkeiten gesehen.

Für Lichtenberg kam der „Großen Stadt" noch eine weitere wichtige Bedeutung zu. Er erkannte in ihr den idealen Lebensraum für den Schriftsteller: Hier könne er seine Fähigkeiten ausbilden, Beobachtungen anstellen, seine Welt- und Menschenkenntnis schulen. Die intellektuelle Atmosphäre präge ihn.

Die Bedeutung und den Einfluß, den ein weltstädtisches Klima für die Literatur hat, demonstrierte Lichtenberg – neben Horaz, auf den er einige Male einging – an dem zu seiner Zeit meistgeschätzten Autor: An William Shakespeare. „London war", so formulierte er es in seinen „Briefen aus England", „die Schule in welche Shakespeare ging (...), wo er nicht auf Offenbarungen paßte, sondern studierte, (...) wo ein Mann mit solchem Talent zur Beobachtung seinen Erfahrungssätzen in einem Jahr leicht eine Richtigkeit geben kann, wozu kaum in einem Städtchen, wo alles einerlei hofft und fürchtet, einerlei bewundert und einerlei erzählt, und wo sich alles reimt, ein ganzes Leben hinreichend wäre."[61]

Lichtenberg sah als einen Hauptgrund für die überragende Stellung, die Shakespeare in der europäische Literatur innehatte, dessen Fähigkeiten zur genauen Beobachtung an: Die Personenbeschreibungen, die treffenden Dialoge waren ihm aber nicht „zugeflogen", er hatte alles „gelernt und erfahren"[62], indem er sich unter die Bevölkerung mischte: „(…) er verzehrte sein Geld auf englischen Kaffeehäusern, speiste in einem Chophaus, (an) öffentlichen Plätzen und das in einer Nation, die stolz darauf ist ihre Neigungen nicht zu verbergen."[63] In der Vielfalt der großstädtischen Welt Londons ewarb sich Shakespeare die nötige Lebenserfahrung und Kenntnis, die die Grundlage der verschiedensten Gesellschaftsklassen überzeugend darstellen ließen: „Shakespeare ist ein großer Schriftsteller. Er trifft alles vom Bauern bis zum König."[64]

Man müßte die Shakespeare-Deutung Lichtenbergs mit anderen seiner Zeit vergleichen. Ich glaube, daß sie – was den elementaren Einfluß der „Großen Stadt" anbetrifft – ziemlich originär ist. Lichtenberg hatte für die Zusammenhänge von urbaner Lebenswelt und dem Schreiben ein seltenes Gespür.

Das gilt auch für seine Erklärung der Rückständigkeit der zeitgenössischen deutschsprachigen Literatur, über die Johann Gottlieb Fichte noch 1783 bissig bemerkte, „daß bekanntlich kein Engländer und Franzose ein deutsches Buch"[65] lesen würde. Die Ursache für diese relative Unbedeutendheit sah Lichtenberg in der Tatsache begründet, daß die meisten deutschen Autoren in provinziellen und muffigen Kleinstädten lebten. In Orten, die nicht wie eine Stadt ausssehen, sondern „wie ein Krempel-Markt von abgetragenen Häusern", und wo „alle Einwohner einerlei fürchten, einerlei hören und einerlei denken, wo 20 Köpfe in einer Gesellschaft immer für einen gelten"[66], schien es ihm nicht möglich, eine Welt- und Menschenkenntnis erlangen zu können, wie sie etwa Fielding und Sterne in London oder Diderot in Paris ausbilden konnten. Wenn er verächtlich von „Tröpfen, die in kleinen Städten leben"[67], spricht, so zeigt sich an diesem Beispiel einmal mehr, wie einflußreich und bedeutsam seine Erfahrung der „Großen Stadt " war.

V. „Es ist die Ordnung von Cheapside"

LICHTENBERG UND DIE MODERNE

Aus einem feudalistisch-absolutistisch regierten Land reiste Georg Christoph Lichtenberg in den zu seiner Zeit „fortschrittlichesten" Staat der Erde, in dem die industrielle Revolution, deren Auswirkungen das Leben der Menschen grundlegend ändern sollten, in ihren Anfängen stand. Auf seinen Fahrten nach Soho und Birmingham hat er die neuentstehenden Industriezentren mit eigenen Augen gesehen: Seine Reise nach London war gleichzeitig eine Reise in die aufbrechende Moderne. Hier traf er auch auf ein anderes neuartiges Phänomen, das eng mit der industriellen Revolution verbunden war: die „Große Stadt", die – wie der Literaturwissenschaftler Ralph Rainer Wuthenow ausführt – „erst im 18. Jahrhundert (...) als ein ganz eigenes Produkt der Zivilisation, als künstlicher Lebensraum (...), als besondere Qualität bewußt (wird)."[68]

Dieser neue „künstliche Lebensraum" hat Lichtenberg fasziniert: Energisch ergriff er Partei für eine großstädtische Existenzweise und sah – nach den in London gemachten Erfahrungen – in dem Fehlen einer Metropole einen wichtigen Grund für die Rückständigkeit der deutschen Verhältnisse im allgemeinen und der deutschsprachigen Literatur im besonderen. Lichtenberg war aber mehr als nur ein früher „Theoretiker" des urbanen Lebens. Er hat die „Große Stadt" mit Leidenschaft erkundet und den eigentümlichen Reiz einer „Stadterwanderung" festgehalten, den über 150 Jahre später Autoren wie Henry Miller oder Wolfgang Koeppen ganz ähnlich erfahren sollten.

In Deutschland vielleicht als erster hat Lichtenberg die Großstadt, die für die Literatur der Moderne von entscheidender Bedeutung werden sollte, für die Schriftsteller entdeckt. Er erkannte sie nicht nur als idealen Lebensraum für die Autoren: Er ahnte auch, daß die Darstellung der großstädtischen Wirklichkeit neue literarische Techniken erforderte. In einem Brief an Baldinger vom 10. Januar 1775 beschließt er sein „flüchtiges Gemälde von einem Abend in London auf der Straße"[69], mit einer Reflexion auf die eigene Schreibweise: „Bis hierher habe ich fast, wie man sagt, in einem Odem weg geschrieben, mit meinen Gedanken mehr auf jenen Gassen als hier. Sie werden mich also entschuldigen, wenn es sich zuweilen hart und schwer liest, es ist die Ordnung von Cheapside.“[70]

In diesem Brief an Baldinger ist Lichtenberg über die traditionellen Darstellungsmuster hinausgegangen: Der Text stellt einen der frühesten Versuche dar, die Simultanität verschiedener Ereignisse in der großstädtischen Lebenswelt festzuhalten: „In der Mitte der Straße rollt Chaise hinter Chaise, Wagen hinter Wagen und Karren hinter Karren. Durch dieses Getöse und das Sumsen und Geräusch von Tausenden Zungen und Füßen, hören Sie das Geläute von Kirchtürmen, die Glocken der Postbedienten, die Orgeln, Geigen, Leiern und Tambourinen englischer Savoyarden und das Heulen derer, die an den Ecken der Gasse unter freiem Himmel Kaltes und Warmes feil haben. Dann sehen Sie ein Lustfeuer von Hobelspänen Etagen hoch auflodern in einem Kreis von jubilierenden Betteljungen, Matrosen und Spitzbuben. Auf einmal ruft einer, dem man sein Schnupftuch genommen: stop thief, und alles rennt und drückt und rängt sich, viele, nicht um den Dieb zu haschen, sondern um vielleicht eine Uhr oder einen Geldbeutel zu erwischen. Ehe Sie sich versehen, nimmt Sie ein schönes, niedlich angekleidetes Mädchen bei der Hand: come, My Lord, come along, let us drink a glass together, or I'll go with you if You please; dann passiert ein Unglück 40 Schritte vor Ihnen; God bless me, rufen einige, poor creature, ein anderer; da stockt's und alle Taschen müssen gewahrt werden, alles scheint Anteil an dem Unglück des Elenden zu nehmen, auf einmal lachen alle wieder, weil sich einer aus Versehen in die Gosse gelegt hat; look there, damn me, sagt ein Dritter und dann geht der Zug weiter. Zwischendurch hören Sie vielleicht einmal ein Geschrei von Hunderten auf einmal, als wenn ein Feuer auskäme oder ein Haus einfiele oder ein Patriot zum Fenster herausguckte.“[71]

Nach dieser eindrucksvollen Schilderung einer turbulenten Straßenszene, kann man berechtigterweise darüber spekulieren, ob es Lichtenberg, hätte er längere Zeit in der „Großen Stadt“ zugebracht, gelungen wäre, was er sein Leben lang plante: Einen Roman zu schreiben. Wäre dieser Roman – wenn er London zum Thema gehabt hätte – ein Vorläufer von „Ulysses", „Berlin Alexanderplatz" oder „Manhatten Transfer" geworden?

Darüber lassen sich nur Vermutungen anstellen: Lichtenberg ging nach Göttingen zurück und ist in dem Universitätsort – nur noch von wenigen Reisen unterbrochen – bis zu seinem Tod geblieben. London hat er nie wiedergesehen.

ANMERKUNGEN

1 Die Lichtenberg-Zitate in meinem Text erfolgen nach der von Wolfgang Promies herausgegebenen Ausgabe der „Schriften und Briefe" von G.C. Lichtenberg, München 1967 f. (SuB)
Die Zitate aus den Tagebüchern und Reiseanmerkungen stammen aus dem von Hans Ludwig Gumbert herausgegebenen Buch: „Lichtenberg in England",Wiesbaden 1977 (L/E)
Sub IV, S. 261
2 Sub IV, S. 201
3 SuB IV, E 144
4 SuB II, S. 554
5 SuB IV, S. 235f.
6 SuB II, J 183
7 SuB II, J 183
8 zit. nach: Benjamin, Walter: Charles Baudelaire. Ein Lyriker im Zeitalter des Hochkapitalismus. Frankfurt am Main 1974, S. 48
9 SuB IV, S. 11
10 SuB IV, S. 11
11 SuB IV, S. 201
12 Vgl. Wuthenow, R.R.: Die Entdeckung der Großstadt in der Literatur des 18. Jahrhunderts, in: Die Stadt in der Literatur. Hrsg. von Cord Meckseper. Göttingen 1983, S. 19
13 Pinthus, Kurt: Die Überfülle des Erlebens. Aus Berliner Illustrirte vom 28.2.1925; zit. nach: Vietta, Silvio: Lyrik des Expressionismus, Tübingen 1976
14 Heinrich Heine: Sämtliche Schriften in zwölf Bänden, herausgegeben von Klaus Briegleb. Mch., Wien 1976, Bd. 3, S. 540
15 Simmel, Georg: Die Großstadt und das Geistesleben. Aus: Die Großstadt. Jahrbuch der Gehe- Stiftung. Dresden 1903. S. 188
16 Vgl. dazu: Schöne; Albrecht: Aufklärung aus dem Geist der Experimentalphysik. Lichtenbergs Konjunktive. München 1983
17 Pinthus, Kurt: Die Überfülle ... a.a.O., S. 9
18 SuB, S. 162
19 Heinrich Heine: Sämtliche Schriften ... a.a.O., Bd 3, S. 540
20 SuB IV, S. 12

21 SuB IV, S. 230f
22 Moritz, Karl Philipp: Werke, herausgegeben von Horst Günther. Frankfurt am Main, S. 57
23 ebd.
24 ebd.
25 Vgl. dazu: Brüggemann, Heinz: „Aber schickt keinen Poeten nach London!" Großstadt und literarische Wahrnehmung im 18. und 19. Jahrhundert. Reinbek bei Hamburg 1985, S. 22ff.
26 SuB IV, S. 260
27 Benjamin, Walter: Chrarles Baudelaire, a.a.O., S. 47f
28 ebd. S. 123
29 Vgl. ebd.: Kapitel II: Der Flaneur
30 Vgl. dazu: Böker, Uwe: Von Wordsworths schlummerdem London bis zum Abgrund der Jahrhundertwende. in: Die Stadt in der Literatur, a.a.O. S. 45f.
31 Zu der Bedeutung der Großstadt für Dickens: siehe auch Walter Benjamin: Charles Baudelaire, a.a.O., S. 48
32 SuB IV, S. 258
33 SuB IV, S. 236
34 SuB IV, S. 235
35 SuB III, S. 213
36 Vgl. dazu: Walter Benjamin: Das Passsagen-Werk. Frankfurt am Main 1982, Kapitel M (Der Flaneur)
37 SuB IV, S. 213
38 SuB IV, S. 207
39 SuB IV, S. 246
40 SuB III, S. 260f.
41 zit. nach: Wuthenow, a.a.O. S. 17
42 Vgl. Dazu: L/E S. 69 und S. 195
43 SuB. IV, S. 138
44 L/E, S. 141
45 Walter Benjamin, Charles Baudelaire, a.a.O., S. 114
46 SuB IV, S.14
47 ebd., S. 14
48 Vgl dazu: Timothy G. Coffrey: „Beer Street – Gin Lane – Aspekte des Trinkens im 18. Jahrhundert", in: Rausch und Realität. Drogen m Kulturvergleich. Herausgegeben von Gisela Völger und Karin von Welck. Reinbek bei Hamburg 1982, S. 192-202
49 zit. nach: ebd. , S. 193
50 Walter Benjamin, Charles Baudelaire, a.a.O., S. 58
51 ebd. S. 58
52 Vgl. dazu: L/E, S. 141
53 SuB I, B 69
54 SuB IV, S. 220
55 SuB IV, S. 12
56 SuB I, D 198
57 Vgl. dazu: L/E, S. 218
58 SuB I, E 198
59 L/E, S. 218

60 Kant, Immanuel: Anthropologie in pragmatischer Hinsicht. In: Werkausgabe Bd. XII. Frankfurt am Main, S. 400
61 SuB III, S. 333
62 SuB I, E 265
63 SuB III, S. 333
64 SuB I, C 231
65 Fichte, Johann Gottlieb: Zufällige Gedanken in einer schlaflosen Nacht. In: Schriften zur Revolution. Frankfurt am Main, Berlin, Wien 1973, S. 47
66 SuB I, E 104
67 ebd.
68 Wuthenow, a.a.O., S. 19
69 SuB IV, S. 210
70 SuB IV, S. 212
71 SuB IV, S. 211f.

WENDELIN SCHMIDT-DENGLER

WUNSCH-, ZERR- UND SCHRECKBILDER: WIEN IN DER LITERATUR DER SIEBZIGER JAHRE

1. Der Tod als Zugang zum Alltag und zum Thema

Ursprünglich hätte dieses Referat den Titel *Ein aussterbender Friedhof ist diese Stadt!* haben sollen, ein Zitat aus Thomas Bernhards Text *Das Verbrechen eines Innsbrucker Kaufmannssohns*, die letzten Worte des Protagonisten Georg, des verkrüppelten Kaufmannssohnes; dieser, obwohl ihm bewußt ist, daß „Wien, die Hauptstadt, schon seit Jahrzehnten die rückständigste aller europäischen Universitätsstädte war", wo „nichts zu studieren zu empfehlen gewesen wäre", kommt nicht los von Wien; Wien, so heißt es weiter, sei eine der „fürchterlichsten aller alten Städte Europas", „ein riesiger Friedhof zerbröckelnder und vermodernder Kuriositäten".[1] Es ist einsehbar, daß der vorgeschlagene Titel der Veranstaltung und dem Referat irgendwie abträglich gewesen wäre. Doch handelt es sich bei dieser Wien-Beschimpfung Bernhards zunächst einmal um die Radikalisierung eines literarischen Topos: Wien als die Stadt, in der die Toten lebendig und die Lebenden tot sind – das läßt sich mindestens bis in die Literatur des Fin de Siècle zurückverfolgen und ist überdies auf andre Städte mit großer Vergangenheit applikabel. Wien indes kann sich rühmen, diesen Topos im besonderen Maß gepflegt zu haben. Was da Literatur wird, hat sein fundamentum in re. „Ich gehe sehr gern auf die Friedhöfe in Wien, ganz in meiner Nähe auf den Döblinger Friedhof oder in Neustift am Walde auf den Friedhof, und ich freue mich schon auf die Inschriften, die ich von früher kenne, auf die Namen. Melancholie, wenn man in ein Geschäft hineingeht: die gleiche Verkäuferin, die vor zwanzig Jahren so *unglaublich rasche* Bewegungen gemacht hat, *ist jetzt sehr langsam*. Sie füllt den Zucker *langsam* in den Sack ein."[2] Abermals Thomas Bernhard. Wir gehen gerne auf Friedhöfe, hat Elias Canetti in *Masse und Macht* scharfsinnig beobachtet. Zu den Füßen des Friedhofsbesuchers liegen „viele Unbekannte, alle dicht beisammen. Ihre Zahl ist unbestimmt, doch groß, und es werden ihrer immer mehr. Sie können nicht voneinander fort, sie bleiben wie auf einem Haufen. Er allein kommt und geht, wie es ihm beliebt. Er allein unter den Liegenden steht aufrecht."[3] Das gibt dem so Wandelnden das Gefühl der Macht; der Wiener Allerheiligen- und Allerseelenfanatismus, vor allem der pflichtgemäß absolvierte Besuch bei all den Verwandten, die verstorben sind, dieses Ritual erhält seinen Sinn: Auskosten des Überlebensgefühls und zugleich Kontrapost wie auch Legitimation des sonst so üppig praktizierten Hedonismus.

Die Leichenbestattung scheint zudem noch die Wiener Gemeindeverwaltung zur Verwendung abundanter Rede zu stimulieren. Die Städtische Bestattung – übrigens seit 1955 der einzig echt aktive Betrieb der Gemeinde Wien mit einem Jahresgewinn von 0,3 bis 1,5 Millionen Schilling – berichtet über ihre Aktivitäten im Jahr 1973. Der Text, dessen Wortwahl kritischer Linguistik reichlich Nahrung bietet, findet sich im *Verwaltungsbericht 1973 der Wiener Stadtwerke. Beilage E des Rechnungsabschlusses der Wiener Stadtwerke für das Jahr 1973:*

„Der Bestattung wurden im Berichtsjahr 23.301 Bestattungsdurchführungen übertragen, wobei der auf die Kremationen entfallende Anteil 16,8% (3909 Fälle) betrug. Außerdem wurde das Unternehmen im Jahre 1973 mit der Durchführung von 1574 Exhumierungen und Wiederbeerdigungen und von 906 Überführungen in das In- und Ausland (Bundesrepublik Deutschland, Italien, Jugoslawien, Schweiz, Tschechoslowakei und Ungarn) beauftragt. Dazu kommen noch verschiedene andere Leistungen, sodaß der Städtischen Bestattung insgesamt 29.414 (1972 29.972) Aufträge erteilt wurden. 284 Aufträge hat das Unternehmen auf eigene Kosten durchgeführt, weil

Hinterbliebene fehlten, die für die Kosten aufgekommen wären.

Der Anteil der Städtischen Bestattung am gesamten Bestattungsanfall in Wien lag bei 97%, der Rest entfiel auf Pächter in den angrenzenden Gemeinden beziehungsweise Erfüllungsgehilfen des Unternehmens. Mit 3216 Fällen wurden im Jänner die meisten Aufträge übernommen, während die niedrigste Auftragszahl der Monat September brachte, in dem 2040 Bestattungen durchgeführt wurden.

Der Fuhrpark hat eine Fahrleistung von rund 780.000 km zu verzeichnen, das sind um 20.000 km weniger als im Vorjahr. Auf den einzelnen Auftrag entfallen etwa 27 km. Die tägliche Leistung von circa 3100 km entspricht der Entfernung von Wien nach Lissabon.

Das Unternehmen verfügte Ende 1973 über 20 Fourgons, 15 Glas- und Blumenwagen sowie 15 sonstige Fahrzeuge für Wirtschaftsfahrten, Mannschaftsfahrten usw.

Im Sargerzeugungsbetrieb wurden um 866 Särge mehr als im Jahre 1972 hergestellt. Ein Teil der Produktion ist für den Verkauf in den Bundesländern bestimmt.

Die Anzahl der dem Unternehmen bei Lebzeiten erteilten Aufträge verringerte sich gegenüber dem Vorjahr um rund 3,5%.

Auf dem Friedhof Atzgersdorf wurde am 4. Juni 1973 und auf dem Friedhof Mauer am 17. Dezember 1973 die umgebaute Aufbahrungshalle der Benützung übergeben. Die nach neuzeitlichen Gesichtspunkten ausgestalteten Aufbahrungsräume in diesen beiden Hallen sind so eingerichtet, daß sowohl Trauerfeiern bei Erdbestattungen als auch Kremationsfeiern abgehalten werden können. Damit stehen nunmehr auf den Bezirksfriedhöfen Atzgersdorf, Baumgarten, Döbling, Liesing, Mauer und Ottakring Einrichtungen zur Verfügung, die die Möglichkeit bieten, sowohl Trauerfeiern zu Erdbestattungen als auch Kremationsfeiern abzuhalten.

Der Ablauf der Zeremonie bei Kremationsfeiern wird nach den gleichen Grundsätzen gestaltet, die für Trauerfeiern in den Feuerhallen Geltung haben. Lediglich das Ende der Kremationsfeier wird, je nach den örtlichen Gegebenheiten, unterschiedlich angezeigt. Während auf den Friedhöfen Baumgarten und Ottakring das – der Erdbestattung nachempfundene – Versenken des Sarges den Abschluß der Trauerfeier bildet, wird auf den Friedhöfen Atzgersdorf, Döbling, Liesing und Mauer, die im Ausland sehr häufig bevorzugte Lösung, bei der das Schließen eines Vorhanges die Trauerfeier beendet, angewandt. Die Beleuchtung des Aufbahrungsraumes ist so geschaltet, daß gleichzeitig mit der Versenkung des Sarges oder dem Schließen des Vorhanges die vorhandenen Lichtquellen erlöschen. Die anschließende Überführung des Verstorbenen in eines der beiden Krematorien beziehungsweise die Verbringung der Urne auf den von den Hinterbliebenen bestimmten Friedhof erfolgt zu Lasten des Unternehmens und verursacht daher den Angehörigen keine zusätzlichen Kosten."

Man muß jenen anonymen Poeten der Gegenwart dankbar sein, die da jahraus jahrein nüchterne Statistik in das Gewand prunkender Rede kleiden und ihre Texte so in einer seltsam offiziösen Grauzone von Literatur, Statistik und Poesie plazieren.

Man vergegenwärtige sich: die Gemeinde bewältigt 97% des „Bestattungsanfalls", wie sie auch den Abfall bewältigt. Der Tod ist souverän, die Bestattung der Gemeinde Wien ist souveräner. Wenn Österreich auch kein Weltreich mehr ist: die Autos der Bestattung würden jährlich dreizehn Mal die Erde umkreisen. Täglich schaffen sie es bis Lissabon. Wien: die Stadt hat einen Sargüberschuß – die Hauptstadt beliefert die Bundesländer mit Särgen. Und schließlich: sie hält auf Stil. Sie empfindet nach, die Erdbestattung ist das große Vorbild für die Kremation. In Atzgersdorf, Döbling, Liesing und Mauer hat man etwas gelernt: der Vorhang schließt sich wie bei einem Spektakel; dem Toten wird die Chance zu einem letzten Auftritt gegeben – der Vorhang schließt sich, das ist das Ende. Daß ein Toter vor den Vorhang getreten sein soll, um als Hauptakteur den Beifall der Gäste in Empfang zu nehmen, wird nicht vermeldet. Ein solcher Lieber Augustin würde heute dies so stilbewußt konzipierte Begräbnis empfindlich stören. In der Gemeinde Wien hält man auch auf ökonomisches Vorgehen, und man will den Hinterbliebenen den Urnentransport nicht eigens anlasten. Die perfekte Serviceleistung. Alles inbegriffen, kann man da nur mit Karl Kraus sagen.

Wie sachhaltig die Worte sind, die das Ich in Ingeborg Bachmanns *Malina*-Roman ausspricht, wird durch diesen im wahrsten Sinne des Wortes pragmatischen Text unterstrichen. Das Ich gibt ein Interview, und zwar Herrn Mühlbauer von der „Wiener Nachtausgabe". Auf die Frage nach der Rolle Österreichs und Wiens, nach deren „Mittlerrolle" läßt sich das Ich wie folgt vernehmen: „(...) hier handelt es sich (...) um die kultische Administration eines Totenreichs, ich weiß nicht, aus welchem Grund Sie oder ich stolz sein sollten, die Aufmerksamkeit der Welt noch auf uns ziehen wollen, mit Festspielen, Festwochen, Musikwochen, Gedenkjahren, Kulturtagen, die Welt könnte nichts Besseres tun, als geflissentlich wegsehen, um nicht zu erschrecken, denn es könnten ihr die Augen aufgehen, was auf sie noch zukommen wird, im besten Fall, und je leiser es hier zugeht, je heimlicher unsere Totengräber arbeiten, je verborgener alles geschieht, (...) desto größer würde vielleicht aber die wahrhaftige Neugier werden. Das Krematorium von Wien ist seine geistige Mission, sehen Sie, wir finden die Mission doch noch (...)" Gilt Ingeborg Bachmanns wie auch Bernhards Todesfaszination noch dem hervorragenden, durch seine Besonderheit geprägten Menschen, so wenden sich die jüngeren Autoren dem Alltag zu. Ingeborg Bachmanns Invektive lautet: „Hier hat das Jahrhundert, an seinem brüchigsten Ort, einige Geister zum Denken befeuert und es hat sie verbrannt, damit sie zu wirken beginnen,..."[4]

Ganz anders sieht dies etwa in Helmut Zenkers *Wer hier die Fremden sind* (1973) aus. Ein Lehrer verläßt seinen Job, irrt auf der Straße umher. Ein Mensch liegt auf dem Boden; der Ich-Erzähler kümmert sich um ihn; er will ihn beatmen. Der Rettungsarzt stellt den Tod fest. „Ich beginne zu begreifen, daß ich zehn Minuten lang einen Toten beatmet habe," stellt der Erzähler fest, ein Satz, der symptomatisch für die Begegnung mit den Menschen dieser Stadt stehen könnte.[5] Doch nachher die bittere Erfahrung, daß auch dieser Gang in die Freiheit, der über einen Toten führte, kein Weg in die Freiheit war.

Ein Mordfanal beendet Elfriede Jelineks Roman *Die Ausgesperrten* (1980) – und damit auch eine Serie kleinerer Verbrechen. Dieser Roman akzentuiert durch das grauenhafte Ende, das die Eltern und die Schwester Rainers nehmen – er ermordet sie und verstümmelt die Leichen – eine ganz andere Sicht auf die so positiven und aufbauwilligen fünfziger Jahre. Am Anfang dieser Entwicklung – so könnte man diesen Text interpretieren – stand der Mord.

In Hermann Gails Roman *Prater* (1976) erhängt sich ein Protagonist am Ende des Romans im Gefängnis, der andere wird in der psychiatrischen Klinik um den Verstand gebracht.[6] Tod auf der Straße, Mord und Selbstmord sind in diesen Romanen, deren Schauplatz Wien ist, an exponierter Stelle plaziert. In der einzigen früheren Erzählung Bernhards, die in Wien spielt, in *Gehen*, ist die Alternative, die dem Genie bleibt, entweder Selbstmord (Hollensteiner) oder Verrücktwerden (Karrer).[7] „Es war Mord“, lautet der so vielschichtig interpretierbare Schlußsatz von Ingeborg Bachmanns *Malina*-Roman.[8]

Mord und Selbstmord, ja dem Komplex des Sterbens überhaupt scheint in diesen Texten eine zentrale Funktion zuzukommen. Gesellschaft und Leben stehen in dem Wien, das sich mehr und mehr in der Kosmetik der Wohlstandsgesellschaft zu sonnen begann, unter negativem Vorzeichen. Dies ist – und auf die Zusammenhänge wäre natürlich genauer einzugehen – das Recht der Autoren, durch Übertreibung, ja sogar durch krasse Übertreibung kenntlich zu machen, kenntlich zu machen, was nicht funktioniert in dieser Gesellschaft, in dieser Stadtgesellschaft.

Man bekommt in diesen Romanen – als Konsequenz des Übertreibungsprinzips – Wien als Totale nicht in den Blick. Es ist der Ausschnitt. Symptomatisch für die ältere Generation ist etwa Ingeborg Bachmanns „Ungargassenland“ im Roman *Malina*: „(…) der Ort ist im großen und ganzen Wien, daran ist noch nichts sonderbar, aber eigentlich ist der Ort nur eine Gasse, vielmehr ein kleines Stück von der Ungargasse, und das hat sich daraus ergeben, daß wir alle drei dort wohnen, Ivan, Malina und ich.“[9] Und etwas später: „(…) Washington und Moskau und Berlin sind bloß vorlaute Orte, die versuchen, sich wichtig zu machen. In meinem Ungargassenland nimmt niemand sie ernst oder man lächelt über solche Aufdringlichkeiten wie über die Kundgebungen ehrgeiziger Emporkömmlinge, sie können nie mehr hereinwirken in mein Leben, (...)".[10] Das ist freilich die bewußt gewählte Einsamkeit als Garant der Exklusivität.

Wien ist nicht der Ort für Unruhe, Lebendigkeit und Verkehr. Das Ich in dem Roman der Ingeborg Bachmann will viel eher eine „Freudenmauer" um die Innenstadt, um den „häßlichen Gürtel" bauen, in dem das Glück in der Beschränkung möglich wäre.[11] Einen Blick auf das Ganze der Stadt, also so eine Totale wie in Doderers *Dämonen*, bekommen wir nicht offeriert. Zwar möchte die Heldin den Blick auf Wien vom Cobenzl aus haben, aber aus dieser Perspektive wird die Stadt *nicht* betrachtet. Die Rettung der Urbanität erfolgt durch die Reduktion auf den eingegrenzten Beobachtungs- und Lebensraum dieses Ich. Ähnliche Exklusivität kommt der Klosterneuburger Straße in Thomas Bernhards *Gehen* zu: Auf dieser Straße gehen Karrer, Oehler und der Erzähler auf und ab. Wien – reduziert auf die Klosterneuburger Straße. „Wien schweigt", mit dieser lapidaren Formulierung schließt der erste Teil des *Malina*-Romans, eine Stadt, die auf die Fragen des Ich keine Antwort zu geben scheint.[12]

2.
Von der Peripherie nicht ins Zentrum, sondern von der Peripherie woanders hin, nur nicht nach Wien

Hatte Ingeborg Bachmann noch die Innenstadt Wiens herausheben, durch die „Freudenmauer" retten, bewahren und zum Ort eines wie immer gearteten Glücks machen wollen, so ist bei den Autoren der jüngeren Generation von diesem Stadtzentrum kaum mehr die Rede. Das Geschehen verlagert sich an die Peripherie, in jene Gebiete, die kaum durch irgendeine Besonderheit ausgezeichnet sind. Es sind Orte, die den Alltag als Alltag bewußt machen sollen. In den Texten von Scharang, Wolfgruber, Henisch, Zenker, Jelinek wird man – wenn überhaupt – nur mit den notwendigsten topographischen Hinweisen versorgt. Manches scheint austauschbar. Bezeichnend ist das Werk Wolfgrubers, der sich in seinen drei Romanen *Herrenjahre* (1976), *Niemandsland* (1978) und *Verlauf eines Sommers* (1981) gewissermaßen an die Großstadt herangeschrieben hat. Der erste Roman spielt noch zur Gänze in der Kleinstadt, der zweite führt den Helden von dieser in die Großstadt, die nie beim Namen genannt wird, die daher denn auch austauschbar bleibt. Der Held in *Niemandsland*, Georg Klein, bleibt an der Peripherie hängen. Kennzeichnend seine Ankunft in Wien zur Besichtigung der Wohnung: er muß quer durch die Stadt, weil die Siedlung, in der sich die Wohnung befindet, am anderen Ende der Stadt liegt. Der Mann vom Lande hat Angst, sich dem dauernd redenden Taxifahrer als ein solcher zu verraten: er verzichtet auf das Wort, er nickt nur. Die Stadt zerstört das Gespräch. Aus den Türhütern der Kafkaschen Parabel scheint ein Klingelkopf geworden zu sein, ein Nummernschild ohne Namen. Niemand antwortet. Die Freundin, die in der Wohnung sein sollte, hat sich beim Friseur verspätet. Alles desorientiert. „Die paar Menschen, die er traf, Frauen mit Kinderwagen, Frauen mit Einkaufsnetzen, kamen ihm alle so vor, als hätten sie sich nur zufällig zwischen diese Häuser verirrt, als würden sie aber *in Wirklichkeit* gar nicht hier wohnen."[13] Zwar gewöhnt sich dieser Klein an die Stadt; sie wird zum zermürbenden Einerlei, zum Déjà-vu: „Den Weg zur Bank, in der Irene arbeitete, und dann den Weg zur Firma, in der er beschäftigt war, kannte er schon so auswendig wie früher die Wege durch den Ort, (...) Und so betrunken konnte er gar nicht sein, daß er in der Siedlung nicht automatisch das richtige Gebäude und die richtige Stiege gefunden hätte. Er kannte Straßen, Häuser und Geschäfte, Verkehrsampeln und Einbahnen und wußte schon vorher, was hinter einer Kurve, einer Hausecke auftauchen würde."[14] Vom Schock der Desorientierung ist der Übergang in die Apathie des Alltags unmerklich. Schauplatz Wien: das bedeutet in diesen Romanen die Klein- und Kleinstwohnung, die billigsten Speiselokale, die Beisln, die Straßenbahnremisen, die Straßenbahn, die kleinen unscheinbaren Parks in den Vororten, die „Beserlparks", geschmack- und stillos eingerichtete Espressi, Untermietzimmer, Dirnenquartiere, Toiletteanlagen, Supermärkte, Wartezimmer der Ärzte und in Kliniken, Bahnhöfe und Bushaltestellen. Die Auswahl der jeweiligen Schauplätze signalisiert Uniformität, so ganz im Gegensatz zu der Stadterfahrung, die Walter Benjamin in seinem Passagenwerk so beschrieb: „Die Stadt ist nur scheinbar gleichförmig. Sogar ihr Name nimmt verschienen Klang in den verschiedenen Teilen an. Nirgends, es sei denn in Träumen, ist noch ursprünglicher das Phänomen der Grenze zu erfahren als in Städten. Sie kennen heißt jene Linien, die längs der Eisenbahnüberführungen, quer durch Häuser, innerhalb des Parks, am Ufer des Flusses entlang als Grenzscheiden verlaufen, wissen; heißt diese Grenzen wie auch Enklaven der verschiedenen Gebiete kennen. Als Schwelle zieht die Grenze über Straßen; ein neuer Rayon fängt an wie ein Schritt ins Leere: als sei man auf eine tiefe Stufe getreten, die man nicht sah.“[15] Damit ist auch der krasse Unterschied etwa zu Doderers Romanwerk markiert, in dem zwar auch vom Alltag die Rede ist, doch ist dieser Alltag bei ihm nicht alltäglich, sondern kann als jeweils neue, beglückende Erfahrung erlebt werden.

An keinem Ort ist es den Protagonisten vergönnt zu bleiben. Das Ich im *Malina*-Roman hat zwar noch das Ungargassenland, aber es ist darauf fixiert, es überschreitet offenkundig nicht bewußt die verschiedenen Grenzen; es sieht sich verwiesen auf seine Umgebung, in der es auch den Tod erleidet. Die Figuren irren durch die Stadt. Sie haben kein Ziel, sie irren, aber nicht, um Erfahrungen zu sammeln, sondern weil sie sich abgewiesen sehen von der Stadt. Das Ich in Ingeborg Bachmanns *Malina*-Roman sieht in diesem ziellosen Gehen die einzige Möglichkeit, dieser Stadt gerecht zu werden und dabei auch zu erfahren, was diese Stadt einstmals für sie bedeutete: „Der längste Sommer kann beginnen. Es sind alle Straßen leer. In einem tiefen Rausch kann ich durch diese Ödnis gehen, an der großen Albrechtsrampe und auf dem Josefsplatz werden die großen Portale geschlossen sein, ich kann mich nicht entsinnen, was ich hier einmal gesucht habe, Bilder, Blätter, Bücher? Ich gehe ziellos durch die Stadt, denn beim Gehen wird es fühlbar, am deutlichsten fühle ich es, (...)“.[16] Ziellosigkeit als Folge der Desorientierung. Dieses Gehen der Protagonisten durch die Stadt bestimmt nun auch die Struktur der Erzählung. Die Figuren Bernhards gehen mit der tödlichen Regelmäßigkeit eines Pendels auf der Klosterneuburger Straße auf und ab. Bei Zenker, Wolfgruber, Scharang und Henisch ergibt sich daraus eine mitunter höchst beliebig wirkende Episodensequenz, die eben in dem Herumirren der Figuren durch die Stadt ihre Ursache hat. Die Wirkung der Großstadt auf die Figuren: sie werden inaktiv, apathisch, lethargisch. Wolfgruber formuliert dies für den Vertreter Martin Lenau im *Verlauf eines Sommers* so: „Immer stumpfer zu werden, hatte Lenau das Gefühl. Dahintaumeln durch die Tage. Treiben. Ein wenig mißmutig. Aber auch das nicht zu sehr."[17] Die Helden bleiben denn auch nicht in der Stadt. Weder Georg Klein in Wolfgrubers *Niemandsland*, noch Charly in Scharangs *Charly Traktor* und schon gar nicht Franz Wurglawetz, in *Sohn eines Landarbeiters*, können in der Stadt ihre Identität finden. Aber – und dies geht aus Zenkers *Wer hier die Fremden sind* hervor – auch nicht auf dem Lande. Der Held, ein Hauptschullehrer, gibt seinen Posten in Wien auf, durchstreift die Stadt ziellos, nimmt einen Posten auf dem Lande an, wo die Entfremdung in der Stadt durch die Brutalität auf dem Lande ihr Gegengewicht findet. Zuletzt schließlich nimmt er wieder eine Stelle in der Stadt an, allerdings verweigert er sich auch hier der Arbeit: „Ich kann nicht kommen"[18], das sind die letzten Worte, die wir vom Erzähler zu hören bekommen. Verweigerer, Außenseiter, Pendler, Gastarbeiter – auf diese Perspektive werden die Leser in den Romanen von Gail, Zenker, Wolfgruber, Jelinek und Scharang festgelegt. Wie ganz anders ist da das gesellschaftliche Spektrum, das Doderer und Lernet-Holenia, aber auch Ingeborg Bachmann und Thomas Bernhard bieten! Auch bei den zuletzt Genannten ist Wien der Ort, an dem zu bleiben den Figuren nicht vergönnt ist. Zum anderen jedoch treffen wir bei Wolfgruber und Zenker auf solche Figuren, die Wien fliehen, aber der Stadt nicht richtig entrinnen können. Der Ausbruch Martin Lenaus in *Verlauf eines Sommers* hat so allenfalls die Funktion einer Kurztherapie. Die Stadt Wien scheint ihn überallhin zu verfolgen. Er hat das Gefühl, daß durch den Flugverkehr alle Städte so nahe miteinander verbunden wären, daß es zwischen ihnen keine Unterschiede gäbe. „Er hatte schon letzte Nacht beschlossen, hierher zu fahren. Im Laufe des Abends war er sich immer weniger weit von daheim vorgekommen, als rückten die beiden Städte mit dem Zunehmen der Dunkelheit aufeinander zu. Für Momente war ihm sogar gewesen, als wäre er nur noch in einem anderen Stadtteil. Und könnte, wenn es sein müßte, zu Fuß nach Hause."[19]

Das andere Ich der Erzählfigur in Peter Henischs *Der Mai ist vorbei*, der Schriftsteller Paul Grünzweig, verläßt auch am Ende des Buches die Stadt und landet mit seiner Freundin Silvi in einer Landkommune in Niederösterreich, wo man leicht, locker und international ist, so eine Art Club Méditerranée im Binnenland, verbrämt mit politischem Bewußtsein und intellektuellen Ambitionen. Das schreibende Ich hingegen bleibt in Wien, inmitten der Verbotstafeln: „BETRETEN DES RASENS VERBOTEN / RADFAHREN UND FUSSBALLSPIELEN VERBOTEN / LÄRMEN UND MUSIZIEREN VERBOTEN".[20] Dem Ex-Erfolgsschriftsteller Paul Grünzweig wird in dieser Oase wenigstens der Traum von der Utopie einer besseren Gesellschaft belassen, während der Erzähler und seine Frau es mit der Gegenwart aufnehmen. Er als Schreibender, sie als Lehrerin, die kritisch vermerkt, daß durch die Existenz des A- und B-Zuges in den Hauptschulen von vornherein Klassen gezüchtet werden. Doch es bleibt nur beim verbalen Protest. Das Paar hat keine Kraft mehr, sich zu lieben, sie fühlen sich ausgepumpt. Resignation bis in die Familienzelle hinein.

Mit der Wahl der Perspektive, die aus der Wahl des Schauplatzes wie auch der Figuren hervorgeht, kommt in diesen Büchern just das in das Blickfeld des Lesers, was in den Bemühungen der Gemeinde Wien bei jeder Selbstrepräsentation herausfällt. Umgekehrt stellen die Romane genau das nicht dar, worauf Wien zeigen muß, um sich beim Fremden in seiner Unverwechselbarkeit vorzustellen. Zenkers *Kassbach oder Das allgemeine Interesse an Meerschweinchen* (1974) handelt von einem Rechtsradikalen; deutlich wird auch die durch die sympathielenkende Perspektive erfolgende Solidarisierung mit den Randgruppen, den Drogensüchtigen, den Gastarbeitern, den Pendlern, mit jenen also, die in Wien schwer Fuß fassen können oder für die es – wie im Falle der Drogensüchtigen – wenig Verständnis und das Denken sparende Standardformulierungen gibt.

Die Aussichten, die sich den Figuren eröffnen, sind in allen Fällen trist. Sie scheinen festgelegt auf Apathie, auf Immobilität und auf mangelnde Einsicht in ihre Lage.

3. Berührungsangst mit der Geschichte

Das Unbehagen an Wien, das diese Texte doch allesamt deutlich machen, ist freilich auch andernorts artikuliert worden. Allerdings nicht in der Form, daß der Leser eben auf die Perspektive der Außenseiter, der – wie es so verräterisch heißt „Randfiguren" – der Gesellschaft festgelegt wird. Keine Statistik kann die gesellschaftlichen Probleme ähnlich zur Sprache bringen wie es Literatur vermag. In den Schriften von Zenker, Wolfgruber, Gail, Henisch und Jelinek wird gewiß ein andres Wien greifbar, als es die Prospekte anbieten, die zum Besuch der Stadt auffordern. Doch wäre es falsch, den Autoren zu unterstellen, sie würden mit diesen Texten das von der Gemeinde positiv Geleistete diskreditieren oder gar denunzieren. Indes muß es diesen Autoren sehr wohl darum gehen, nicht das zu besorgen, was die Selbstrepräsentanz der Gemeinde ohnehin leistet. Daß der kritische Hinweis von Zenker auf die Lage der Randgruppen, vor allem der Gastarbeiter, durch solche Texte wie die Zenkers nicht unnötig ist, belegt ein Text, der sich *Wiener Knigge* nennt und von Jörg Mauthe stammt. „Wien ist eine fremdenfreundliche Stadt. Ungarn, Tschechen, Slowaken oder Südslawen werden nicht als Fremde betrachtet; sie gelten dem Wiener als ROHMATERIAL, aus dem sich unter dem Einfluß eines milderen Klimas echte Wiener entwickeln können."[21] Die Tatsache, daß Ungarn, Tschechen, Slowaken usw. nicht als Menschen, sondern als Rohmaterial, weil noch keine Wiener, bezeichnet werden, gibt zu denken und läßt den Appell der zuvor behandelten Texte doch als dringlich erscheinen. Freilich, und das ist zu bedenken, scheint bei den Romanen Wien in seiner Besonderheit, in seiner historisch bedingten Besonderheit nicht auf. Geschichte scheint ausgeblendet. Das ist bei Ingeborg Bachmann im *Malina*-Roman noch grundlegend anders. Im Mühlbauer-Interview spricht das Ich über den Justizpalastbrand: „(...) denken Sie bloß an das Wort ‚Palast' im Zusammenhang mit der Justiz, es warnt, es kann dort nicht einmal wirklich Unrecht gesprochen werden, wieviel weniger dann Recht! In einer Entwicklung bleibt ja nichts ohne Folgen, und dieser tägliche Brand des Justizpalastes..."[22] Der tägliche Brand des Justizpalastes: Geschichte ist, vor allem in ihren negativen Auswirkungen, nicht hintergehbar. Dieses Ich kann, gerade in der Stadt, der Geschichte nicht entrinnen. Jörg Mauthe wiederum huldigt seinerseits in den Romanen *Die große Hitze* und *Die Vielgeliebte* eben dieser österreichischen Vergangenheit. Da erscheint – in ironischer Brechung freilich – Wien noch immer als das Caput imperii. Wie sehr jedoch die kritiklose Auseinandersetzung mit der österreichischen Vergangenheit zum bedenklichen Klischee führt, zeigt Ingeborg Bachmanns Text *Besichtigung einer alten Stadt*, in dem die Erzählerin in Begleitung Malinas eine Stadtrundfahrt mit dem Austrobus unternimmt. Auf der einen Seite, ein vom Reiseführer vorgebrachter Galimathias, auf der anderen die von jeglicher Geschichte unbeleckten und nicht beeindruckbaren Touristen. Das sieht so aus:

„Ohne Halt geht es an vielen graugrünen Barockkuppeln vorbei, die Karlskirche wird ausgelassen, die Nationalbibliothek unterschlagen, Erzherzog Karl wird (...) vertauscht mit Kaiser Maximilian I. in der Martinswand, (...). Vor einer Konditorei in der Inneren Stadt wird zu Malinas und meiner Verblüffung angehalten, die Amerikaner haben fünf Minuten Zeit, um sich Mozartkugeln zu kaufen, the most famous Austrian chocolates, ad gloriam and in memoriam of the most famous composer of all the times, und während die Amerikaner folgsam in eine trockene Imitation der Salzburger Mozartkugeln hineinbeißen, kreisen wir einmal um die Pestsäule, to remember the most famous and dreadful illness in the world which was stopped with the Austrian forces and prayers of Emperor Leopold I. Wir fahren rasch an der Staatsoper vorbei, where are happening the greatest singing successes and singing accidents in the world, und besonders rasch geht es am Burgtheater vorbei, where are happening every evening the oldest and most famous dramas and murderings in Europa. Vor der Universität geht dem Fremdenführer der Atem aus, er erklärt sie eilig zum oldest museum of the world und deutet erleichtert auf die Votivkirche, which was built to remember the salvation of the first turkish danger and the beaten turks left us the best coffee and the famous viennese breakfast Kipferl, to remember."

Das ist mehr als eine billige Parodie auf den Wiener Fremdenverkehrsbetrieb. Die Szene steht ein für die Relation dieser Stadt, zumindest eines großen Teils, zur Geschichte. Freilich: eine Übertreibung. Aber sie zeigt an, wie die Geschichte ausverkauft, wie alle Glorie in einem Ramschladen angeboten wird; und für den Ramsch wird Verehrung gefordert, welche die staunenden Fremden freilich nicht aufbringen können. Bezeichnenderweise endet die Rundfahrt bei der Kapuzinergruft. Das ist den Touristen zu viel: sie wollen lieber in den Prater oder zum Heurigen…[23]

„Heute" – das ist die Handlungszeit in *Malina*. Doch ist dieses „Heute" durch und durch von der Vergangenheit bestimmt. Anders verhält sich dies in den Romanen der jüngeren Generation, die zwar allesamt in der Gegenwart, im „Heute" spielen, die jedoch von einer Berührungsangst mit der Geschichte geprägt zu sein scheinen. Die mitunter radikal gelebte und erlebte Gegenwart fragt nicht nach dem Woher. Die Erbmasse der Donaumonarchie scheint verjubelt. Am deutlichsten formuliert dies Peter Henisch in seinem Buch *Der Mai ist vorbei*:

„Dieses Zuviel an Geschichte, zwischen Burg und Michaelertor, zwischen Volks- und Burggarten, das ihn bedrückte! Er empfand, wenn er den Heldenplatz überquerte, immer wieder eine gewisse Beklemmung, es wurde ihm schwer, zu atmen. Auch kam es ihm vor, als gingen die Füße zäher als sonst. Hier hatte er eine Ahnung, was Platzangst war. Dabei war der Platz so schön: (…) Der Heldenplatz das Herz Wiens, Wien das Herz Österreichs, Österreich das Herz Europas: Oh du lieber Schreck!" Und dann: „Jene Generation und diese: der Heldenplatz und Woodstock. Hitler, der erste Popstar, das hatte erst unlängst irgendein Rocksänger in einem Interview gesagt, was kam da herauf? (...) Ach was, (...) was sollte ihm die Geschichte? Wir machen sie selbst. Machen wir sie wirklich? Wir versuchen sie zu machen. Die große und die kleine, die allgemeine und die besondere, die kollektvie und die individuelle. Manchmal gelingt es uns, manchmal gelingt es uns nicht."[24]

Diese resignierende Einsicht in bezug auf die Geschichte bestimmt denn auch den Grundtenor des Buches. Es sollen aus der Perspektive von 1978 die Ereignisse in Wien von 1968 erinnert werden. Gewiß, es gab da einen Aufbruch, es gab Veränderung und Diskussionen, aber eine Veränderung, die durch die ganze Stadt hindurchgegangen wäre und damit eben Thema eines Stadtromans hätte werden können, gab es nicht. Die Veränderung von 1918 hingegen hatte sich der Literatur tief eingeprägt, und da gab es denn auch jede Menge von Stadtromanen, welche eben jene gesellschaftlichen Umwälzungen mit oft outrierter Gegenwartsbezogenheit reflektieren. Wien kann in bezug auf das Jahr 1968 nicht als Ort der Veränderung angesehen werden. So zerfällt auch die Geschichte in Henischs Roman in viele Einzelgeschichten, in Anekdoten über Beziehungsnöte in Wohngemeinschaften. Es ist meist die Geschichte einer Desillusion, eines Scheiterns, exemplarisch vorgeführt an dem einstigen Erfolgsautor Paul Grünzweig und seinem psychisch kranken Freund Schubert. Das Ganze ist indes deutlich auch als Schlüsselroman zu lesen, was selbst jenem auffällt, der nicht über den Schlüssel zum Aufsperren verfügt. Diese kaum verhüllte Autobiographie ist deutlich Indiz auch dafür, daß eine Abstraktion von den dargestellten Ereignissen nicht beabsichtigt ist. Was bleibt, ist privatisierte Geschichte und Rückkehr in einen geschichtslos verstandenen Alltag. Ähnliches läßt sich auch von Gustav Ernsts Roman *Einsame Klasse* (1979) behaupten, worin jene Ereignisse, die sich im Umkreis der „Arena"-Bewegung zutrugen, zur Anschauung kommen sollen. Doch ist zwar mit kulturkritischer Ambition der Wiener Literatur- und Kunstbetrieb aufs Korn genommen, im wesentlichen bleibt der Roman jedoch auf die private Krise des Schriftstellers Josef Korsch bezogen; eine Krise, die in der Isolation des Schriftstellers im besonderen und der Künstler im heutigen Österreich im allgemeinen begründet ist und die durch den Alltag, dem sie sich nicht entziehen können, nur noch verschärft wird. Aber auch: die Revolution fand nicht statt. Die Arena-Bewegung, in der sich in den siebziger Jahren am deutlichsten die Unzufriedenheit der Jugend artikulierte, wurde so – wie auch der Mai 1968 – früh zum Objekt episch-nostalgischer Erinnerung, die lediglich durch die Betonung alltäglicher Banalitäten und krudes Vokabular übertüncht wird.

4.
Wien schweigt

Die vorangehenden Beobachtungen würden den Schluß nahelegen, daß Wien in den Romanen nicht oder kaum präsent wäre, daß die Stadt ihre Bedeutung für den Roman verloren habe. Das ist nur bedingt zutreffend. Natürlich ist Wien das unabdingbare Substrat dieser Romane von Bernhard und Bachmann auf der einen, von Wolfgruber, Zenker, Henisch, Gail und Ernst auf der anderen Seite. Doch hat Wien seine Besonderheitsidentität für die jüngere Generation verloren. Bezeichnenderweise scheint das Wort Wien bei Wolfgruber geradezu tabuisiert. Wien ist beschränkt auf das Segment, im Blick auf Wien bekommt man nicht – wie in Doderers Finale der *Dämonen* – das Totale vor Augen, die Weiträumigkeit und die Offenheit der Stadt. Es ist, wie mir scheint, nicht abwegig, so wie es Georg Schmid getan hat, von Doderer als dem letzten urbanen Autor zu sprechen.[25]

Das Fehlen einer „urbanen" Literatur im Sinne von Musils *Der Mann ohne Eigenschaften* haben in letzter Zeit Michael Scharang und Franz Schuh des öfteren moniert. Der Roman ist die Form, die dem Phänomen der Stadt literarisch am ehesten gerecht zu werden vermag, es ist die Kunstform, deren Komplexität der Komplexität einer städtischen Organisationsform am adäquatesten ist. Zu fragen wäre, ob nicht die Krise des Erzählens und damit auch die des Romans, die Erfassung der Stadt in ihrer Komplexität verhindere, zu fragen vielleicht auch, ob nicht umgekehrt diese Identitätskrise der Stadt in dem Verzicht auf die Romanform, wie Doderer sie praktizierte, manifest wird.

Als Doderer seine Wien-Romane schrieb und in ihnen Kontinuität gegen Veränderung setzen wollte, hatte er Distanz zu den beschriebenen Ereignissen. Er konnte bereits „als raunender Beschwörer des Imperfekts" auftreten[26], da das zu Berichtende im „Grab der Jahre" von allen „Wünschbarkeiten und Sinngebungen gereinigt" wurde, die es „entlangspalieren" mußte, solang es lebte.[27] Die jüngeren Autoren haben sich auf die Aktualität eingelassen; ihnen fehlt daher notgedrungen jene Distanz, die Abstraktion von den jeweiligen allzu privaten Implikationen ermöglichte. Was nun die Aktualität betrifft, so müssen die Autoren – malgré eux – davon berichten, daß sich nichts wandelte. Das ist mittelbar denn auch der Geburtsfehler von Henischs *Der Mai ist vorbei* und Gustav Ernsts *Einsamer Klasse*. Der Wiener Roman nach 1918 hatte sein Thema; Hugo Bettauer und tutti quanti konnten von Aufständen, Demonstrationen, Mord- und Totschlag, vom Zusammenbruch der Banken und privaten Katastrophen berichten. Stadt als Ort der Veränderung, im Gegensatz dazu Land als Ort des Bewahrens und der Sicherheit. So kam es denn auch in der Ersten Republik, vor allem in der Ära des Ständestaates zum literarischen Triumph des Dorfes über die Stadt, zum Sieg der Provinzliteratur über die Pflasterliteratur, wenn man so will. *Sinnlose Stadt*, so lautete der 1934 erschienene Roman Guido Zernattos, des späteren Staatssekretärs und Ministers der Regierung Schuschnigg. Die Stadt: ein Ort der Widersprüche, der gefährdeten Moral und gefährdenden Unmoral.

Die Autoren heute sind ferne von solcher Kritik an der Stadt, mag auch ihre Invektive durchaus überraschende Symptome im Endergebnis mit der Verherrlichung des Landes zeigen.

Wie wenig es den Autoren gestattet ist, ihre Identität in der Stadt oder im Lande heute zu finden, hat mit einer, die Antithese von dem Wunschbild Land und dem Schreckbild Stadt zerstörenden Verve Thomas Bernhard in *Wittgensteins Neffe* (1982) dargetan: „Ich bin doch immer ein Stadtmensch gewesen, ein Großstadtmensch (...), nicht umsonst atme ich sofort auf, wenn ich in Wien bin. Umgekehrt aber muß ich, wenn ich ein paar Tage in Wien bin, nach Nathal fliehen, will ich nicht in der scheußlichen Wiener Luft ersticken. So habe ich es mir in den letzten Jahren zur Gewohnheit gemacht, wenigstens in einem Zweiwochenrhythmus Wien gegen Nathal einzutauschen, umgekehrt Nathal gegen Wien, ich fliehe alle vierzehn Tage aus Nathal nach Wien und dann wieder aus Wien nach Nathal und bin dadurch, um überhaupt überleben zu können, ein zwischen Wien und Nathal hin- und hergetriebener Charakter geworden, der nurmehr noch aus diesem mit größter Entschiedenheit produzierten Rhythmus heraus existieren kann."[28] Diese Unruhe signalisiert mehr als eine bloße Stadt- oder Landverdrossenheit. Das Unbehagen, das Bernhard damit trifft, geht denn auch hinaus über die Scheinantithese Stadt – Land. Prägnant wird in Bernhards Formulierung denn auch die Instabilität gefaßt, die mehr ist als das Signum eines Sonderlings. Weder die Natur noch die Stadt scheint ihm zu sprechen. „Wien schweigt", so lautete die lapidare Formel in Bachmanns *Malina*. An uns, die wir keine Schriftsteller sind, wäre zu fragen, warum Wien so vielen schweigt, den Autoren wäre aufgetragen, über die Gründe dieses Schweigens zum Reden zu kommen.

ANMERKUNGEN

1 Thomas Bernhard: *Prosa*. Frankfurt/M.: Suhrkamp, 1967, S. 84f. und S. 88.
2 Thomas Bernhard: *Der Italiener*. Salzburg: Residenz, 1971, S. 159. Hervorhebung vom Autor.
3 Elias Canetti: *Masse und Macht*. Frankfurt/M.: S. Fischer, 1980, 309.
4 Ingeborg Bachmann: *Werke*. Hrsg. von Christine Koschel, Inge von Weidenbaum, Clemens Münster. München–Zürich: Piper, 1978, 3. Bd. S. 98f.
5 Helmut Zenker: *Wer hier die Fremden sind*: Darmstadt und Neuwied: Luchterhand, 1973, S. 17.
6 Hermann Gail: *Prater*. Frankfurt/M.: S. Fischer , 1976.
7 Thomas Bernhard: *Gehen*: Frankfurt/M.: Suhrkamp, 1971
8 Bachmann: *Werke*, 3. Bd., S. 337.
9 Ebda, S. 14.
10 Ebda, S. 28.
11 Ebda, S. 61.
12 Ebda, S. 173.

13 Gernot Wolfgruber: *Niemandsland.* Salzburg: Residenz, 1978, S. 285. Hervorhebung vom Autor.

14 Ebda, S. 307.

15 Walter Benjamin: *Das Passagen-Werk.* Frankfurt/M.: Suhrkamp, 1983, S. 141.

16 Bachmann: *Werke,* 3. Bd., S. 173.

17 Gernot Wolfgruber: *Verlauf eines Sommers.* Salzburg: Residenz, 1981, S. 232.

18 Zenker: *Wer hier die Fremden sind,* S. 140.

19 Wolfgruber: *Verlauf eines Sommers,* S. 297.

20 Peter Henisch: *Der Mai ist vorbei.* Frankfurt/M.: S. Fischer, 1978, S. 252.

21 Jörg Mauthe: *Wiener Knigge.* Wien-München: Amalthea, 51984, S. 9 (Erstauflage 1975). (Hervorhebung von mir, W. S.-D.)

22 Bachmann: *Werke,* 3. Bd., S. 90.

23 Bachmann: *Werke,* 2. Bd., S. 277-282.

24 Henisch: *Der Mai ist vorbei,* S. 151 und S. 153.

25 Georg Schmid: *Doderer lesen.* Salzburg: Neugebauer, 1978, passim.

26 Thomas Mann: *Der Zauberberg.* Frankfurt/M.: S. Fischer, 1960, S. 9.

27 Heimito von Doderer: *Die Wiederkehr der Drachen.* Aufsätze, Traktate, Reden. München: Biederstein, 1970, S. 158.

28 Thomas Bernhard: *Wittgensteins Neffe.* Frankfurt/M.: Suhrkamp, 1982, S. 142.

ALEXANDER HORWATH · GOTTFRIED SCHLEMMER

FILM UND STADT

Der Film und die Stadt: Ein Thema, das in den letzten Jahren Hochkonjunktur hatte. Ein Beispiel: die Ausstellung „Film...Stadt...Kino...Berlin"; ein anderes: „Cités-Cinés" am Rande von Paris, eine gigantische Montage aus Räumen, Bildern, Tönen. Diese städtisch-kinematografische Erlebniswelt betrat man als „filmischer Embryo". Im ersten, schwarzen Raum gab eine Endlosschleife kurze Ausschnitte aus *Metropolis* und Dziga Vertovs *Der Mann mit der Kamera* zu sehen. Nach einer mehrstündigen Reise durch zwanzig „Stadträume" und zugehörige Filmszenen gelangte man schließlich in ein weiteres, größeres schwarzes Zimmer, das den in die Ausstellung geborenen Zuschauer ebenso forsch wieder ausspuckte: Bilder aus *Blade Runner* und Terry Gilliams *Brazil* sollten die Frage nach der Zukunft der Stadt und der Zukunft des Kinos stellen... In welcher Form die Geschichte der Stadt eine der „Vorgeschichten" des Kinos bildet, wäre zu erörtern. Fest steht, daß die filmische Erfahrung und die Erfahrung der großen Städte zentrale Motive der Moderne sind; daß man den „filmischen" Blick gerade bei den Stadt-Romanciers Balzac und Dickens vorgezeichnet findet; daß schon bei den Gebrüdern Lumiére bildlicher Inhalt und Publikum sich aus den Städten rekrutierten; schließlich: daß Stadt und Kino Orte sind, an denen identitätsstiftende und -zerstörende Momente einander aufs heftigste bekämpfen.

Seine Popularität verdankte der frühe Film nicht zuletzt der Eigenschaft eines Mediums, die äußere Wirklichkeit ziemlich präzise reproduzieren zu können. Es verwundert daher nicht, unter den Filmen der ersten Jahre viele Genrebilder und somit auch Stadtansichten zu finden. Die Faszination, die die scheinbar unveränderte Wiedergabe von Realität auslöste, war sicher die Ursache für das starke Interesse des Stummfilms am Stadtmotiv. Allerdings gibt es noch einen elementareren Zusammenhang zwischen Film und Stadt. Denn die Fähigkeit zum filmischen Sehen und die damit einhergehende Entwicklung der kinematografischen Apparatur läßt sich nur im Kontext eines tiefgreifenden Wandels des Stadtlebens seit der Renaissance begreifen. Das sich noch im Mittelalter formierende Bürgertum befreite sich in der Renaissance von den feudalen, kirchlichen und zünftischen Bindungen. Eine nicht mehr durch die Zünfte bestimmte Konkurrenz förderte den Individualismus der Künstler. Mit der Entwicklung der Zentralperspektive begründeten sie eine neue, sich auf das einzelne Subjekt stützende Wahrnehmung. Sie half dem jungen Bürgertum bei der Aneignung der Realität. Die Darstellung der räumlich-körperlichen Beziehungen in einem neu erschlossenen Seh-Raum erleichterte die Verfügbarkeit über die Welt der Dinge. Städtebaulich findet das neue Denken in einer einheitlichen Architektur, in geradlinigen, regelmäßigen Straßen und weiten Durchbrüchen seinen Ausdruck. Doch der herrschende Blick der Renaissance erweist sich als ambivalent: Die Zentralperspektive zieht den Betrachter in den Bildraum und reglementiert seinen Sehsinn. Der illegitime Blick einer Volks-Opposition, der sich im Bildersturm ausdrückt, läßt schon früh die Grenzen einer rationalistischen Weltaneignung erkennen. Die Zunahme der Stadtbevölkerung und das dadurch bedingte größere Verkehrsaufkommen verändern nicht unwesentlich die herrschende Wahrnehmungsweise. Ein Ausschnitt aus einem Brief Georg Christoph Lichtenbergs aus London, vom 10. Jänner 1775, an seinen Freund Ernst Gottfried Baldinger in Göttingen, mag dies illustrieren: „Dem ungewöhnten Auge erscheint dieses alles ein Zauber; desto mehr Vorsicht ist nöthig, Alles gehörig zu betrachten; denn kaum stehen Sie still, Bums! Läuft ein Packträger wider Sie an und ruft by Your leave wenn Sie schon auf der Erde liegen. In der Mitte der Straße rollt Chaise hinter Chaise, Wagen hinter Wagen und Karrn hinter Karrn. Durch dieses Getöße, und das Sumsen und Geräusch von tausenden von Zungen und Füßen, hören Sie das Geläute von Kirchtürmen, die Glocken der Postbediensteten, die Orgeln, Geigen, und die Leyern und Tambourinen englischer Savoyarden, und das Heulen derer, die an den Ecken der Gasse unter freyem Himmel kaltes und warmes feil haben“.

Vor allem die Weltausstellungen und die aufkommenden Warenhäuser des 19. Jahrhunderts markieren ein verändertes Verhältnis des Menschen zur „Ding-Welt". Diese beginnt sich als selbständiger „Komplex mit eigener Struktur und Geschichte in einer Weise zu exponieren, daß sie den als Sozialcharaktere gesehenen Subjekten gleichgestellt ist" (Heinz Brüggemann).

Die Dinge, vom Renaissance-Menschen entdeckt, vermessen und in Besitz genommen, verselbständigen sich gegenüber dem Betrachter des 19. Jahrhunderts „als Person" (Brüggemann). In verführerischer Weise beginnen sich die Objekte dem Auge aufzudrängen. Bei Dickens erscheint „das Belebte aufgefaßt, als wäre es dinglich, als sei das Leben, aufgesogen von der Dingwelt, aus dem Menschen gewichen" (Brüggemann). Dies korrespondiert mit Marx' Befund, daß in der kapitalistischen Produktion „nicht der Arbeiter die Arbeitsbedingung, sondern umgekehrt die Arbeitsbedingung den Arbeiter anwendet". Das heißt, die Dinge fabrizierende Maschine verdinglicht den Arbeiter, macht ihn zum „Automaten". Die Dinge fordern ihre „Opfer", denn die Bewohner der großen Städte mit gleichen Eigenschaften, Fähigkeiten und Interessen „rennen aneinander vorüber, als ob sie gar nichts gemein, gar nichts miteinander zu tun hätten" (Friedrich Engels). Erst der wie ein Automat reagierende Mensch ist fähig, den vielfältigen Anforderungen der Großstadt zu begegnen. Das Bild auf der Netzhaut – für den Renaissance-Menschen noch die Einheit von Raum und Dingwelt spiegelnd – zerbricht dem Menschen des 19. Jahrhunderts zu vielen „Einzelbildern". Das Auge lernt zu sondieren, hervorzuheben und zu vergrößern. Das breite Bedürfnis, einer gebrochenen Welt eine ganze entgegenzusetzen, macht das Panorama zum Massenmedium des vorigen Jahrhunderts. Man besucht es, um von einem „privilegierten Standort" die Wirklichkeit „ungestört analysieren" zu können und im Glauben „die dargestellte Wirklichkeit zu beherrschen" (Heinz Buddemeier). Die Entwicklung der durch die Stadt bedingten Wahrnehmungsformen führt im 19. Jahrhundert zu einem Widerspruch, den die Moderne in einer Absage an die Massengesellschaft zu lösen versucht. Der Film dagegen nimmt nicht nur die Gegensätze auf, sondern ist geradezu deren Produkt. 1895 entstanden, gründet der Film auf der Zentralperspektive, die den Blick in bestimmter Weise lenkt, auf dem panoramatischen und dem sondierenden Blick. Außerdem bedient er sich mimetischer Mittel, um die Illusion der Realität zu erzeugen, wobei er in den Inhalten den Bedürfnissen des Massenmenschen entspricht. Es ist bezeichnend für die Probleme unserer Zeit, daß die film- und kunsttheoretischen Kontroversen um das Erscheinungsbild des Films noch längst nicht abgeschlossen sind.

Es geht nicht an, beim Thema Stadt den Gegensatz Land unerwähnt zu lassen. Zumal man bestimmte filmische Verfahrensweisen durchaus dem einen oder dem anderen Begriff zuordnen kann. Gerade in den letzten Jahren entwickelten viele Menschen eine neue Sensibilität gegenüber dem Land, der Region. Schon im vorigen Jahrhundert verwiesen Marx und Engels auf die Trennung von Stadt und Land als „Ausdruck der Subsumtion des Individuums unter eine bestimmte, ihm aufgezwungene Tätigkeit, eine Subsumtion, die den einen zum bornierten Stadttier, den anderen zum bornierten Landtier macht, und den Gegensatz der Interessen beider täglich neu erzeugt". Dieses Problem steht nach wie vor an. Denn die Dominanz der Großstadt bewirkt immer noch die kulturelle Rückständigkeit des Landes.

Analog zu dem *realen* Gegensatz Stadt – Land hat sich auf der Ebene des Films ein *mythischer* entwickelt. Benjamins These, der Film entspreche „tiefgreifenden Veränderungen des Apperzeptionsapparates – Veränderungen, wie sie im Maßstab der Privatexistenz jeder Passant im Großstadtverkehr, wie sie im geschichtlichen Maßstab jeder heutige Staatsbürger erlebt", und wäre daher die „entsprechende Kunstform" für die gesteigerte „Lebensgefahr, der die Heutigen ins Auge zu sehen haben", meint in erster Linie den Montage-Film der zwanziger Jahre mit seinen kinematografischen Analogien zur „Blick-Montage" des Großstadtmenschen. André Bazin unterstellt der Montage, sie zerstückele die Welt, und plädiert für die lange Einstellung sowie die Tiefenschärfe, da nur diese geeignet wären, „den Sinn zu enthüllen, der hinter den Dingen liegt, ohne die natürliche Einheit zu zerstören". Auch für den durchschnittlichen Blick des Kinozuschauers auf die Leinwand ist der Gebrauch der Montage oder der ungewöhnlichen Kameraperspektive im Spielfilm (etwa bei Godard, Antonioni oder Kluge) negativ konnotiert. Denn solche Gestaltungsmittel brechen die Bilder und bieten keinen Lösungsvorschlag an. Sie stehen für einen negativen Mythos des verlorenen Lebens, der Aussichtslosigkeit.

Diesem „Stadt-Muster" steht ein Film gegenüber, der auf starken narrativen Schemata gründet, der die Filmfigur als tragendes Element einsetzt und der die lange Einstellung, die Tiefenschärfe usw. als bedeutungsstiftenden Teil für einen positiven Mythos nutzt. Einem ganzheitlichen Denken kommt dieses „Land-Muster" entgegen. Wenn am Beginn eines Westerns die Prärie in Panoramaeinstellung gezeigt wird, dann suggeriert das Bild die Sicherheit des „weiten Blicks". (Das städtische Motiv des Labyrinths, wie es z. B. Kubricks *Shining* angesichts einer Landschaft einsetzt, denaturiert diese gewohnte Sicherheit.) In William Wylers *The Big Country* hält dieser „weite Blick" die Möglichkeit eines „ganzen" Lebens, in dem Pflicht und Neigung keinen Gegensatz bedeuten, aufrecht. Gefährdet wird das schöne Leben, der Traum vom ungebrochenen Dasein, vom Kapital, das aus dem Osten, der großen Stadt kommt.

Zusammengefaßt: „Die Stadt lokalisiert Hoffnungen auf paradiesische Heimat; zugleich löst sie, mit ihrer Übergröße und Hektik, Identität auf" (Hermann Glaser). Der Film, im besonderen der klassische Erzählfilm, muß die im Medium (in der Montage) angelegte Potenz zur Sprengung subjektiver Einheit abwehren, indem er Schemata, Rituale, Konventionen entwickelt, welche Disparates zusammenschweißen, Brüche unsichtbar machen und die „natürliche Logik" der Abläufe betonen.

Es gibt eine eigene Bildwelt und eine eigene Erzählwelt, die von der Stadt – als Kunst – provoziert und – als Design des Alltags – produziert werden. Schon die Gründung einer Stadt (in der *Aeneas*) und ihre Verteidigung (in der *Ilias*) sind „epische Akte". Und der Romantiker Walt Whitman gründet seine Metaphysik auf der kommunalen Erfahrung in der Stadt, die jeden von uns zum Teil jedes anderen macht: Die Mission seiner Poesie ist die Wiedervereinigung vereinzelter Individuen im gemeinsamen Körper der Stadt. King Vidors Film *The Crowd* (1928) thematisiert eben diese Erfahrung, den Widerspruch zwischen amerikanischem Individualismus und der Notwendigkeit, innerhalb der „Masse" zu funktionieren. Der einundzwanzigjährige John, der nach New York kommt, hat Großes vor: „You've got to be good in that town if you want to beat the crowd". Doch die Lektion, die ihn die Stadt lehrt, besagt, daß das Leben *mit* der Masse wichtiger ist. Der Film bringt seinen Helden soweit, daß zwar die Arroganz von ihm abfällt, er jedoch nicht aller Vitalität entkleidet scheint: Er kennt nunmehr seine Grenzen und Pflichten und kann seinen individuellen Vorhaben bewußter nachgehen. Der Film hält auch formal die Spannung zwischen den beiden Polen aufrecht; zwischen der romantischen Ekstase des Abenteurers, der gekommen ist, die Stadt zu erobern, und seinem „In-der-Masse-verlorengehen"; zwischen rauschenden, subjektivistischen Montagen von Wolkenkratzern sowie Totalen, in denen der Held im Meer der Arbeiter und Vergnügungssüchtigen untergeht.

Die zwanziger Jahre mit ihrer großstädtischen Euphorie – in New York wie in Berlin oder Paris – bringen die ersten signifikanten „Stadtfilme" hervor. Schon 1920 drehen Paul Strand und Charles Sheeler den sechsminütigen Film *Manahatta*. Walt Whitmans gleichnamiges Gedicht, das in Zwischentiteln eingeblendet wird, fing das „volle Leben" New Yorks in romantischen Ausrufungen ein: „City of hurried and sparkling waters! City of spires and masts! City nested in bays! My city!". Strand und Sheeler widersprechen im Grunde dieser Vision der Stadt, sie gehen an New York heran wie Geometer: scharfe Kanten, extreme Perspektiven, eine Stadt, die sich selbst – ohne Menschen – stets neu re-konstruiert. „Die Stadt ist hier eine plane Oberfläche, auf der Licht und Schatten Krieg führen" (Peter Conrad). Auch in Frankreich (René Clair: *Paris qui dort,* 1923. *Entr' acte,* 1924. Alberto Cavalcanti: *Rien que les heures,* 1926) und Deutschland (Walter Ruttmann: *Berlin, Symphonie einer Großstadt,* 1927) nimmt sich die Avantgarde der neuen Metropolen an.

„In Alfred Döblins Roman *Berlin Alexanderplatz* erscheint die Großstadt als Raum, der von lauter gleichzeitigen Geschehnissen und Sachverhalten, Eigenschaften und Beziehungen erfüllt ist; zahllose Handlungsfragmente, Dialogfetzen, Ortsbeschreibungen, Briefe, Prospekte, Tabellen, Zeitungsartikel, Plakattexte und andere Informationsmaterialien werden collagiert und montiert. Anstelle einer ruhig dahingleitenden Erzählform ist eine Form getreten, die dem Schnitt im modernen Film vergleichbar ist. Die Bewegung der Lichter, die Geräusche der Motoren durchdringen die Seele des Menschen, der so keinen Augenblick der Ruhe findet. 1927 hatte Kurt Pinthus die heldenlose Handlung des Films *Berlin, Symphonie einer Großstadt* von Walter Ruttmann wie folgt resümiert: "...rapidestes Simultangeschehen, rapideste Bildfolge, als ineinander-, durcheinanderkopiertes, zuckendes Hin und Her, Querhindurch, und Drüberweg. Nichts ist gestellt, alles erhascht. Bald mit tückischer Beobachtung die Einzelerscheinung rasch enthüllend, bald, wie mit rasendem Besen zusammengefegt, tausend Erscheinungen zugleich heranraffend. Unsere Netzhaut, unsere Nerven, unser Bewußtsein peitschend, wie, durchs Ohr empfunden, Meisels stampfende, rollende, brausende Begleitmusik. Wir sehen plötzlich, was wir nicht sehen, weil wir es täglich sehen" (Hermann Glaser). Ruttmanns Werk, Prototyp des „Querschnittfilms", ist der „Neuen Sachlichkeit" verpflichtet. „Die Montage verleiht der Einstellungsfolge auch einen dezidierten Rhythmus; der Inhalt wird zur Funktion des ‚Großstadttempos'. Der Film unterwirft sich und den Zuschauer der Hast, die er darstellt. Sowenig wie die gehetzten Menschen auf der Leinwand gelangt der Zuschauer zur Einsicht in das, was ihnen widerfährt" (Gregor/Patalas). Im deutschen Spielfilm der zwanziger Jahre hatte sich jedoch schon zuvor ein anderes Stadt-Genre etabliert: die „Straßenfilme"; Karl Grunes *Die Straße* (1923) setzte geradezu eine Modewelle in Gang. In diesem Film wird die Welt der Kammerspiele verlassen, das Tor zur brodelnden Realität der Stadt weit aufgestoßen. Im Heim des Kleinbürgers, der hier den Helden abgibt, herrscht die Monotonie eines beengten Alltags, die Lockungen der Straße hingegen versprechen ein bewegteres Leben. Er lernt eine Dirne kennen, folgt ihr in ein Nachtlokal, im Nebenzimmer geschieht ein Mord. Der Held wird verdächtigt, doch die Polizei erkennt seine Unschuld. „Die Vergeblichkeit des Ausbruchs aus der geschlossenen Welt der Kammerspiele wird hier positiv interpretiert: Der Held geht nicht an der ehernen Endgültigkeit seines Geschicks zugrunde. Gerade sie bietet ihm Sicherheit. Die Straße mit ihren gefährlich lockenden Leuchtreklamen und Laternen, dunklen Hauseingängen und Winkeln bildet von nun an in vielen deutschen Filmen eine Art negative Utopie: eine prächtige, aber mörderische Gegenwelt zur vertrauten, die eine trübe Sicherheit bietet" (Gregor/Patalas). Um die Stadt im deutschen Stummfilm zu beschreiben, „bietet sich die Verwendung der romantischen Metapher von der Stadt als Labyrinth an. Sie ist dem von Balzac verwendeten Bild des Dschungels vorzuziehen, denn die Stadt ist in diesen Filmen ein streng geregelter, noch in den kleinsten Details geordneter und den Gesetzen der Warenwelt unterworfener Raum. Und wie das Labyrinth ist die Stadt fest umschlossen von ihren eigenen Wänden" (Michael Esser).

Während in den Filmen von Friedrich Wilhelm Murnau die Stadt nur aus ihrer Opposition zum „Land" Wirkung bezieht, ist sie für Murnaus großen Kontrahenten Fritz Lang der nahezu einzige, idealtypische Schauplatz seiner filmischen Weltsicht. In Langs Werken „bestimmt die Architektur den Erzählraum, strukturiert den Erzählrhythmus, hat Einfluß auf die Montage und die Dramaturgie der Zeit. So in der Szene der Suche nach dem Mörder in *M*. Versatzstücke einer Vision von Großstadt: die asphaltierte Straße, die zu erahnende Kreuzung am oberen Bildrand, die breite Toreinfahrt, die Suggestion von Bewegung und Stillstand auf dem Schild der Toreinfahrt, die Fassade des Bürohauses, das Arrangement der Personen, der Lichteinfall. Die ganze Szenerie verweist auf städtische Funktionalität und Betriebsamkeit – als Architektur der Auslassung, Bild-Verkehrung. Sie erst ergibt den Eindruck der bedrohlichen Anonymität der Stadt, der Verfolgung und des Gestelltwerdens" (Uta Berg-Ganschow/Wolfgang Jacobsen). *M* (1931), *Metropolis* (1927) und Langs spätere amerikanische Kriminalfilme sind von den Zeichen und der Sprache der Stadt bestimmt, erzählen von den Verkehrs- und Kommunikationssystemen, von den Organisationen der Stadt; der Verbrechergang, der Polizei und (in M) der „Bettler-Brigade". Das Individuum, hin- und hergehetzt zwischen diesen Agenten der Macht, muß die Stadt als sein *Schicksal* begreifen. Die Geometrie des Schicksals: Stadt – So könnte man Fritz Langs Werk beschreiben. Daß der Regisseur 1924 voller Begeisterung New York erlebt hatte, besser gesagt, die eindrucksvolle Skyline der Stadt, wurde in vielen Texten zu *Metropolis* unterschlagen: Die grandiose Struktur seiner Zukunftsstadt mit ihren „Autobahnen", die in schwindelnden Höhen gehörnte Wolkenkratzer miteinander verbinden, ist ein „Nachbild" der amerikanischen Metropole. Die Unterwelt von „Metropolis" mit ihren gotischen Kellern, in die der Sohn des Kapitalisten hinabsteigt, liegt zwischen den drachenbewohnten Wäldern der *Nibelungen* (1924) und der kriminellen Unterwelt Amerikas. Dort sind die Monster nicht gierige Zwerge und Reptilien, sondern sadistische Polizisten und Gangster (*The Big Heat*, 1953) oder psychotische Killer (*While The City Sleeps*, 1946). Die Blüte der Wolkenkratzer ab 1930 (Chrysler und Empire State Building werden in einem Kopf-an-Kopf-Rennen errichtet) schlägt sich auch im Kino in neuen Perspektiven nieder. Schon 1930 entsteht ein „Science-Fiction-Musical" mit dem Titel *Just Imagine*, das die modische Vorliebe für Neo-Gotik und Art-Deco-Gestaltung selbstsicher ins Jahr 1980 extrapoliert. Die Babylon-Metaphorik, die zu dieser Zeit beliebt ist (Genesis: „Wir wollen uns eine Stadt bauen und einen Turm, dessen Spitze am Himmel ist, und wollen uns einen Namen machen"), scheint in vielerlei Hinsicht interessant. Als Nebeneffekt bezeichnet sie das „Sprachgewirr" der immer kosmopolitischer werdenden Städte, als Beschwörung des Fortschritts regt sie das Kapital zur Erbauung immer neuer „Kirchen" an, als Drohgebärde warnt sie vor menschlicher Selbstüberschätzung und damit unweigerlich vor dem Wahn einiger auf Kosten vieler. In *Metropolis* war die Unterdrückungskraft der strahlenden Großstadt offensichtlich: „Der Wolkenkratzer spielt die Rolle des Grabsteins für die in der unteren Welt dahinvegetierenden Arbeiter" (Norbert Messler). Daß am Ende eine sentimentale Verbrüderung von Kapital und Arbeit stattfinden mußte, war ebenso offensichtlich. Diese faschistische Vorstellung „entspricht einer verbreiteten ideologischen Zwangslage:

Wo man den Kapitalismus nicht mehr und den Sozialismus noch nicht akzeptieren konnte, da ergab sich notgedrungen die Suche nach *etwas dazwischen* oder *darüberhinaus*. Wer also den Widerspruch sah und nicht das Wagnis einer revolutionären Umgestaltung bejahte, geriet so automatisch in die Nähe des Faschismus, der gewaltsam vereinte, was nicht zu vereinen war, die Ausbeuter und die Ausgebeuteten" (Georg Seeßlen).

In amerikanischen Filmen wird der Wolkenkratzer zumeist positiver gesehen. In Rouben Mamoulians *Applause* (1929) bietet er dem Liebespaar eine romantische Plattform, in den Choreografien Busby Berkeleys (vor allem in *42nd Street*, 1933) wird er zum Teil eines furiosen Häuserballetts. *King Kong* von Merian C. Cooper und Ernest Schoedsack (1933) wiederum vermittelt eine klassische surrealistische Vorstellung: den Rückfall von Kultur in Barbarei. In den Pranken des Monsters Kong wird das Metall, der Beton New Yorks weich, die Häuser brechen nieder, die U-Bahnzüge werden aus ihren Geleisen gerissen, die geometrische Ordnung weicht einem Dschungel aus Trümmern. Kong ist der Alptraum einer hochentwickelten Stadt: unfaßbar, unkontrollierbar, eine Maschine, die Amok läuft; das Unbewußte des Stadtmenschen, als Bestie fleischgeworden. Die Dynamisierung, die der Wolkenkratzer zur Folge hat, ist vor allem eine Beschleunigung des Kapitalismus. Es heißt: Je höher der Aufstieg desto tiefer der Fall, aber auch: desto *schneller* der Fall. Der Markt der *Immobilien* wird *beweglicher*, die Frequenz des Bauens steigt, Gewinn oder Verlust geben sich rascher zu erkennen. Die Metaphysik, die der Kapitalismus an dieser Stelle benötigt, ist die der „Himmelsstürmer". In Ayn Rands Roman *The Fountainhead* (1943), verfilmt von King Vidor (1949), wird dem megalomanischen Wunsch nach vertikaler Entfernung von der „Straße" des profanen Massenmenschen Gestalt verliehen. Der Zeitungsmagnat Gail Wynand lebt in einem gläsernen Penthouse und beherrscht von dort aus das Geschick des „einfachen Volkes", dem er einst selbst angehörte. Howard Roark, Zarathustra als Architekt, Rebell gegen das korrupte Zusammenwirken von Durchschnittskapitalisten und Durchschnittsarchitekten, fühlt sich nur seinen

„reinen Ideen“ verpflichtet. Am Ende treffen sich die Machtträume der beiden: Nachdem Roark ein demokratisches Wohnbauprojekt gesprengt hat (weil seine ästhetischen Vorstellungen „verhunzt“ wurden), beauftragt ihn Wynand, den höchsten Turm der Welt zu errichten, benannt nach Wynand selbst. Er verlangt ein Gebäude, das endgültig und apokalyptisch sei, Absprungbasis des Übermenschen vom verkommenen, barbarischen Leben, das sich als „normal“ etabliert hat: „The age of the skyscraper is gone. This is the age of the housing project. Which is always a prelude to the age of the cave. This will be the last skyscraper built in New York...“ Der Film *The Fountainhead* widerspricht vehement Vidors frühem Werk *The Crowd.* Während letzterer mit dem resignierten Rückzug der Kamera endet und den Helden inmitten seiner Kollegen zeigt, triumphiert Howard Roark in der letzten Einstellung als einsamer Koloß am Gipfel seiner größten Schöpfung. „Die delirierende phallische Bildwelt dieser Einstellung wird nur durch die kalte Monumentalität des Filmstils gemäßigt, die allen erotischen Begegnungen eine Art klinischer Hysterie verleiht. In Vidors architektonischer Vision werden die Menschen zu Teilen der abstrakten Geometrie des Designs“ (Richard Combs). Ganz im Gegensatz zu Wynands Prophezeihung sollte das Zeitalter der Wolkenkratzer noch lange nicht zu Ende sein. Die späten vierziger und fünfziger Jahre erlauben – in der Realität wie im amerikanischen *Film Noir* – archetypische Ausformulierungen des Metropolischen. Das Bild des Labyrinths wird im *Film Noir* – nicht zuletzt durch den starken Einfluß des deutschen Expressionismus, den viele Emmigranten ins US-Nachkriegskino einbrachten – erneut wirksam. Die Abstraktheit der modernen Großstadt (in Luftaufnahmen sehen viele Städte aus wie Microchips oder Börsenkurse), ihre forcierte Schichtung in verschiedene soziale und Höhen-Niveaus (Unterwelt, U-Bahn, Kanalsystem, Keller; Straße, Bars, Restaurants, Autobahnen; kleinbürgerliche Wohnungen, Lichtreklamen knapp über dem Gehsteig; entrückte Salons und Penthouses der zumeist „unsichtbaren“ Fädenzieher), das Gefühl von Schwindel, Verzerrung, Identitätsverlust und ein Schicksal, das so vorgeplant ist wie die Zeittabellen der öffentlichen Verkehrsmittel – all dies trägt zum labyrinthischen Effekt bei. Theseus folgt einem Faden, der Zuschauer folgt ihm auf seinem Weg in die Irre. Nicht zuletzt deshalb eignet sich die Stadt so prächtig für Kriminalfilme, für das Detektivische.

Schon im Titel führen unzählige *Films Noirs* die Stadt als Biotop an: *While The City Sleeps, Cry of the City, The Naked City, Night and The City, The City That Never Sleeps, The Asphalt Jungle.* In einem Film wie D. O. A. von Rudolph Maté (1950) hetzt der todgeweihte Held von einer Ecke des Labyrinths zur nächsten, von der Jazz-Bar in den Supermarkt, vom Hotelzimmer aufs Polizeikommissariat. Er ist auf der Suche nach seinem eigenen Mörder (Vorlage war der deutsche Film *Der Mann, der seinen Mörder sucht* von Robert Siodmak). Noch hysterischer die Flucht des Kleinganoven und Ringkampfveranstalters Harry Fabian in Jules Dassins *Night and The City* (1950): Buchstäblich außer Atem kreuzt er in wilden Diagonalen die finsteren Gebäude Londons, stolpert als schwarzer Schatten durch enge Alleen, geführt und beschränkt von einer drohenden Stadtlandschaft. Die Straßenlichter verschwimmen und Spiegelungen des rotierenden Blitzlichts aus einem Ballsaal spinnen ein fatales Netz um den Helden. Neben diesen expressiven Beispielen des *Film Noir* begann mit Dassins *The Naked City* (1948) eine Tendenz zu „semi-documentaries": „realistischen", „faktengetreuen", „objektiven" Erörterungen des Verbrechens in der Stadt. Die Stadt wird zum Stadtplan, auf dem metallische Knöpfe Orte, Taten und Personen markieren. Der unpersönliche Erzähler aus dem Off führt eine Autopsie der Stadt durch, nicht unähnlich jenen Bildern des Polizeifotografen Weegee, auf dessen Buch *The Naked City* basiert. Der Erzähler vergleicht sie mit Röntgenbildern: „Every murder turns on a bright hot light and a lot of people have to walk out of the shadows". Das Drehen „on location" wurde in diesen Filmen zum Prinzip. Daß damit nicht unbedingt immer mehr „Stadt-Realismus" einherging, sieht man am deutlichsten in Gene Kellys und Stanley Donens Musical *On The Town* (1949): Viel Aufhebens wurde damals um die Tatsache gemacht, daß dies das erste Musical war, welches die Musik- und Tanz-Nummern in den realen Straßen von New York aufnahm. Doch wiewohl man nun die

Empfindung wirklicher Gebäude in einer wirklichen Stadt haben konnte (im Gegensatz zu den fantastischen Studiobauten vieler Musicals), war der Blickwinkel auf sie keineswegs der des typischen New Yorkers „von der Straße". Der vierundzwanzigstündige Landurlaub dreier Matrosen in New York wird zur *Animation* der Stadt, nicht zu ihrer Beschreibung. „Die Kamera befreit sich vom Fußgängerblick auf die Stadt, tanzt, unterwirft New York ihren Rhythmen – und nicht umgekehrt" (Rick Altman).

Während das Genrekino die Stadt vor allem mythisch einsetzt, wird sie im italienischen Neorealismus, in der Nouvelle Vague, im britischen „Free Cinema", im neuen deutschen Film und im unabhängigen amerikanischen Kino oft zum Motiv einer sozialkritischen Weltsicht und erlebt andere Formen ästhetischer Bearbeitung. Als „Trümmerhaufen" der Nachkriegszeit spricht die zerstörte Stadt aber nicht nur von sozialen Bedingungen, sondern wird auch zum Sinnbild ruinierter Ethik. *The Third Man* von Carol Reed (1949) nützt in bekannter Weise das Chaos der „oberen" und die Funktionsfähigkeit der „unteren" Stadt zur Gestaltung eines Kriminalfilms um Moral und Gewissenlosigkeit. Roberto Rossellinis *Germania Anno Zero* (1946) zeigt ein Berlin der Ruinen, mit seinen Schwarzmärkten und überfüllten Straßenbahnen. Die Stadt als Hölle: Nirgendwo sind die Spuren des Kriegs sichtbarer als hier. In den Ruinen spielt das Kind Edmund; kleine, einsame Spiele, auf der Suche nach Normalität. Sein Nazi-Lehrer hat ihn in der Ideologie vom „unwerten Leben" geschult – Edmund vergiftet seinen bettlägerigen Vater. Und plötzlich geht beides Hand in Hand: sein Weg zu völliger Isolation, Verzweiflung, Monströsität; und seine Versuche, ein „richtiges Kind" zu sein. Noch im Selbstmord – er stürzt sich von einem hohen Gebäude – „spielt" Edmund. Im „künstlerischen" europäischen Film der fünfziger und sechziger Jahre verschiebt sich das mythische Konzept der Großstadt endgültig: Das Zentrum und die Peripherie, die Vorstädte mit ihren Slums, später Reihenhaussiedlungen, werden zu den beiden Polen, in denen Stadt fortan gedacht wird. Pier Paolo Pasolini hatte schon in seinen Romanen „Ragazzi di Vita" und „Una Vita Violenta" ein neues Rom porträtiert. Seine ersten beiden Filme als Regisseur, *Accatone* (1961) und *Mamma Roma* (1962), forcieren das Interesse an den „Ausgestoßenen", die buchstäblich „am Rand" leben. *Accatone* „spielt unter den Halbstarken der römischen Vorstädte, unter Huren und Zuhältern, in einer Welt des Lumpenproletariats und der Asozialität. Ein naturalistisch anmutendes, in seinen Höhepunkten mit geradezu religiösem Pathos ausgemaltes, in die Bereiche von Traum und Vision übergreifendes, aber sozial und psychologisch genau situiertes Drama endet mit dem gleichnishaften Tod des Protagonisten. Pasolini hat seinen Film vor allem sprachlich aus den Bestandteilen der Wirklichkeit aufgebaut: Alle seine Darsteller sprechen den römischen Vorstadtdialekt" (Ulrich Gregor).

Ein Hauptwerk des „Free Cinema", Karel Reisz' *Saturday Night and Sunday Morning* (1960), folgt einem jungen Fabriksarbeiter und seinem verzweifelten Versuch, stumpfe Arbeit mit den „wilden" Vergnügungen der Freizeit auszubalancieren. „Reisz' Hauptverdienst, an dem sein Autor (Allan Sillitoe) und sein Hauptdarsteller Albert Finney Anteil haben, ist die Erschaffung eines zeitgenössischen Hinterhof- und Fabrikbewußtseins. Mit mehr Einsicht, Instinkt und Spontaneität als Osborne und Tony Richardson hat dieses Trio ein Gesicht, eine Stimme, einen Geisteszustand geschaffen, der bis ins kleinste Detail die Wahrheit eines lebenslangen Kampfes gegen die Autorität zum Ausdruck bringt" (Peter John Dyer). Das realistische Interesse an der Peripherie und ihren Bewohnern ist aber auch in neueren Filmen immer wieder zu finden. Penelope Spheeris' Spielfilmdebüt *Suburbia* (1983) führt in die Vororte von Los Angeles, wo sich eine Gruppe von Punks (sie nennen sich „The Rejected") in einem verlassenen Haus niedergelassen hat. Sie leben von gelegentlichen Einbrüchen, treffen sich bei Punk-Konzerten und versuchen, einige der herumstreunenden Hunde einzufangen. Als die Rednecks der kleinbürgerlichen Umgebung sie nicht länger in ihrer Nähe dulden wollen, kommt es zu gewalttätigen Auseinandersetzungen. „Alles, was diesen Kindern von ihren Eltern vorenthalten wird, erhalten sie in der ‚Subkultur" (Spheeris). Filme wie *Suburbia*, Jim Jarmuschs *Permanent Vacation* (1980), die Arbeiten des Japaners Masashi

Yamamoto (*Karneval der Nacht*, 1982 und *Robinsons Garten*, 1986), aber auch die Stadtansichten von Wim Wenders und seinem Kameramann Robby Müller (der die Bilder von *Alice in den Städten*, 1973, bis zu Wiliam Friedkins *To Live and Die in L. A.*, 1984, bestimmte) – all diese Manifestationen einer radikalen Entfremdung und ebenso radikalen Verteidigung von „Mikroparadiesen" sehen in der Großstadt einen neuen Kriegsschauplatz. Die sozialen Strukturen sind kaputtgegangen, und zwischen den Trümmern muß sich jeder durch Strategien der Subversion seinen Weg „nach Hause" bahnen.

Mit Francesco Rosis *Die Hände über der Stadt* (1963) wurde – in einer dem amerikanischen Kino „unzumutbaren" Weise – der bislang deutlichste Zusammenhang zwischen Wohnen-in-der-Stadt, Bauen-in-der-Stadt und Profitieren-von-der-Stadt hergestellt. Der reiche Bauunternehmer Notola sitzt als Abgeordneter im Stadtrat von Neapel. Er sorgt dafür, daß für neue städtische Bauprojekte bevorzugt Gebiete ausgewählt werden, in denen er zuvor billig Grundstücke aufgekauft hat. „Die Realität, die zu übertragen war, und die Wahrheit, die ich dem Zuschauer mitzuteilen hatte, interessierten mich nicht wegen einer besonderen Situation oder eines einzelnen Vorfalls. Was mich interessierte, waren die menschlichen, politischen und moralischen Beziehungen zwischen einer Gruppe von Leuten, die eine Stadt in der Hand haben, und dieser Stadt selbst" (Rosi). Die reportagehafte politische Analyse Rosis, ein letzter Ausläufer des italienischen Neorealismus, besitzt kaum Nachfolger. Von einer anderen Seite nähern sich jedoch Michelangelo Antonionis *Rote Wüste* (1964) und Jean-Luc Godards *Alphaville* (1965) der großstädtisch-industriellen Zivilisation. Antonioni vermittelt Entfremdung auf dem Weg einer individualpsychologischen Studie, Godard in Form einer utopischen Parabel über Effizienz, Fortschritt, Maschinen, Liebe, Zärtlichkeit.

Alphaville „führt in eine übertechnisierte Welt, in der die Menschen Nummern tragen und in der Gefühle verboten sind. Worte wie *Liebe* oder *Traum* dürfen bei Strafe nicht verwendet werden, und wer trotz des Verbots von einem auch noch so kleinen Gefühl gepackt wird, den steckt man in ein ‚Hospital', ihn gründlich davon zu kurieren. Schwerwiegende Fälle werden exekutiert. Herrscher dieser Welt ist ein gewisser von Braun, der mit Hilfe eines Zentral-Elektronengehirns und nachgeschalteter Roboter Alphaville regiert. Lemmy Caution, der von Eddie Constantine verkörperte Kinomythos, kommt in die Stadt, zunächst incognito, als Reporter der Zeitung ‚Figaro-Prawda', Iwan Johnson aus Newa York. Er lernt die Tochter von Braun, Natascha, kennen, und als er erfährt, daß von Braun einen Krieg plant, greift er ein, kann das Schlimmste verhindern und mit Natascha entkommen. Diese übrigens nach eigenem Bekunden des Regisseurs von Science-Fiction-Stories der Autoren Alfred Bester und A. E. Van Vogt inspirierte Geschichte ist nicht viel mehr als das Spielmaterial für einen mit zahlreichen Kino-, Comic- und Literatur-Zitaten versetzten Versuch über ‚die Gegenwart der Zukunft' (Godard). Die beklemmende Atmosphäre des Films stammt nicht zuletzt daher, daß er in der realen Stadtlandschaft von Paris gedreht wurde; nichts ist wirklich phantastisch an seiner Architektur und seinen Dekors – eine leere Stadtautobahn ist etwas Grauenhaftes. Die Dingwelt, mit der wir uns umgeben haben, ist längst soweit, eine den Menschen ausklammernde Kultur aufzunehmen" (Seeßlen).

Einen weiteren Ausnahmefall im französischen Kino der sechziger Jahre stellt Jacques Tatis *Playtime* (1967) dar. Drei Jahre lang arbeitete Tati an diesem Monsterprojekt, drehte in 70 mm und mit stereophonischem Ton. *Playtime* ist eine monumentale Konstruktion, die paradoxerweise das Komische „demokratisiert". Der Zuschauer wird mit winzigen Details, die oft in einer Ecke des Bilds auftauchen, konfrontiert; mit einer Beobachtung des Alltags, in der Tati selbst, als Monsieur Hulot, nicht mehr Bedeutung hat als die anderen Figuren. Seine Bilder eines stählernen und gläsernen Paris, in dem eine Gruppe von Touristen umherstolpert, verdrängten das klassische Touristen-Paris: Die modernistischen Strukturen, der „internationale Stil", dies zeichnet in den sechziger Jahren nicht nur die französische Hauptstadt aus.

In vielfältiger Weise hat das Kino der letzten 20 Jahre die Metropolen wieder mythisiert. In den Filmen von Rainer Werner Fassbinder, David Lynch oder Martin Scorsese tritt neben die soziale Komponente wieder das Bild vom Moloch Stadt: existentielle Reisen durch neonbeleuchtete oder nebelige Straßen, vorbei an runden Höllenmündern, aus denen fauchend der Dampf tritt (*Taxi Driver*, 1975. *The Elephant Man*, 1980. *After Hours*, 1985), oder Beschwörungen korrupter Orte, an denen das romantische Individuum verzweifeln muß (*In einem Jahr mit 13 Monden*, 1978. *Schatten der Engel*, 1976). *Schatten der Engel*, von Daniel Schmid nach Fassbinders Stück „Der Müll, die Stadt und der Tod" inszeniert, ist „eine Sprachoper der Verzweiflung in Dekors giftigster Farbenpracht. In einem Wien der Katakomben, endlosen Gängen und leeren Hotelzimmer mit abblätterndem Verputz verfilmt Daniel Schmid das skandalentfachende Theaterstück. Der Film wird mit einem Werk seines Autors Fassbinder verwechselt oder fälschlicherweise an dessen künstlerischen Ellen gemessen, woraus ein ‚mit Zuckerguß überzogener Müllhaufen' resultiert. Schmid hingegen ist ein radikal dem Anschein der Natur mißtrauender Manierist, der die Huren, Krüppel, Transvestiten und Zuhälter mit tragisch starren Masken versieht, ihre Bewegungen in zwanghafte Langsamkeit versetzt, ihre Welt aller Alltäglichkeit entkleidet. Was bleibt sind Tableaus, rituell bemalt mit der Kalligraphie des Alptraums" (Harry Tomicek).

Der Film, der zuletzt das Bild der „postmodernen" Stadt und die Diskussionen um ihre Zukunft am heftigsten geprägt hat, ist Ridley Scotts *Blade Runner* (1982). „Wir befinden uns im Anflug auf eine Großstadt, Los Angeles zum Beispiel. Nachtschwarzer Himmel. Wir schweben in einer zusammengebastelt wirkenden Maschine an stoßweise dampfenden Schloten vorbei. Am Horizont erscheinen 400 Stockwerke hohe, pyramidenartige Gebäude, eingehüllt in ein Gespinst aus Stahlstreben und Installationsleitungen. Tief unten, in den Straßen der Stadt, umfängt uns eine schwüle und feuchte Atmosphäre. Wir begegnen an Müllhaufen vorbeihastenden Menschen mit leuchtenden Regenschirmen, einem stockenden und hupenden Verkehrschaos. In den Häusern werden wir gußeiserne Aufzüge und Hallen des 19. Jahrhunderts finden, auch Säle mit ägyptischen Palmsäulen vor großen Panoramaglaswänden mit automatischer Verdunkelung. Auf die Fassaden uns irgendwie bekannter Straßen werden wir blicken. Altmodische Propellerventilatoren drehen sich über futuristischen Geräten. (...) *Blade Runner* ist berühmt als erster realistischer Science-Fiction-Film, der uns mit der Tatsache konfrontiert, daß die technologische Entwicklung zu einer entmaterialisierten Dingwelt führt. Daß aber auch gerade deswegen das gegenständlich Überlieferte und Vorhandene weiterverwendet, umgenutzt und umgedeutet wird. Ein formales Recycling bastelt so aus Fundstücken eine Zukunft, die ewige Gegenwart sein wird" (Dietmar Steiner). Daß *Blade Runner* das Zeitalter eines zutiefst eklektizistischen Kinos, eines „Designer-Kinos" einläutete, ist dem Film wohl kaum anzulasten. Er hat unsere Vorstellungen vom hochgradig asozialen Leben in den kosmopolitischen Städten der Gegenwart und nahen Zukunft auf den Punkt gebracht, hat ein weiteres Revival des *Film Noir* beflügelt und sich als *der* Gegenpol zu den harmonischen Kleinstadtfilmwelten eines Steven Spielberg herausgestellt. Das „futuristische" Design von *Blade Runner* ist, noch um vieles formalisierter, in unzählige Filme (zuletzt etwa *Batman* oder Ridley Scotts neues Werk *Black Rain*) und: in den großstädtischen Alltag eingegangen.

Wien, Rotunde

IV

Aspekte der Stadtplanung in Metropolen am Beispiel Wiens

Die Stadt, die sich als Pantschbecken für Alternativen offeriert, verpaßt den Anschluß im Konkurrenzkampf internationaler Metropolen. Darum muß die Idylle durch die Vision getötet werden, zur Beiselkultur das Austria-Center und zum Christkindelmarkt die Expo 1995.

Herbert Hrachovec

HANNES SWOBODA · LOTHAR FISCHMANN

ZUR SANFTEN REGIE IN STADTPLANUNG UND -POLITIK

„Der Wind, der gütige, weht nach Osten. Bis vor kurzem konnte man ihm allenfalls Luftballons und schöne Gedanken folgen lassen. Urplötzlich kann man ihm nachreisen, dahin, woher soviele Menschengenerationen gekommen sind, die heute Wien ausmachen. Die Wiener, die ausgiebig auf Ausländer schimpfen, mit ihnen aber letztlich menschlicher umgehen als die formal durchwegs grausameren Deutschen, kommen ganz durcheinander.

Wie bequem war das Dasein im stillen Welt-Winkel am Eisernen Vorhang.

Gelänge es, den alt-neuen Status als eine Metropole Mitteleuropas nicht mit vor Rührung tränenfeuchtem Blick auf das Einstige anzugehen, Wien würde vielleicht wieder jung."(Michael Frank, Korrespondent der *Süddeutschen Zeitung*, in *Wochenpresse* Nr. 21 vom 25. Mai 1990, Seite 53)

Wenn wir zurückdenken: Allein der programmatische Titel dieser Parallelveranstaltung zu unserem „stadtoffiziellen" *Stadtentwicklungssymposium* im Herbst 1989, KAOS STADT? hat für Verwirrung und Aufregung gesorgt. Bange Gemüter hatten gar geargwöhnt, wir wären der deutschen (?) Sprache nicht mächtig, weil wir doch nicht einmal wüßten, daß das „Chaos" heißen müßte ...

Für uns ist es bezeichnend, daß derartige Sprachspielereien in Wien für Aufregung sorgen können. Wieviel mehr Aufregung müssen dann die wirklich wichtigen Probleme im Zusammenleben von gut eineinhalb Millionen Menschen verursachen!

Wir wollen uns in diesem Beitag bewußt auf zwei gar nicht zusammenhanglose Elemente städtischen Zusammenlebens konzentrieren, die „Unordnung" mit sich bringen. Die „Ausländer" (oder: „Das Fremde", „Die anderen") und die immer stärker auftretende Initiativen-Szene.

Über die rein planerischen Gedanken, Überlegungen und möglichen Strategien ist beim *Stadtentwicklungssymposium* selbst viel und gescheit geredet, davor viel und gescheit geschrieben worden (siehe *Stadtbauforum, Perspektiven „Quo vadis Wien?*“).

Diese zwei ganz großen Spannungsfelder – nicht nur in Wien, sondern in der europäischen Großstadt vor dieser Jahrtausendwende – werden zunehmend spürbar. Dies oft recht schmerzlich.

Günther Nenning hat in einem Nachruf auf Bruno Kreisky gemeint: „Kreisky hatte aus Österreich einen modernen Industriestaat gemacht, und der moderne Industriestaat hatte aus Österreich gemacht, was er halt überall macht: eine wachsende Wüste aus Natur- und Seelenzerstörung.“

Nun sehen wir nicht – wie Nenning – dabei einen Zusammenhang mit der persönlichen Einstellung oder politischen Grundhaltung Bruno Kreiskys, dem ein versöhnlicher Umgang mit der Natur sehr wohl ein Anliegen war, nicht unbegründet ist aber Nennings Beschreibung der Folgen der Industriegesellschaft.

Jahrzehntelang schienen die Städte klar überschaubare gesellschaftliche Gebilde. Dementsprechend „einfach“ war auch die Verwaltung, das „Regieren“ in diesen Städten.

Jahrzehntelang herrschten also im städtischen „Kosmos“ auch klare politische Verhältnisse.

Wien war schon sehr früh „anders“: Mit dem Verfall der Monarchie konnte die Sozialdemokratie hier ihr städtisches Experiment beginnen, das in knapp eineinhalb Jahrzehnten als „Rotes Wien“ zu Weltruhm gelangte. Sofort nach der gewaltsamen Unterbrechung durch die Zeit des Faschismus wurden die Sozialdemokraten wiederum mit überwältigender Mehrheit dazu berufen, diese Stadt nach ihren Vorstellungen zu lenken.

Wien ist heute immer noch anders: Obwohl der internationale Trend in den Städten zu jähen „Macht“-Wechseln, zu neuen Koalitionsformen führte (siehe die rot-grünen Bündnisse in Deutschland), blieben die WienerInnen dem sozialdemokratischen Lager treu. Bis heute. Doch auch an Wien ist der gesellschaftliche Wandel nicht vorübergegangen. Zu den zwei Bereichen, in denen es gewaltige Veränderungen gegeben hat: Beide Tendenzen und Entwicklungen enthalten ein nicht geringes Chaospotential, das aber durchaus produktiv gesellschaftsverändernd verarbeitet werden kann.

Da ist einmal der ständig steigende Ausländer-Anteil der Wiener Bevölkerung, der – nicht so dramatisch wie etwa in deutschen oder anderen westeuropäischen Städten – zur *multikulturellen Gesellschaft* führen kann. Und da ist die Entwicklung eines neuen demokratischen Verständnisses innerhalb der (städtischen) Gesellschaft, das man kurz und bündig auf einen Nenner gebracht als Drang zur *direkten Demokratie* bezeichnet.

Wir erleben in der Stadt genau jenen Trend, der angesichts einer immer stärkeren „Technologisierung" in vielen Bevölkerungsgruppen den Drang nach mehr Mitbestimmung, nach mehr Mitentscheidung vor allem, stärker werden läßt.

Die „Durchflutung aller Lebensbereiche mit mehr Demokratie" wie sie Bruno Kreisky als Ziel formuliert hat, wird von den BürgerInnen teilweise heftig eingefordert.

Nun hat Wien schon relativ früh – nämlich bereits 1978 – einige Instrumente einer besseren Zugänglichkeit zur Demokratie, zu mehr Mitbestimmung, verfassungsmäßig verankert.

Als vor mehr als einem Jahrzehnt das Instrument der Volksbefragung auf Stadtebene erstmals einem „Testlauf" unterzogen wurde, war es – aus heutiger Sicht – vielleicht nicht ganz glücklich, daß dies von der Stadt selbst ausging.

Die in der weiteren Folge einsetzende Dezentralisierung, das Delegieren von Entscheidungen und Befugnissen auf die Bezirksebene scheint dagegen durchaus erfolgreich zu verlaufen. Das Bedürfnis nach mehr „direkter" Demokratie wird aber offensichtlich damit nicht befriedigt.

Wer führt Regie?

In einem Beitrag zu Planungs-Visionen für Paris schreiben Hans Kollhoff und Stephan Höhne (Berlin) unter anderem: „Wir legen also kein Ordnungschema über das Gelände … und wir entwerfen keine gemütlichen Plätze, sondern wir bereiten eine Bühne, auf der sich die urbanen Kräfte in Szene setzen und austoben können … Das Stück heißt (Stadt) und wird von einer sanften Regie gelenkt, die aus der Beobachtung latente Kräfte stimuliert, zerstörerisches Potential zügelt, Infrastruktrur bereithält, um dem Zufall eine Chance zu geben. Die Dinge entstehen aus sich heraus, suchen sich einen Platz, bekommen Gesellschaft. Ein Prozeß von Wachsen und Vergehen kommt in Gang, ohne Endzustand, den es zu erreichen gilt. Es zählt der gelebte Augenblick".

Was aus diesem zweifellos spannenden Szenario nicht hervorgeht: *wer* oder *was* führt die „sanfte Regie", die „zerstörerisches Potential zügelt"? Die „unsichtbare Hand" wie bei Adam Smith, dem nun wieder hochgelobten „Erfinder" des Wirtschaftsliberalismus? Oder die großen Investoren, wie am Beispiel der Londoner Docklands?

Wir sind mehr denn je davon überzeugt, daß die repräsentative Demokratie es ist, die – bei allen systemimmanenten Schwächen – den Rahmen für eine freie Entwicklung der Gemeinschaft am besten bietet.

Und es ist – am Beispiel der Bürgerinitiativen der späten achtziger Jahre – ja interessant, zu beobachten, daß es in den allermeisten Fällen kein Widerspruch zwischen Stadtverwaltung und den Initiativen ist, der da akut wird, sondern daß es Konflikte zwischen den einzelnen Interessen sind, die – unter Einbeziehung einer Stadtverwaltung – in „der Politik" ausgetragen werden.

Die „sanfte Regie" ist es, die wir auf demokratischem Wege gemeinsam führen wollen.

Robert Jungk hat in seinem Werk „Der Jahrtausendmensch – Bericht aus den Werkstätten der neuen Gesellschaft" schon vor 15 Jahren erkannt: „Daß Demokratie Spaß machen könnte, erscheint zu dem Zeitpunkt, da ich diese Zeilen schreibe, noch ebenso unwahrscheinlich wie unangemessen. Denn wir haben gelernt, die Ausübung unserer politischen Rechte als eine langweilige, wenn auch feierliche Last anzusehen, vor der man sich am liebsten drücken würde, ähnlich wie vor der Schulpflicht."

Doch dieser Verlgeich stimmt eigentlich nicht mehr ganz, denn die „neue Pädagogik“ versteht es, zahlreiche junge Menschen für den Schulbesuch zu begeistern, indem sie ihre Freude am Erfahren und Lernen weckt. Ähnlich könnte eine „neue Politik“, deren erste Anfänge heute bereits sichtbar werden, es erreichen, daß Mitsprache und Mitbestimmung in öffentlichen Angelegenheiten zu einer interessanten, ja lustvollen Beschäftigung werden. Die Bemerkung eines Beobachters über das Politexperiment „Orakel“ des Westdeutschen Fernsehens, es sei für ihn „so spannend wie ein Fußballspiel“ gewesen, weist in diese Richtung. Das Ziel einer solchen Entwicklung wäre es, die seit Jahrzehnten wachsende Entfremdung zwischen dem einzelnen und der Gemeinschaft aufzuheben. Dies würde vielleicht gelingen, wenn

- die durch Bevölkerungszunahme und Zentralisierung der Entscheidungen entstandene Distanz zwischen Bürgern und politischen Institutionen überbrückt wird;
- sich die Kompliziertheit und Unübersichtlichkeit der Politik durch offenen Informationsfluß verringert;
- die eigenen Vorstellungen sowie Einwände der „Betroffenen“ rechtzeitig gehört und deutlich wirksam werden könnten.

Wiens Stadtverfassung wurde, wie gesagt, bereits vor mehr als einem Jahrzehnt entsprechend adaptiert. Wenn nunmehr die immer stärker blühende Initiativen-Szene diese Instrumente der direkten Demokratie verwenden will, zeigen sich aber massive Schwächen.

Die Volksbefragung 1990 hat uns gezeigt, daß wir *alle* den Umgang mit der direkten Demokratie tatsächlich erst erlernen müssen.

Wir wollen nicht auf Details der daraus resultierenden Auseinandersetzungen zwischen den Initiativen und der Stadtverwaltung eingehen, weil wir sie in vielen Bereichen als zu emotionell und persönlich motiviert einschätzen.

Zu den Grundsätzen: Sosehr wir uns gesamtgesellschaftlich weiterhin um mehr Zugang zu den demokratischen Einrichtungen, um mehr unmittelbare Mitbestimmung engagieren müssen, sosehr wir vor allem die dazu nötigen Informationsmittel miteinander besser gestalten müssen, so muß uns auch klar sein, daß ein kompliziertes Gebilde, wie es der Stadt (Staat)-Bereich Wien darstellt, nicht durch das Atomisieren der Entscheidungsabläufe besser gestaltet werden kann.

Subjektiv berechtigt erscheinenden Forderungen beziehungsweise „Abwehrkämpfen" kleiner und kleinster Gruppen gegen Projekte und Vorhaben der Stadt oder anderer stehen zu oft regionale, stadtübergreifende Interessen gegenüber.

Die repräsentative Demokratie hat sich in den Jahrzehnten ihres Bestehens in unserer Republik, in unserer Stadt ständig weiterentwickelt. Daß sie durchaus auch in Teilbereichen Abnützungserscheinungen zeigt, steht für uns außer Frage.

Gerade die heute anstehenden Probleme wie Umweltschutz oder die Frage, wie wir mit dem öffentlichen Raum umgehen, wie wir uns vor einem städtischen Verkehrschaos retten und den Stadtverkehr optimieren können, erfordern Entscheidungsabläufe, die vor allem auf einer ganz breiten Entscheidungsbasis zustandekommen.

Die Aufgabe der repräsentativen Demokratie führt aber oft nicht zu neuer Demokratie sondern zum Recht der (finanziell) Stärkeren (z.B. Docklands). So hat Thatcher den Versuch unternommen, durch totale Freigabe (fast) aller Entwicklungen Impulse zu setzen. Was dazu geführt hat, daß die Investoren, die großen, anonymen und multinationalen Konzerne, Projekte entwickelt haben, die nicht aufeinander abgestimmt waren, die letztendlich erst nach langwierigen Verhandlungen den notwendigen Konsens finden konnten.

Die Docklands sind noch lange nicht fertig, und niemand kann heute sagen, ob es sich um eine „Stadt der Zukunft" oder um eine Geisterstadt ohne Zukunft handelt, die da geradezu „chaotisch" an der Themse errichtet wird.

Für uns ist allein aufgrund dieses Beispiels allerdings heute schon klar, daß eine Stadt sehr wohl die „sanfte Regie" zu führen hat, daß sie selbst die Rahmenbedingungen zu schaffen hat – wie wir es etwa am Beispiel des Leitprogrammes für den donaunahen Entwicklungsraum in Wien tun.

Ist Wien multikulturell?

Wenn wir die Bevölkerungsstruktur der österreichischen Städte vergleichen, dann hat Wien den bei weitem höchsten Ausländeranteil. Die Ausländerfrage ist ja leider hierzulande allzuoft nur Biertisch-Thema und gelangt in die Schlagzeilen der Medien nur dann, wenn etwa das Asylanten-Problem gerade besonders akut ist oder politischen Funktionären in der Hektik ein verbaler Ausrutscher passiert – kurz, wenn „das Boot" wieder einmal „voll" zu sein scheint.

Dabei sollte uns allen das Problem, um das es wirklich geht, längst nicht nur unter den Fingernägeln brennen. Ganz Europa ist heute von einer neuen Migration, von einer wahren Völkerwanderung betroffen, deren Dimension wir nicht einmal innereuropäisch voll abschätzen können, geschweige denn, was den möglichen und bereits beginnenden Zustrom aus anderen Kontinenten betrifft. Die Bundesrepublik Deutschlan stöhnt in diesem Sommer 1990 nicht nur unter den Problemen der überrraschenden Wiedervereinigung, sondern ist von einer langfristigen Migrationswelle erfaßt, die etwa den Ausländeranteil in Frankfurt bereits auf ein Viertel der Wohnbevölkerung ansteigen ließ.

Wien ist sicherlich „anders" als die deutschen Städte sind, „anders" auch als andere österreichische Städte. Schon weil es in seiner gesamten Geschichte immer ein besonderer Anziehungspunkt für Ausländer war. Man könnte auch provokant sagen: Wien war nie eine „deutsche" Stadt. Wien war und ist eine „österreichische" und das heißt auch verbal mittel- und osteuropäische Stadt.

Rainer Münz hat in einem Beitrag für den „Standard" bereits im August 1989 („Ohne Einwanderer Rückgang der Bevölkerung – Zehn Prozent der Österreicher sind im Ausland auf die Welt gekommen", *Der Standard*, 29. Augugst 1989, Seite 23) die demographische Situation im Österreich der Nachkriegszeit analysiert.

Wien hat seit jeher einen besonders hohen Anteil an Zuwanderern aus allen Bereichen des seinerzeit wirklich internationalen Staatengebildes der Monarchie, später dann auch aus anderen Gebieten Südosteuropas und der Türkei. Zuwanderer der zweiten Generation wurden oft schnell zu „besseren" ÖsterreicherInnen bzw. WienerInnen, die scheel auf nachkommende ehemalige „Landsleute" blickten und blicken. „Das Boot" ist leider oft genug in den Augen jener „voll", die es zuletzt betreten haben.

Wien würde ohne Zuwanderung unaufhaltsam schrumpfen, weil es unter der jahrzehntelangen Randlage am „eisernen Vorhang" zu leiden hatte.

Die Wanderungsbewegung innerhalb der mittel- und südosteuropäischen Länder wurde durch diesen Eisernen Vorhang sozusagen umgelenkt. Aus den Gast-Arbeitern, die nicht mehr aus Böhmen, der Slowakei oder anderen nördlichen Regionen, sondern aus Jugoslawien und der Türkei kamen, wurden sehr rasch Gast-Bewohner dieser Stadt.

Während die erste Generation meist mit der Absicht herkam, mit dem hier ersparten Geld später einmal in die Heimat zurückzukehren und dort besser leben zu können, wurden und werden deren Kinder immer schneller heimisch in der Stadt.

Ohne hier über Europapolitik schreiben zu wollen: Österreich darf in keiner Hinsicht – gerade jetzt angesichts der Öffnung des ehemaligen „Ostens" – Blinddarm Westeuropas werden. Wir dürfen uns daher auch nicht – etwa in Fragen eines kommunalen Wahlrechts für Ausländer – von der europäischen Entwicklung abkapseln. Wenn heute in der EG ein kommunales Wahlrecht für Ausländer vorbereitet wird, wenn 1992 ein gemeinsamer Markt diese Entwicklung sicher beschleunigen wird, wenn einige Städte in der Bundesrepublik dieses Wahlrecht – gegen konservativen Widerstand – heute schon einführen, dann dürfen wir uns nicht abkoppeln.

Schon gar nicht darf das eine internationale Stadt Wien, die so stolz ist, dritte UNO-Stadt zu sein, die 1995 eine EXPO unter dem Motto „Brücken in die Zukunft" veranstaltet. Wir müssen uns daher schon wesentlich früher, als so manchen im Lande lieb sein mag, mit einer umfassenden Einbindung von „Nicht-Österreichern" in alle demokratischen Einrichtungen des Landes befassen.

Wenn wir – wie dies Bundeskanzler Vranitzky nach dem Tod von Bruno Kreisky betont hat, in den neunziger Jahren unter Beweis stellen müssen, was Kreisky in den siebziger Jahren an Maßstäben gesetzt hat, dann gehört dazu vor allem die bereits in anderem Zusammenhang angesprochene „Durchflutung aller Lebensbereiche mit mehr Demokratie". Kernproblem bleibt – insbesondere für Wien – freilich die Frage, wie wir die sogenannte „Zweite Generation" der hier lebenden Ausländer besser einbinden – sofern sie dies auch selbst wollen. Dies ist sicherlich keine Frage des Wahlrechtes allein, sondern insbesondere auch des Angebotes, das eine Stadt allen ihren Bürgern und „Langzeitgästen" bieten kann und will. Vielleicht kann uns Frankfurt mit seinem mehr als doppelt so hohen Ausländeranteil manche Anregungen und Vorbilder geben.

Die sozialistische Fraktion im Wiener Landtag und Gemeinderat führte die grundsätzliche Auseinandersetzung mit diesem Themenkomplex und postuliert folgende Punkte:

1. Ausländerpolitik ist für uns kein Lippenbekenntnis. Daran, wie die „Mehrheitsgesellschaft" mit Ausländern, aber auch mit Randgruppen und Minderheiten umgeht, zeigt sich für uns die Qualität einer demokratischen Gesellschaft.

2. Ziel unserer Politk ist die *Integration* von Ausländern, nicht deren Assimilation. Wir wollen daher den Integrationswilligen bestmögliche Voraussetzungen schaffen.

3. Das derzeit beste Integrationsinstrument ist nach wie vor die Verleihung der österreichischen Staatsbürgerschaft, deren Erlangung wir etwa durch Verkürzung der Wartezeit erleichtern wollen.

4. Zusätzlich wollen wir aber auch Integrationsvorleistungen erbringen. Auch Menschen, die – aus welchen Gründen auch immer – die österreichische Staatsbürgerschaft nicht anstreben, sollen das Gefühl bekommen, akzeptierte Mitbürger zu sein. Dazu wollen wir ihnen schrittweise das aktive Wahlrecht einräumen. In Frage kommen dazu etwa die Wiener Bezirksvertretungen, aber auch andere demokratische Einrichtungen stehen zur Diskussion.

5. Wir müssen versuchen, in Wahlrechtsfragen zu einer möglichst einheitlichen Vorgangsweise aller Wiener Parteien zu ge-

langen. Gerade Fragen der Ausländerpolitik sollen nicht durch etwaigen Parteienstreit verschärft werden.

6. Einschneidende Maßnahmen in der Ausländerpolitik erregen nach wie vor Widerspruch. In der Gesamtbevölkerung, aber auch innerhalb der SPÖ. Es muß daher vordringliche Aufgabe sein, diese Fragen offen zu diskutieren, vor allem aber entsprechende Aufklärungsarbeit zu leisten.

7. „Lösbar" ist die Ausländerfrage nur im Zusammenhang einer Politik, die den sozial Schwachen generell hilft und versucht, soziale Ungerechtigkeiten und Ungleichgewichte allgemein zu beseitigen.

Nur so ist der tatsächliche Abbau ausländerfeindlicher Stimmungen und Vorurteile – gerade bei den sozial Schwächeren – möglich.

Sicherheit garantieren

In diesem Sinne sind auch unsere Überlegungen zu den Szenarien *Wien 2010* zu sehen, die uns einen geordneten Zugang zu einer durch Ausländerzuwanderung wachsenden Stadt erleichtern sollen.

(Sozial-)demokratische Politik muß einerseits den Menschen, die sich bereits in Österreich heimisch fühlen – also den „gebürtigen Österreichern" welcher Generation auch immer und den hier schon lange lebenden Gästen die Sicherheit geben, daß ihre Interessen gewahrt bleiben, daß ihre Lebensbedingungen sich nicht nur nicht verschlechtern, sondern durch eine geordnete Zuwanderung sogar verbessern können.

Die Fragen des Wahlrechtes sind dabei eine demokratische Lernübung für uns alle. Unsere Demokratie wird sicherlich einmal daran gemessen werden, wie sie mit dieser Welt im Umbruch, die wir zu dieser Jahrtausendwende erleben, fertig wird.

Auf Wiener Ebene hat sich Bürgermeister Zilk ja schon mehrmals dafür aufgesprochen, etwa einen Ausländerbeirat einzurichten, als Vorstufe und Labor für die weitere Auseinandersetzung mit dem Thema.

Wir meinen, daß man sich mit dem Thema sehr rasch stadtöffentlich auseinandersetzen sollte.

Der Frankfurter Stadtrat Cohn-Bendit hat in seiner Antrittsrede vor der Stadtverordnetenversammlung am 14. September 1989 einen Gedanken formuliert, den wir als richtungsweisend auch für die Wiener Überlegungen sehen möchten: „Ich lasse einmal dahingestellt, ob in Analogie zur Umweltbelastung wir vom ‚Verursacherprinzip' reden sollten.

Unstreitig scheint mir aber zu sein, daß die Lösung der Probleme, die sich aus den Zuzügen und der Eingliederung von Migranten ergeben, nicht nur eine Sache der Behörden sein kann, sondern eine gesellschaftliche Aufgabe ist.

Diese darf nicht einfach auf dem Rücken der ohnehin schon bedrängten Menschen abgeladen werden. Ich werde mich daher im Sinne einer generellen Präferenz gesellschaftlicher Lösungen gegenüber administrativen, um die Einbeziehung der Industrie- und Handelskammer, der Arbeitgeberverbände und Gewerkschaften, der verschiedenen religiösen Gemeinden und ihrer Institutionen, der Sportvereine und anderer, selbstorganisierter gesellschaftlicher Gruppen, bemühen …

Mir schwebt die Bildung eines Fonds vor, aus dem dringende oder auch ungewöhnliche Leistungen, Einrichtungen oder Aktivitäten finanziert werden sollen. An diesem Fonds soll sich nicht nur und vor allem nur zu einem geringen Teil die öffentliche Hand beteiligen."

Etwa in diese Richtung könnten wir uns auch ein Wiener Modell vorstellen, und wir werden im Rahmen der Szenarien-Überlegungen *Wien 2010* das Frankfurter Modell in geeigneter Weise vorstellen und diskutieren.

ZUM BEGRIFF „MULTIKULTURELL"

Multikulturell darf nicht als soziologisch-analytische Kategorie verstanden werden. Multikulturell muß programmatisch verstanden werden. Als positiver Versuch der Auseinandersetzung zwischen länger ansässiger Wohnbevölkerung (den „WienerInnen") und neuen Zuwanderern sowie den Vermittlern, wie immer diese organisiert oder strukturiert sind.

Dem Frankfurter ehrenamtlichen Stadtrat für multikulturelle

Angelegenheiten Daniel Cohn-Bendit und seinen Mitarbeitern kann man nur zustimmen, wenn sie meinen: „Nirgendwo wird deutlicher als in den Städten, daß die multiethnische Gesellschaft schon Realität ist. Die großen Städte wissen am besten, welche Probleme und Spannungen, aber auch welche Vorteile und welchen Reichtum das bringt. Ein europäischer Rat der Städte könnte sich zum Anwalt dieser Realität machen, die im nationalen Rahmen denkende Politiker so gerne und leicht übersehen oder gar leugnen. Die Städte könnten, einer guten Tradition ihrer Geschichte folgend, ihr politisches Gewicht in die Waagschale werfen, um das Wahlrecht für Ausländer – das hierzulande wieder zum Unthema zu werden droht – durchzusetzen".

Es wird in Österreich, in Wien sicherlich ein besonders harter Weg zu einem kommunalen Wahlrecht für Ausländer, bedenkt man die gerade in Vorwahlzeiten laut gewordenen Bedenken über „volle Boote" und ähnliche menschliche Urängste.

Das „Fremdeln" hat man/frau sich noch lange nicht abgewöhnt in Österreich. Aber die Tatsache, daß in Wien jede/r zehnte bereits „AusländerIn" ist und daß das Zusammenleben im großen und ganzen recht gut funktioniert, gibt Anlaß zur Hoffnung, daß die Großstadt Wien auch innerösterreichisch Vorreiterin sein kann.

VOM WANDEL DER GROSSTADT

Unter diesem Titel beschreibt Mathias Horx als Herausgeber im Frankfurter Stadtmagazin *Pflasterstrand* im August 1990 ein Phänomen, das für Wien genauso Gültigkeit hat und dessen Bewältigung in Frankfurt durchaus Beispielwirkung haben kann.

„Es ist kaum zehn Jahre her, da stand ‚Großstadt' für alle Übel der Moderne: Anonymität, Beton, Umweltverschmutzung. Seitdem hat sich einiges verändert. Das ‚großstädtische' steht heute für Lebendigkeit, Liberalität, eine offene politische Kultur", schreibt Horx und stellt drei Thesen auf:

„*Großstädte sind multikulturell* ... man kann das Patchwork der Kulturen nirgendwo besser als kulturellen Reichtum wahrnehmen als in der Großstadt. Selbst der finsterste Reaktionär könnte sich heute keine ‚reindeutsche' Großstadt mehr vorstellen. Und der alltägliche Umgang mit anderen Kulturen trainiert, allen sozialen Spannungen zum Trotz, die Toleranz und erweitert den Horizont.

Großstädte sind soziale Indikatoren, Großstädte sind Orte, an denen soziale Konflikte zugespitzt sichtbar werden. Wer in der Großstadt lebt, begreift schnell, daß es bei der ‚sozialen Frage' nicht um etwas Fernes, Abstraktes geht, sondern um die Grundlage städtischer Lebensqualität. Um den Kampf jeder gegen jeden, die ‚New Yorkisierung' zu vermeiden, muß sich der Großstadtbewohner zwangsläufig (politische) Gedanken um den sozialen Konsens machen.

Großstädte sind transnational. In Frankfurts Banktürmen werden nationalistische Töne eher indigniert zur Kenntnis genommen ..."

LINKE SPINNER?

Sind aber alle, die sich in der Frage Ausländer, multikulturelle Gesellschaft nicht von vornherein fremdfeindlich gebärden, ja mitunter gar mit unseren ausländischen MitbürgerInnen „sympathisieren", „linke Spinner", wie das so mancher staberlschwingende heimische Zeitungskommentator meint?

Uns liegen „Definitionen" wie „linke Spinner" oder „finstere Reaktionäre" wirklich allzufern, aber wo etwa würde man den ehemaligen CSU-Generalsekretär Heiner Geißler einordnen wollen, der politisch nur an seiner Gegnerschaft zu Helmut Kohl (zumindest vorübergehend) gescheitert ist?

Ist er ein „Spinner", gar ein „reaktionärer Spinner"? Oder einfach Realist, wenn er in seinem Buch „Zugluft " unter anderem schreibt: „Wir müssen uns darauf einstellen, in der Zukunft mit Millionen Menschen zusammenzuleben, die eine andere Muttersprache, eine andere Herkunft, ein anderes Lebensgefühl, andere Sitten und Gebräuche haben – in einer ‚mulltikulturellen Gesellschaft'.

Ein Einwanderungsland müssen wir auch bleiben, denn der Bevölkerungsrückgang und der Altersaufbau machen aus dem deutschen innerhalb weniger Jahrzehnte ein vergreisendes Volk.

Der Altersaufbau in der Bundesrepublik und in der DDR gleicht einer auf dem Kopf stehenden Pyramide. Nehmen wir die für die Bundesrepublik voliegenden Zahlen, so werden 14,9 Millionen Deutsche im Jahr 2000 älter sein als 60 Jahre, 15,9 Millionen im Jahre 2010 und 16,8 Millionen im Jahre 2020. So etwas nennt man bevölkerungspolitisch kollektives Altern eines Volkes. Unsere Gesellschaft altert und schrumpft zugleich und verändert dadurch ihr inneres Gefüge." (Heiner Geißler: „Zugluft – Politik in stürmischer Zeit", C. Bertelsmann 1990, S. 184 ff.)

Die Stadt Wien hat im Sommer 1990 eine Imagekampagne zum besseren Verständnis für die bei uns lebenden Ausländer begonnen. „Was täten wir ohne ...?" heißt es da – und es folgen mehr oder minder prominente Namen, hinter denen sich Menschen zeigen, die aus dem Wiener Alltagsleben nicht mehr wegzudenken wären.

Wie aber geht diese Stadt, geht die (Kommunal)politik mit ihnen um?

Werden Menschen ausländischer Herkunft, die noch nicht die österreichische Staatsbürgerschaft beantragt oder verliehen bekommen haben, die diese Staatsbürgerschaft wegen ihrer Bindung an die eigene Heimat vielleicht auch gar nicht anstreben, werden diese Menschen als Bürger zweiter Klasse – oder gar noch darunter – behandelt?

Zuwanderer, zumal wenn es noch dazu „Ausländer" sind, stellen in einer Stadt immer ein „chaotisches" Element dar. Das zeigt das Beispiel Frankfurt, das zeigt aber auch beispielsweise Berlin. Das legendäre Kreuzberg, in dem einer der weltweit größten Sanierungsversuche gelaufen ist, zeigt, welche Unberechenbarkeiten, welche „chaotischen" Momente ein hoher Ausländeranteil mit sich bringt. Sanierung im heimischen „deutschen" Stil scheint bei der stark „ausländisch" durchmischten Bevölkerung wenig anzukommen. Kreuzberg macht heute den Eindruck aufgezwungenen Sanierungs-Glücks.

Scheinbar wissen viele der dort Wohnenden mit der „deutschen Ordnung" und Perfektion wenig anzufangen – und wollen dies vielleicht auch gar nicht.

Unsere Schlüsse daraus für Wien: Bekennen wir uns zu einer geordneten, vor allem auch ausländischen Zuwanderung! Wir müssen dabei jedoch eine Integrationspolitik betreiben, die, basierend auf einen möglichst breiten Konsens aller gesellschaftlich relevanten Kräfte, diesen Zuwanderern einen Lebensstil ermöglicht, den diese selbst auch wollen.

Integration statt Assimilation, das bedeutet die multikulturelle Gesellschaft. Chaos ... oder: KAOS – Stadt? Ja, wir wollen das Potential, das darin steckt, nützen! Nach demokratischen Spielregeln. Wien hat dazu die günstigsten Rahmenbedingungen.

LEOPOLD DUNGL

AKTIONSFELD STADT-RAUM?

Über Bürgerbeteiligung in der Stadtplanung

In Wien erlebten die „Regierenden" ihren ersten Schock an einem Nebenschauplatz. Ausgerechnet beim städtebaulich weitgehend irrelevanten Teilbebauungsprojekt für den öffentlich nie zugänglichen Sternwartepark wurde klar, daß man sich auf die Regeln der repräsentativen Demokratie nicht mehr verlassen kann. Um wirklich „handfeste" und realisierbare Entscheidungen zustandezubringen, das steht in der Bundeshauptstadt spätestens seit diesem Ereignis fest, bedarf es der direkten Mitwirkung der „Betroffenen". Ob nun die Gestaltung eines Beserlparkes auf der Tagesordnung steht oder gleich stadtstrukturelle Eingriffe von größerem Ausmaß – stets ist auch der Bürger gefordert sich zu „beteiligen".

Sind nun die Bewohner tatsächlich selbstbewußte Bauherren „ihrer" Stadt, wie progressive Planer schon vor zwei Jahrzehnten formuliert und gefordert haben – zählt also die Partizipation jetzt endlich zum Standardrepertoire moderner Stadtplanung?

Klar ist jedenfalls, daß Kommunalpolitiker längst nicht mehr auf eine Generalvollmacht bauen können, die bloß alle paar Jahre per Wahlentscheid erneuert wird. Bürgermeinung ist auch in der Stadtplanung zur direkten Einflußgröße geworden. Bleiben wir beim „Beispiel Wien", wo nunmehr einige Instrumente der Bürgerbeteiligung zur Verfügung stehen, die direkt oder indirekt Auswirkungen haben auf die Stadtplanung: im Laufe von fast zwei Jahrzehnten wurden Elemente der direkten Demokratie in der Stadtverfassung verankert und in Form von bisher vier Volksbefragungen auch tatsächlich angewandt, das „Wiener Modell der partizipativen und interdisziplinären Stadtplanung" entwickelt, die „Dezentralisierung" eingeleitet, die „Gebietsbetreuung" als Bestandteil der Stadterneuerung etabliert und ein erster „Planungsanwalt" eingesetzt.

Da nun aber Stadtplanung nicht Selbstzweck, sondern rationales Mittel zur Gestaltung der urbanen Wirklichkeit ist, stellt sich zunächst die Frage, welche Möglichkeiten der „ganz alltäglichen" Mitbestimmung die vorhandene Stadt überhaupt bietet.

Die ganz alltägliche Bürgerbeteiligung

Setzt man voraus, daß ein Prinzip demokratischer Gesellschaften darin besteht, dem einzelnen und der Gruppe im weitesten Sinn „Raum zu geben" zur Lebensentfaltung, bedeutet Partizipation im Planungsprozeß in erster Linie die *Aussicht* auf Aneignung dieses Raums, nicht aber schon dessen konkrete Inbesitznahme. Es handelt sich dabei also in erster Linie um ein Versprechen. Die Einlösung dieses Versprechens freilich ist alles andere als selbstverständlich. Denn tatsächlich entzieht Stadt-Raum sich immer mehr der freien Verfügbarkeit, wird es zunehmend schwieriger für den Bürger, sich außerhalb der eigenen vier Wände Raum „anzueigenen". Das wird auch bei Norbert Elias deutlich, der den Prozeß der Zivilisation als die machtgeleitete Verinnerlichung von Zwängen beschreibt, wobei im Verlauf der Urbanisierung öffentlicher und tendenziell „offener" städtischer Raum immer stärker reguliert und funktionalisiert, immer umfassender „gestaltet" wird.

So auch unmittelbar vor der Wohnungstür: Wie Leopold Redl am Beispiel von Wien-Gumpendorf feststellte („Ein Stadtviertel verändert sich", Wien 1987), bringt die in der Stadterneuerung herrschende Praxis der Verbesserung statistischer Wohnungsqualität vielfach eine Verschlechterung des Wohnumfelds mit sich. „Die Doppeldeutigkeit einer Rückgewinnung ‚gewachsenen Stadtraumes' besteht so nicht nur in der Reduktion vergleichsweise billigen Wohnraums, auch der Verlust eines über lange Phasen angeeigneten Umraumes kann damit einhergehen. An die Stelle freier Flächen und unreglementierter ‚Zwischenräume' treten in sich hermetisch geschlossene Wohnbauten mit Garagenplätzen im Hof, mit Oberlichtenfenstern im Erdgeschoß für den Müllraum, mit Gegensprechanlage. Die Straßen füllen sich noch dichter mit den Autos der Zuziehenden."

Während auf diese Weise der Autofahrer in praktisch allen Stadtbereichen ständig mehr öffentlichen Raum usurpiert (ohne deshalb frei darüber verfügen zu können), muß der nicht-motorisierte Stadtbewohner umgekehrt eine immer weitgehendere „Enteignung" über sich ergehen lassen. Selbst in den verkehrsfreien, dafür aber hautpsächlich dem Konsum vorbehaltenen Fußgängerzonen im Zentrum der Stadt werden die für Fußgänger wirklich verfügbaren Bereiche durch kommerzielle Nutzung und verschiedenste Formen der „Stadtmöblierung" mehr und mehr eingeengt.

Das geschieht jedoch keineswegs gegen die öffentliche Meinung. Im Gegentei: Bürgerprotest erhebt sich vielmehr erst, wenn der – ohnehin seltene – Fall eintritt, daß städtischer Raum einmal nicht mit Schanigärten, Topfpalmen und dergleichen vollgeräumt wird, sondern einigermaßen „frei" bleibt. Die Mehrheit der Stadtbewohner scheint sich längst zu identifizieren mit dieser schleichenden „Enteignung". So war auch der Unmut entsprechend groß, als jüngst eine Platzgestaltung in der Wiener City einmal nicht mittels flächendeckendem Stadtdesign durchgeführt wurde: Man habe die Freyung zu einer „Steinwüste" verunstaltet, meinten viele Wiener angesichts der vollendeten Tatsachen.

Daß daraufhin die zuständigen Stadtpolitiker sofort versicherten, künftig bei ähnlichen Vorhaben immer mehrere Planungsvarianten zur Diskussion zu stellen, ist natürlich positiv. Je mehr Vorschläge für die Lösung einer Gestaltungsaufgabe zur Auswahl stehen, desto größer ist schließlich auch die Wahrscheinlichkeit, ein wirklich gutes Ergebnis zustandezubringen. Auch im Rahmen einer öffentlichen Diskussion. Dennoch wird dabei ein Dilemma der Bürgerbeteiligung sichtbar: Gerade in Sachen Gestaltung ist es nämlich keineswegs so, daß „die Mehrheit" – einmal abgesehen davon, wie Mehrheiten überhaupt zustandekommen – immer recht hat. Es sei denn, man versteht unter gestalterischer Qualität schlicht und einfach „Durchschnittsgeschmack".

Ver-öffentlichte Meinung

Öffentliche Meinung ist hier wie in anderen Fällen fast ausnahmslos *ver-öffentlichte* Meinung. Der öffentliche Raum hat im Verlauf des „Prozesses der Zivilisation“ auch seine politsche Funktion weitgehend verloren, sodaß die Artikulation von Interessen so gut wie ausschließlich über das Transportmittel „Massenmedien“ erfolgt. Beinahe unnötig festzustellen, daß die sozial Schwachen sich auch in diesem Zusammenhang kaum bemerkbar machen können: Schließlich bildet die mangelnde Fertigkeit, eigene Anliegen wirkungsvoll und mediengerecht aufzubereiten, geradezu ein Kennzeichen unterprivilegierter Schichten.

Werden heute Interessen dennoch auf der Straße artikuliert, erkennt man gerade daran, daß es sich dabei um politisches „Leichtgewicht“ handelt. Der konkrete Ort dient den jeweiligen Akteuren auch in diesem Fall hauptsächlich als Sprungbrett in die Dimension des immateriellen Informationsraums, denn „nur so können sie Zugang finden zu jenen Medien der politischen Information und Meinungsbildung, die wie Fernsehen, Hörfunk und Presse als Verstärker der etablierten Interessen fungieren“ (Häußermann/Siebel: Neue Urbanität, Frankfurt 1987).

Trotzdem handelt es sich bei jenen, die sich häufig auch auf diesem Weg bemerkbar machen, um eine zunehmend gewichtige gesellschaftliche Kraft. Und zwar vor allem, weil sie sich großteils aus dem umweltbewegten Teil der neuen „Kopfarbeiterklasse“ zusammensetzt, bei dem die Sprache der Medien nicht selten auch zum beruflichen Handwerkszeug zählt.

„Widerstand kann nur durch die Zusammenarbeit von Medien und Bürgern erfolgreich sein“, weiß auch ein erfahrener Umweltaktivist. In der Tat: Wenn es zu solch einer „Zusammenarbeit“ kommt, ist die Wirkung zumeist durchschlagend – unabhängig von der Größenordnung des eigentlichen Anlaßfalls. Schließlich verstehen es auch Zeitungen mitunter vortrefflich, Politik zu „machen“, wie das hierzulande mit Abstand größte Medium immer wieder demonstriert. Zum ersten Mal bei der bereits erwähnten Auseinandersetzung um den Wiener

Sternwartepark, die ohne Engagement besagten Kleinformats wohl kaum derart weitreichende politische Konsequenzen wie den Rücktritt des damaligen Bürgermeisters zur Folge gehabt hätte.

Ohne großes Medien-Echo ist dagegen bislang eine Aktion geblieben, die wesentlich direkter noch als der erwähnte Sternwartepark-Konflikt auf eine Systemfrage zielt: Während sich damals der Konflikt „Grün gegen Beton" vorwiegend zwischen Bürgeropposition und politischer Macht abspielte, beginnt sich nun anhand des Themas „pro und kontra Auto" vorerst eine Bruchlinie zwischen zwei „Fraktionen" von Bürgern abzuzeichnen: Bis zu hundert Radfahrer, die miteinander während der Rush-hour mehrere der meistfrequentierten Verkehrsstraßen befahren, wie das in Wien nunmehr seit Monaten fast jede Woche passiert, werden rasch zum Auto-Hindernis – und damit auch zum Autofahrer-Ärgernis. Die Botschaft dieser Fahrraddemonstration kann unschwer als symbolischer Versuch entschlüsselt werden, dem alles beherrschenden Auto in direkter Auseinandersetzung öffentlichen Raum abzutrotzen. Allerdings wird auf eben dieser „bildhaften" Ebene – mit Sicherheit nicht im Sinne der „Erfinder " – auch das reale Kräfteverhältnis vermittelt: Hier die kleine Minderheit demonstrierender Radfahrer, dort die überwältigenden Mehrheit von tausenden Autofahrern, die ihrerseits Tag für Tag per Druck auf's Gaspedal den Wunsch nach „freier Fahrt" zum Ausdruck bringen. In gewisser Weise passiert Bürgerbeteiligung da wie dort, auch wenn sich hier nur die schwächere Seite bewußt artikuliert.

Politische und symbolische Planung

Die immer schwierigere Position der Stadtplanung (bzw. der „politischen Planung") wird gerade bei tiefgreifenden Stadt-Problemen besonders deutlich sichtbar: Immerhin besteht die Funktion politischer Planung im wesentlichen darin, den Erfordernissen des ökonomischen Systems entsprechend „Bestandskrisen und Instabilitäten vorausschauend zu bewältigen", wobei die „ausreichende Bindung von Massenloyalität" unverzichtbare Grundbedingung ist (L. Redl: Die Donauinsel, ein Beispiel politischer Planung in Wien, 1983). Nun zweifelt heute niemand wirklich ernsthaft daran, daß das Verkehrsproblem zur Kernfrage der Stadt – und damit auch zur vordringlichen politischen Planungsaufgabe geworden ist. Überlegungen zur Eindämmung des Individualverkehrs stehen deshalb schon seit einiger Zeit auf der kommunalpolitischen Tagesordnung. Wie die bei zitierter Fahrraddemonstration zum Ausdruck gekommenen Mehrheitsverhältnisse jedoch ziemlich deutlich illustrieren, kann gerade dabei keineswegs auf „Massenloyalität" gebaut werden. Dementsprechend bescheiden sind auch die in diesem Bereich bisher gesetzten Maßnahmen.

Sicher, gerade beim Gesamtkomplex Stadtverkehr sind die Hindernisse für wirksame Maßnahmen besonders groß. Jeder konsequente Schritt gegen das Auto wird gemeinhin offensichtlich immer noch als Verstoß gegen die gesellschaftliche Grundordnung angesehen. Das ändert aber nichts daran, daß der Verlust an „Problemlösungskompetenz" im Bereich der politischen Planung hier besonders plastisch zutage tritt. Im Kraftfeld aus Wirtschaftsinteressen, außengesteuerten Sachzwängen (wie europäische Wanderungsbewegungen, bundesweite Sozialpolitik etc.) und eben der veröffentlichten Meinung wird es immer schwieriger, allgemein tragfähige Lösungen zustandezubringen. Vor allem, weil man sich dabei nicht mehr auf „totale" Planung stützen kann, wie noch wenige Jahrzehnte zuvor: Mit propagandistischen und umfassenden Stadtkonzepten wie sie etwa von den Meistern der Modernen Architektur propagiert – und von den „Machern" nicht selten auch mißverstanden wurden – läßt sich heute – zum Glück – keine Stadt mehr machen.

Mehr und mehr wird nun akzeptiert, daß die Stadt ein überaus komplexer Organismus ist, der durch grobklotzige Eingriffe höchstens zu Tode gesteuert werden kann. Pläne werden nicht mehr „durchgezogen", sondern in mehreren, auch öffentlichen Diskussionsphasen Schritt für Schritt entwickelt. „Alles ist sehr kompliziert" – der Ausspruch, der einem österreichischen Bundeskanzler einst Spott und Hohn einbrachte, gilt in der Stadtplanung schon lange. Wobei es nicht selten passiert, daß am Ende eines Planungs- und Entscheidungsprozesses bloß halbe Entscheidungen oder Nicht-Entscheidung stehen. Zwar hat man gerade in Wien heute einigen Grund sich über die eine oder andere dieser Nicht-Entscheidungen zu freuen – die Dynamik der heutigen Stadt kann auf diese Weise allerdings bestenfalls gebremst, keineswegs aber auch nur annähernd in die gewünschten Bahnen gelenkt werden.

Für den Bürger bringen stufenweise Planungsprozesse mit partizipatorischen Elementen zweifellos den Vorteil, daß mehr Informationen nach außen dringen bzw. bewußt weitergegeben werden. Voraussetzung für die einigermaßen vollständige Informationsaufnahme und -bewertung ist allerdings eine entsprechende Vorbildung – und dafür wird hierzulande weder in den Schulen, noch in den Medien sonderlich viel getan. Schon allein deshalb sollte man gerade bei größeren Planungsprozessen den Begriff „Mitbestimmung“ nicht in inflationärer Weise verwenden. Bürgerbeteiligung hat gerade hier vor allem die Funktion eines Frühwarnsystems, das die Verantwortlichen davor bewahrt, erst nach getaner Arbeit mit massiven Protesten konfrontiert zu werden. Gerade bei diesen Größenordnungen können „die“ Bürger in erster Linie verhindern, nicht aber wirklich mit-gestalten.

Das zeigt sich auch, wenn einmal umgekehrt ein klarer Auftrag „von unten“ vorliegt. So blieb eine vor mehr als zehn Jahren in Wien abgehaltene Volksbefragung, bei der sich immerhin fast vier Fünftel der Beteiligten für die Beschleunigung des öffentlichen Verkehrs aussprachen, vor allem dort ohne wirklich tiefgreifende Konsequenzen, wo der öffentliche Verkehr mit dem Individualverkehr um (Bewegungs-)Raum konkurriert. Bezeichnenderweise wurde das an sich erfreuliche Abstimmungsergebnis durch einen gleichzeitig gefaßten, vom Grundsatz her diametral verschiedenen Bürger-Entscheid praktisch schon im Ansatz relativiert – mehrheitliche Zustimmung gab es nämlich auch für das höchst umstrittene Vorhaben, Wien eine zweite Westeinfahrt und damit einen weiteren Auto-Zubringer zu bescheren. Doch auch diese Basis einer knappen und überdies auf mehrere Projektvarianten aufgeteilten Mehrheit war den politisch verantwortlichen Projekt-Betreibern nicht tragfähig genug. So verschwand das Projekt denn auch bis heute in der Schublade.

Angesichts der ständig zunehmenden Umsetzungsprobleme droht nun politische Planung mehr und mehr zur „Symbolplanung“ zu mutieren. Das „Klein-Klein“ der ganz alltäglichen Stadterneuerung etwa nimmt zwar viel Zeit in Anspruch, zeitigt häufig aber selbst bei besten Absichten nur wenig wirklich „präsentable“ Ergebnisse, die dann auch in der politischen Öffentlichkeitsarbeit positiv zu Buche schlagen. Tatsächlich werden etwa ein Aufsehen erregendes Bauwerk in der City oder ebendort durchgeführte Stadtgestaltungsmaßnahmen dank medialer Verstärkung vom potentiellen Wähler weitaus stärker als politischer Leistungsnachweis wahrgenommen, als unspektakuläre Maßnahmen in peripheren Zonen. Sollte es überhaupt die Möglichkeit geben, größere Mittel auf solche „Nebenschauplätze“ zu lenken, dann scheinbar nur, wenn ein symbolträchtiges und medienwirksames Zentralprojekt wie etwa die Weltausstellung Wien-Budapest diese Vorhaben gleichsam als „Trägerrakete“ befördert.

So beginnt langsam die Arbeit am Image der Stadt jene Arbeit zu überlagern, die an der konkret „greifbaren“ Stadt geleistet wird. Nun ist „Stadtkronenpolitik auch deshalb so durchschlagend, weil sie (...) an ein Bild vom Stadtleben anknüpft, mit dem sich selbst jene identifizieren, die vornehmlich dessen Lasten zu tragen haben“, wie Häußermann und Siebel am Beispiel Frankfurt feststellen. Je mehr aber die soziale Differenzierung der urbanen Gesellschaft voranschreitet, desto weniger wird mit einer „Stadtkronenpolitk“ *gesamtstädtische Identität vermittelt werden* können – und desto rascher wird die (Groß-) Stadt sich in den Köpfen ihrer Bewohner in einzelne, überschaubare Bereiche auflösen. Mit dem Ergebnis, daß jene Probleme, die ohne integrale Sichtweise nicht einmal vernünftig analysiert werden können, sich in der Unübersichtlichkeit verschiedener Einzel- und Teilinteressen verlieren.

Davor schützt freilich Bürgerbeteiligung – in welcher Form auch immer – keineswegs. Auch nicht unter der hypothetischen Annahme, daß Politik bzw. Verwaltung über jeden Verdacht erhaben sind, sich des Partizipationsinstrumentariums lediglich in Sinne einer Beschäftigungstherapie für aufmümpfige Bürger zu bedienen und der Mitbestimmung bloß auf Nebenschauplätzen eine Chance zu geben. Wenn Partizipation sich zur Durchsetzungsstrategie von Lokalegoismen und Einzelinteressen verengt, fallen gesamtstädtische Probleme mehr denn je denjenigen auf den Kopf, die sich am wenigsten wehren können. Denn letztendlich gibt es „gute" und „schlechte" Bürgerbeteiligung: als Schritt zur „Verdorfung" der Stadt oder als Beitrag zu einer neuen urbanen Kultur.

HERBERT HRACHOVEC

EXPOSITIONEN. DREI BEITRÄGE ZUR EXPO 95

Eine der Regeln der Mediengesellschaft verlangt, daß Kommentatoren auf vorgegebene Ereignisse kurz, verständlich und womöglich einprägsam reagieren. Sie sind der Aufmerksamkeit des Pulikums nur zwei bis fünf Minuten sicher. Wie soll man in einem solchen Zeitrahmen zu den hyperkomplexen Problemen Stellung nehmen, die Aufklärung verlangen? Das Dilemma durchzieht jede Berichterstattung, die es nicht ausschließlich darauf abgesehen hat, die Kunden zu bedienen.

Ein Mittel wäre, Erkenntnis- und Lernprozesse der Kommentatoren selbst zu dokumentieren. Keiner, der nicht von vornherein auf irgendeiner Überzeugung sitzt, wird darum herumkommen, sich und den Lesern die Sache schrittweise aufzuschlüsseln. Ein Großprojekt wie die EXPO entwickelt und verlangt Perspektiven, die sich erst nach und nach herauskristallisieren. Kritisch ist anzumerken, daß auch eine solche experimentelle Vorgangsweise subtile Werbung darstellt. Egal, zu welchem Schluß der Autor kommt, er arbeitet an der Vergesellschaftung eines Mega-Deals. Aber es bedarf schon einer gehörigen Verachtung der Umwelt, so tun zu wollen, als wäre die skeptische Distanz zu ihren Sensationen kein Teil von ihr.

Die folgenden Texte[1] nähern sich, wie ich meine mit zunehmender Genauigkeit, einer Antwort auf die Frage, ob es abgesehen von Verweigerung und Verherrlichung Einstellungen zur EXPO 95 gibt. Dagegen oder dafür zu sein ist vergleichsweise einfach, eine Folge der Sachzwänge. Positionen, welche die Übermacht eines solchen Unternehmens anerkennen und gleichzeitig seinen gröberen Bedrohungen entgegensteuern, sind feuilletonistisch wenig attraktiv. Die öffentliche Meinung liebt klare Fronten, die (faulen) Kompromisse stellen sich früh genug ein. Der Misere des Raunzens über ein unabwendbares fait accompli ist jedoch nur zu entkommen, wenn früh genug Bedingungen einer ehrenwerten Niederlage ausgehandelt werden.

Das Haupt im Blumenkistl? (Oktober 1989)

Ohne Aufklärungsarbeit kann man doch heute kaum noch ein Blumenkistl auf die Straße stellen, hat der Stadtplaner Kurt Puchinger letzte Woche in einer Diskussion am Wiener Stadtentwicklungs-Symposium eingeworfen. Das ist tatsächlich das Problem. Die Vertreter der Aufklärung sind nämlich dünn gesät. Roland Rainer zitierte zwar im selben Arbeitskreis Augustinus: „ Das Schöne ist der Glanz des Wahren", aber der Spruch greift nur solange als Einigkeit darüber herrscht, was wahr zu nennen ist. Uns klingt dieser Appel merkwürdig hohl. Damit laufen wir allerdings Gefahr, in der Blumenkistl-Pflege steckenzubleiben. Das Hundertwasserhaus ist so ein emotionaler Rülpser anstelle einer Aussage.

Das rächt sich. Die Stadt, die sich als Plantschbecken für Alternativen offeriert, verpaßt den Anschluß im Konkurrenzkampf internationaler Metropolen. Darum muß die Idylle durch die Vision ergänzt werden, zur Beiselkultur das Austria-Center und zum Christkindelmarkt die EXPO 1995. Die Wahrheit ist nämlich, daß die Bau- und Wirtschaftskartelle sich in der Postmoderne bloß strategisch im Hintergrund halten. Sie haben gelernt, daß allzu forsches Auftreten unnötige Konflikte produziert. Sie brauchen nur zu warten, bis die Lächerlichkeit der schicken neuen Stadt-Schrebergärten ganz unwillkürlich in das Bedürfnis nach dem großen Zusammenhang umschlägt. Die neue nationale Aufgabe, zu der wir jetzt mobilisiert werden, ist die Weltausstellung. Österreich-Ungarn, Twin-City, Chancen für den Donauraum, Jahrhundertereignis. Das Schöne ist der Glanz der Waren.

Klage ist nicht am Platz. Das Prinzip der widerspruchsvollen Entsprechungen zwischen Wohnzimmer und Großkaufhaus gilt schon zu lange, als daß man es mit einem Schlag oder einem Seufzer in Frage stellen könnte. Wenn überhaupt, gelingt das nur durch unablässiges Sprücheklopfen, Sprüche zerklopfen, also sehr wohl durch Aufklärung. Augustinus ist da vielleicht nicht ganz der richtige Gewährsmann, aber Metaphysiker können es schon sein, d. h. (nach einer zugegeben etwas weitherzigen Definition) alle, die hinter den Ablenkungsmanövern der neuen Kleinteiligkeit jenen Zusammenhang suchen, den die multi-nationalen Konzerne nach wie vor unerschütterlich bestimmen. Ihm gegenüber vom Verlust des Ganzen zu sprechen ist so, als würde man behaupten, es gäbe keine Autobahnen mehr, seit es ein Tempolimit gibt. Eine Vokabel wird aus dem Verkehr gezogen, die nötig ist, wenn Analyse und nicht Ablenkung betrieben werden soll.

Ich möchte es an einer Episode aus der Verwertung der Enquete verdeutlichen, die diesen April die Veranstaltungsserie zur Popularisierung der Weltausstellung eingeleitet hat und deren Ergebnisse soeben in Buchform präsentiert wurden. Das Motto, das uns erwartet, ist „Brücken in die Zukunft", ein Paradebeispiel für den international angesagten großen Wurf. Im Arbeitskreis „Zur Philosophie der Weltausstellung" hatte ich mir den Mund darüber in Fransen geredet, daß dieses Motiv eine fade Wiederholung abgenutzter Fortschrittshoffnungen ist. Als Antwort erschien in den gemeindenahen „Perspektiven, Magazin für Stadtgestaltung und Lebensqualität" ein Bericht aus diesem Arbeitskreis, in dem die Argumentation zwar ausführlich zitiert, dann aber folgendermaßen kommentiert wird: „Der Terminus vom Brückenschlag erweist sich im strengen philosophischen Sinn für eine Weltausstellung, die gemäß Rudolf Kohoutek als epochales Ereignis nicht nur einen Stil haben, sondern, noch besser, einen neuen propagieren, also Leitlinien für die Zukunft vorgeben soll, wenig geeignet. Trotzdem erfüllt er alle Kritierien ... für ein Thema einer Weltfachausstellung: er eignet sich für Wien und Budapest gleichermaßen und ist glaubwürdig, er hat heute und im Lichte des oben Gesagten vielleicht auch 1995 noch weltweite Gültigkeit und Attraktivität und schließlich bietet er weiten Raum zu Interpretation und Selbstdarstellung durch die Teilnehmernationen."

Das Verhältnis zwischen den Organisatoren, die das Ereignis schon im Kasten haben, und den nützlichen Gescheiten, die sie zum Gastmahl einladen, ist besser kaum zu illustrieren. Sagt, was euch gefällt, wir sagen dann, was trotzdem gilt. Und dem ist unmöglich zu widersprechen: es stimmt, die Weltausstellung braucht viel Platz, viel Geld und bringt viel Ehre. Dementsprechend hoch sind die Einsätze und dementsprechend niedrig muß der gemeinsame Nenner für die „Leitvorstellungen“ angesetzt werden. Nur wenn die Massen motiviert werden, wirft das Projekt Profit ab. Es ist zwecklos, das Haupt davor im Blumenkistl zu vergraben. Wohin soll es sich aber wenden? Zwischen dem Rückzug ins Schneckenhaus und der Übersiedlung in den Ausstellungspavillon liegt die Migräne.

Stadt ist ein Ort der permanenten, unvermeidlichen, aber auch unverbindlichen Koexistenz von einander Fremdem. Diese Beschaffenheit geht verloren, sobald der Maßstab zu klein oder zu groß gewählt wird. Die Stadtplanung kann es sich nicht leisten, wie das Filmmuseum Verweigerung zu praktizieren und alles außer der einen Sache, auf die es ankommt, in Schwarz zu tauchen. Sie leistet sich die Weltausstelung, und die Gründe, die sie dafür ins Treffen führen kann, sind keineswegs schlecht. Die Reaktion auf sie kann nur darin bestehen, darauf hinzuwirken, daß dieses Ereignis soweit wie möglich diesseits von Großfeldsiedlung, AKH und Papstbesuch bleibt.

Die Zeichen stehen nicht besonders gut, wenn man etwa folgenden Aufruf des Medien-Zampanos Franz Kreuzer betrachtet: „Die EXPO 1995 muß zweifellos im klassischen Sinn ein *Hinbewegungs*-Ereignis für etwa zehn Millionen Menschen (medial gesehen: Die ‚Statisten‘ des Happenings), sie muß aber ein *Herbewegungs*-Ereignis für hunderte, bzw. tausende Millionen Fernseher und Radiohörer sein (das ‚Publikum‘ des Happenings). Unter Nutzung des bereits erreichten Erfolgs-Niveaus Österreichs heißt das: Die EXPO 1995 muß ein *ganzjähriges Neujahrskonzert* werden.“ Den Taktstock sollte man dem Dirigenten als Prügel vor die Füße werfen.

Das Ziel ist unerreichbar, wenn die interessierte Öffentlichkeit in chancenlose Kritiker und angeheuerte Dekorateure zerfällt. Ein Maximum an Unbehagen, das nur vom Schauer über das von Kreuzer in unverhüllter Begeisterung aufgerufene Spektakel herrühren kann, ist an Ort und Stelle anzumelden und unterzubringen. Die Antwort auf die nationale Herausforderung, die uns frei Haus geliefert wird, kann nur darin bestehen, zäh und verbissen dafür einzutreten, daß dieser Riesenzirkus die Raubtiere im Käfig hält.

Souveränitat, Ironie, Solidarität (März 1990)

Im Unterschied zum Platzvermieter bietet der Gastgeber Persönlichkeit an. Der Tourismus allerdings hat den niemals scharfen Trennungsstrich zwischen Ökonomie und Freundschaft noch weiter verwischt. Um an Urlaubern auf längere Zeit hin zu verdienen, muß man sich um ihr Wohlbefinden sorgen. Städte, Regionen und ganz Länder treten als Gastgeber auf.

Talent zur bezahlten Freundlichkeit ist ein Zug im österreichischen Nationalcharakter. Man wird es auf das Minderwertigkeitsgefühl im Kleinstaat, aber auch auf raffinierten Stolz zurückführen müssen. Die geopolitische Bedeutungslosigkeit ist Anlaß zu bescheidener Zurückhaltung, hinter der sich freilich ein verletztes Selbstwertgefühl versteckt. Gäste zu bewirten und ihnen dabei Anerkennung sowie Devisen abzugewinnen, ist die Kompensation bedeutender nationaler und budgetärer Defizite dieses Staates. Abgesehen von einigen Sportlerinnen und Sportlern bezieht er seine Identität aus der – zum Kulturauftrag erklärten – Vermarktung seiner Geschichte und Natur.

Eine der Hauptgefahren der Weltausstellung 1995 betrifft das Österreichbild. Sie könnte 40 Jahren Fremdenfreundlichkeit die Krone aufsetzen. Der ganze internationale Rummel ist kein sicheres Mittel gegen die Servilität des Gastgeberlandes. Möglicherweise führt er bloß dazu, daß wir die Lippizaner statt quäckender Trickfilmtiere zum Maskottchen machen.

Noch dringlicher ist allerdings die Verteidigung gegen eine andere Tierart, die Baulöwen. Die derzeit im Rathaus ausgestelllten Vorarbeiten zum „Leitentwurf“ für den EXPO-Bereich bieten Einblick in den aktuellsten Stand der Sache. Die Lösung der Wirtschaftsbosse ist zweifellos der kompakte, auf eine Platte über die Autobahn gelagerte high-tech-Bunker, den das

Team Peichl vor die UNO-City klotzt. Weltausstellung auf einer Weltraumstation. Der entgegengesetzte Weg ist (leider) auch nicht attraktiv. Ratlosigkeit einzugestehen und im Baukasten nicht näher durchdachter Varianten zu kramen (Team Potyka) hilft trotz ehrenwerter bürgernaher Motive nichts. Im Gegenteil, alternative Ansätze gehen umso früher verloren, je blauäugiger sie vorgeben, die Grünfläche beim Konferenzzentrum sei eine Spielwiese.

Die kommende Weltaustellung ist eine Überforderung. Es fehlt der Maßstab, sie einigermaßen plausibel auf das Leben dieser Stadt zu beziehen. Entsprechend bitter sind die Emotionen der aktiven Gruppen, deren kleinteilige, ökologische Basisarbeit sie zerschlägt. Die EXPO wird gemanagt werden, wenige wollen sich den Profit entgehen lassen. In öffentlichen Diskussionsveranstaltungen werden noch kurze Zeit einigermaßen geduldige Politiker empörte Stimmen aus dem Volk zu beschwichtigen suchen, dann wird gebaut. Und dabei werden die Pauschalgegner nicht mehr gefragt.

Liebedienerei und Größenwahn. Die eine sachgerechte Reaktion ist Souveränität. Nicht den Hotelportier im Weltmaßstab spielen oder grün vor Zorn Verwünschungen ausstoßen, sondern sich auf die Rolle der Platzvermietung zurückziehen. Nur befreit von den Beklemmungen der Identitätssuche kann man den Großkonzernen einen harten Kampf liefern. Erstklassiges Design, wie Hollein und Coop Himmelblau es vorschlagen, ist wohl die beste Möglichkeit dazu. Die Alternative ist die unheilige Allianz der Betonierer und Österreichbildner. Gegenüber der Weltraumstation ist die Versuchsanstalt des (vorübergegangenen) Weltuntergangs das kleinere Übel.

Einstweilen geht es noch um Mentalitäten, nicht darum, wer welche Hallen und Vergnügungsstätten baut. Darum noch schärfer: Überforderungen mit Würde auszuhalten verlangt neben einer Menge Abgebrühtheit vor allem Ironie. Sie ist die Geste des Hausherrn, der zu verstehen gibt, daß ihm das Haus, dessen Benutzung er anbietet, eigentlich nicht mehr gehört.

Nationalstolz, eingesetzt von Betreibern einer Weltausstellung, kann heute nur ironisch sein. Wenn schon Platten, dann die mit alpenländischer Musik von Werner Pirchner. Ironie liegt uns, so könnten wir sogar etwas vergleichsweise Privates anbieten.

Einige massiv ironische Sachverhalte bestehen schon. Die Nostalgie der Donaumonarchie als Brücke in die Zukunft erzeugt ein Lächeln. Und Sondermüll als Fundament des Festgeländes ist auch nicht schlecht. Bedenkenswert ist ferner, daß die Donau Zwentendorf mit Hainburg verbindet. Die beiden herausragenden Orte ökologisch-politischen Widerstandes flankieren, wenn ich das recht messe, flußaufwärtes und flußabwärts in etwa demselben Abstand das Ausstellungszentrum in Kaisermühlen. Es ist ein Punkt, an dem die Politiker die Niederlagen an der Donau zu einem Sieg umkehren.

Ein Einwand gegen Ironie als Strategie lautet, sie sei etwas für insider. Was das Volk bewegt, müsse direkt sein, erhaben oder komisch. Im Sternzeichen der Postmoderne gilt das nicht mehr, doch daraus folgt nur ein weiteres Argument gegen Ironie als Programm. Der eine Horror, der den Schrecken der Hochtechnologie-Lösung noch übertreffen würde, ist der zu seiner scheinbaren Kritik hinaufgestylte Schrebergarten. Wien ist der Ort real existierender Ironie. Es bleibt auszukundschaften, ob die lebenserhaltende Zweideutigkeit angesichts der Weltausstellung eine Chance hat.

Der gebrochene Umgang mit ungebrochenen Macht- und Geltungsphantasien ist ein Stück Aufklärung. Die war und ist nur demokratisch zu erreichen. Die Selbstdarstellung, der wir nicht entkommen werden, ist aus den Widersprüchen zu entwickeln, die einem Großprojekt in sozialpartnerschaftlich abgebremsten, dennoch von Geldgier getriebenen Systemen wie dem unseren anhaften. Ohne die Zuversicht, daß sich in ihm die Stimmen gegen die Plattheit aus Prinzip Gehör verschaffen können, versinkt man sowieso in Staatstrauer. Ein Höchstmaß von Solidarität wird nötig sein, um Ironie gegen Industrie durchzusetzen. Es ist ein Witz.

Walzertraum im Donauraum? (Juni 1990)

„Warum überhaupt eine Weltausstellung?" Typischer philosophisch kann ein Problem gar nicht sein. Aber im Unterschied zu vielen ähnlich klingenden Fragen ist diese schnell zu beantworten. Es gibt keine guten allgemeinen Gründe im Zeitalter der Fernreisen, der globalen Telekommunikation und der allgegenwärtigen Computervernetzung, auf irgendeinem Fleckchen der Erde in zahlreichen Pavillons Propaganda für Nationalstaaten zu veranstalten. Einsichtige lokale Gründe gibt es allerdings. Man muß sich nur die Namen ansehen: Brisbane, Montreal, Sevilla, Wien und Budapest – alles sind Städte, die hinter den krisenhaft-faszinierenden Entwicklungen der Riesenmetropolen zurückgeblieben sind und ihre Weltausstellung doppelt zu nutzen suchen, zur Kompensation und zum Aufholen. Niemand ist daran interessiert, welche bunte Mischung von Schwachsinn und Phantasie den faktischen Inhalt des Ereignisses ausmacht. Wichtig ist hauptsächlich die Gelegenheit, international groß aufzutreten.

Wenn Weltausstellungen einmal einem höheren Zweck gedient haben sollten, heute haben sie ihn jedenfalls eingebüßt. Sie verkörpern eine etwas veraltete Idee, mit der noch immer einiges zu bewegen und Geld zu verdienen ist, wie Operetten. Von dieser Seite her sind keine Anstöße für sinnvolle konzeptuelle Planung zu erwarten. Instinktiv haben das alle Teilnehmer in der Vorbereitungsphase begriffen. Gefragt wird immer wieder, was die Weltaustellung (oder noch eingeschränkter: ihr Motto) für Wien und Budapest bedeuten kann. Daß sie darüber hinaus für sich einen Sinn hätte, kommt niemandem in den Kopf. Das ist die Lage, hier handelt es sich nicht darum, sie zu beklagen. Die Frage stellt sich so: Was ist dazu zu sagen, daß ein derartiges inhaltliches Vakuum eine ökonomische, politische und kulturelle Mobilisierung dieser Stadt auslöst?

Zunächst einmal: Das sicherste Zeichen dafür, hintennach zu sein, ist die stolze Nervosität, wenn sich ein „Weltereignis" ankündigt. Rückständigkeit hat ihre eigenen Qualitäten, das sonderbare Schauspiel, daß die EXPO als nationale Besinnungshilfe gehandhabt wird, gehört nicht dazu. Ein trüber

Kompromiß zwischen den Forderungen, voll am Kuchen mitzunaschen und andererseits dabei die Seele nicht zu verlieren, liegt ihm zu Grunde. Er kommt darauf hinaus, dem reichen Gast zuliebe Volkslieder unter Begleitung einer Hammondorgel zu singen. Nichts ist peinlicher, als einerseits in die Konkurrenz der großen Metropolen eintreten und sie andererseits nach Gesetzen abwickeln zu wollen, die sich quasi organisch aus der Geruhsamkeit des letzten halben Jahrhunderts ergeben sollen. Ich kann beide Seiten verstehen, die Verfechterinnen einer beinharten Erfolgspolitik und die Verteidiger des status quo. In der Mitte liegt die wahre Provinzialität in Gestalt der Anstrengungen, das nationale Erbe auszubeuten, um international mitzumischen. Auf das Selbst, das die EXPO als Instrument zur Selbstbesinnung nötig hat, kann man gleich verzichten.

Aber an welche Zielvorstellungen sollen sich die unausweichlichen Planungsprozesse halten? Das Großvorhaben entwickelt eine Dynamik, die (wenn überhaupt) nur durch entschiedene Interventionen der Betroffenen zu steuern ist. Woher beziehen die ihre Richtung und Legitimation? Darauf kann es – zum Mißvergnügen sowohl der Expertokraten als auch der Werbeagenturen – nur eine Antwort geben: aus der demokratischen Willensbildung der Wiener Bevölkerung. Die Beschwörung der ruhmreichen Vergangenheit und der drohenden Musealisierung ist ein Manöver, das vom entscheidenden politischen Vorgang ablenkt, nämlich der Steuerung eines von der Mehrheit der Wienerinnen und Wiener vermutlich akzeptierten nachhaltigen Eingriffs in ihre nähere Zukunft. Die Parolen vom kommenden Jahrtausend, dem sie gewachsen sein müssen, sind nur zum Drüberstreuen. De facto wird ein leeres Super-Projekt als Zugpferd der Stadtentwicklung eingesetzt.

Die Rede von der aufgeklärten Zustimmung der Stadtbewohner ist selbst eine Phrase, die erst mit Inhalt zu füllen ist. Wenn schon von Tradition die Rede sein soll, dann fällt zunächst ins Auge, daß gerade dieser Zug des kommunalen Lebens Österreichs nur dürftig ausgeprägt ist. Die im letzten Jahrzehnt entstandenen Ansätze von Bürgerinitiativen und Basisgruppen werden durch ein Unternehmen dieses Maßstabs, kaum daß sie sich auszubreiten beginnen, beinahe unerträglich marginalisiert. Die Polarisierung in städtische Initiativen zur EXPO-Vorbereitung und eine verbitterte oppositionelle Minderheit droht. Statt sich zu fragen, was wir aus unserer Geschichte kramen können, um zu bestehen, wenn die Welt auf Besuch kommt, sollte die Aufgabe darin gesehen werden, den ganzen um die Weltausstellung gelagerten Komplex von Interessenskonflikten und Grundsatzentscheidungen als einen Paradefall für Demokratie zu inszenieren. Dabei wird nicht das Richtige herauskommen, weil Demokratie nicht dazu angelegt ist, der Wahrheit zum Durchbruch zu verhelfen. Worauf man hoffen kann ist, daß sich im Gerangel aller Beteiligten auf durchsichtige Weise halbwegs vertretbare Lösungen herauskristallisieren.

Natürlich muß es dazu Vorschläge geben, an denen sich die Diskussion entzündet. Gutachterteams in diese Richtung arbeiten zu lassen ist eine hilfreiche Idee. Leider haben die vier mit der Aufgabe betrauten Architektengruppen das Ziel, noch unbelastet von konkreter Umsetzung Spielräume der Überschneidung von Stadtentwicklung und EXPO-Planung zu entwerfen, aus unterschiedlichen Gründen verfehlt. An dieser Stelle wäre es nötig gewesen, zwischen dem Grundsatzbeschluß des Gemeinderates und den Einzelvorschlägen, die ein Wettbewerb bringen kann, Konzepte und Gestaltungsansätze in Hinblick auf eine politische Aufarbeitung des Themas zu produzieren. Stattdessen sind kompakte und andererseits ausgefranste Schaubilder geliefert worden, die hauptsächlich dem Zweck dienen, diese oder jene Gebäudeansammlung an die betreffende Stelle zu imaginieren. Zwei der einflußreichsten Architektenteams Österreichs (Hans Hollein mit Coop Himmelblau und Gustav Peichl) haben die Gelegenheit, frühzeitig ihre Markenzeichen zur Debatte zu stellen, nicht vorbeigehen lassen, während sich die Experten um Wimmer und Potyka zwar bescheidener, aber ebenso unpolitisch als Materialsammler betätigten. Davon, daß damit „die Bandbreite der Entwicklungsmöglichkeiten“ aufgezeigt „und der weiteren Arbeit Inhalt und Richtung“ gegeben worden wäre (Hannes Swoboda) kann keine Rede sein. Vermutlich ist das auch von Architekten zu viel verlangt. Sie werden ausgebildet, um Lösungen vorzuschlagen und nicht dazu, gesellschaftlich immens heikle Bewußtseins- und Gestaltungsprozesse in Gang zu setzen und mit Argumenten und Alternativen zu versehen.

Umso erfreulicher ist darum, daß der vom Gemeindereat beschlossene „Leitentwurf“ diesen Erfordernissen in weit höherem Maße, als es die vorliegenden Gutachten nahelegen, Rechnung trägt. Mit dem Profilierungszwang der vier Sachverständigen hat er nichts zu tun. Seine Grundtendenz zielt darauf hin, den Impuls der Weltausstellung im vorgegebenen Umfeld zu orten und interessierten Bürgerinnen und Bürgern die Möglichkeit zu geben, ihre Bedenken und Erwartungen daran zu messen, was das Großereignis für diesen Raum bewirken wird. Zwar werden knifflige Entscheidungen wie z.B. die Bebauung der Donauinsel oder Überplattung der Autobahn ausgeklammert, aber darüber endgültig zu befinden liegt nicht im Aufgabenbereich einer zunächst einmal breit angelegten Bestandsaufnahme des Zulässigen und Unakzeptablen. Das Dokument demonstriert, daß zentrale Planung für einen größeren Raum nicht alles nivellieren muß, sondern im Gegenteil gerade die Unterschiede hervorheben und zu schützen versuchen kann. Kommunale Mitbestimmung erfodert gerade solche mittelfristige, öffentlich verlautbarte, einzelnen Projekten den Rahmen vorgebende Unterlagen. Insofern die Weltausstellung die Stadtverwaltung dazu gebracht hat, ihre Karten auf den Tisch zu legen, kann man zufrieden sein.

Die Voraussetzungen einer nicht bloß auf die EXPO fixierten Diskussion sind damit vorgelegt worden, dennoch geht das Kalkül nicht auf. Die Diskrepanz zwischen den betroffenen Örtlichkeiten und ihrer in Aussicht genommenen Bestimmung grenzt ans Lächerliche. Die Taborstraße, Kaisermühlen und die UNO-City passen schlechterdings nicht zusammen, daran ändert die Tatsache, daß auf sie (und das Stuwerviertel, den Nordbahnhof, den Mexikoplatz etc.) gleichermaßen sorgfältig eingegangen wird, nichts. Zwei Antworten drängen sich auf. Erstens sind derartige Mißverhältnisse ein Grundmerkmal von Stadt. Sie lebt von solchen Dissonanzen. Daß sich ausgerechnet vor der Kulisse des Vienna International Centre am Vollbeton des linken Donauufers die Copa Kagrana entwickelt hat, ist ein Hinweis auf die Lebendigkeit, die in Widersprüchen dieser

Art stecken kann. Zweitens ist allerdings darauf hinzuweisen, daß der „Leitentwurf“ über das diskutierte Areal das Muster eines gigantischen Machtgefälles legt. Löwe und Lamm sollen unter der Aufsicht der zuständigen Magistratsabteilungen friedlich miteinander auskommen. Das ist vielleicht nicht ganz unmöglich, und Abwechslung zwischen den Tierarten soll sein. Aber darüber, wie das konkret aussehen soll, kann der Entwurf nichts sagen. An diesem Punkt kommt alles darauf an, was wirklich vor die UNO-City gebaut wird.

Da diese Entwicklung noch aussteht, ist noch kurze Zeit, sie außerhalb des Machtkampfes zu überlegen. Ein Hauptgesichtspunkt ergibt sich aus den anfänglichen Überlegungen zu Weltausstellung, Selbstdarstellung und Selbstbesinnung. Das Schlimmste, was passsieren könnte, ist, daß an Wien, Österreich oder Mitteleuropa eine Idee gefunden wird, die sich riesig aufbauen und aller Welt zum Konsum anbieten läßt. Vergleichsweise belanglos ist dabei, ob es sich darum handelt, mit der Vergangenheit, der Zukunft oder beiden zusammen zu schachern. Identität mit Millionenbudget ist Gift. Der harte Kern der Weltausstellung besteht darin, daß sich das internationale Publikum einträglich bei uns vergnügt. Das ist Gestaltungsprinzip genug und noch dazu eine lohnende Aufgabe. Wenn es gelingt, die Massenabfertigung mit Anstand zu bewältigen, ohne sich und anderen dabei etwas beweisen zu müssen, geht der Eingriff in das Leben der Stadt am schmerzlosesten vorüber. Der Weltmaßstab zeigt sich nicht im soul-searching, sondern daran, daß ein gewisses Service geboten wird und damit Schluß. Dienstleistungen sind akzeptabel, solange professionelle Versorgung ordentlich bezahlt und persönliche Abhängigkeiten vermieden werden.

Woher sollen diese unverbindlichen und dennoch unterhaltsamen Angebote kommen? Das ist eine Frage von Demokratie und Design. Im Interesse der Stadtbewohner liegt es, die Aufbauten am EXPO-Gelände nicht zu zusätzlichen Demonstrationsobjekten der Baufirmen werden zu lassen. Ihre Macht stellt sich selbst aus, Gestalt spielt dabei eine minimale Rolle. Dagegen ist Design der Versuch, aus sachlich vorgegebenen Funktionen durch kulturellen Mehrwert etwas Angenehmes zu machen. Das bleibt an der Oberfläche und ist darum beiden Parteien suspekt, der Wirtschaftskammer und den Grünen. Den einen ist es nicht genügend profitabel, den anderen zu charakterlos. Aber für Bürgerinnen und Bürger, die das Faktum der EXPO hinnehmen, sich gleichzeitig jedoch darüber im Klaren sind, daß sie das multidimensionale sozio-ökonomische Gleichgewicht der Stadt nachhaltig durcheinanderbringt, empfiehlt sich die Parole „Design statt Identität“. Sie erlaubt es, die Belastungen emotionslos festzustellen und dann in handhabbare, ohne ideologischen Katzenjammer wieder demolierbare, Formen zu fassen. Die Mobilisierung nationaler und psychohistorischer Energien zur Bewältigung der Aufgaben hingegen muß eine Leere zurücklassen, die nach immer ausbeuterischeren Strategien verlangt.

Meine Weltausstellung ist herzlos, ein gut gemachtes Spektakel und eine Hilfe für die Infrastrukturplanung. Ob es gelingt, der Sensationslust Gestalt zu geben, ist sehr die Frage. Ein mißglückter Versuch dazu ist allemal besser, als die Nummer sicher mit Walzertraum und österreichischer Gastlichkeit. Träume haben die ernüchternde Eigenschaft, ausgeträumt zu sein, wenn der Zahltag anbricht. Darum: seichte Träume, tiefes Mißtrauen und immerwährende Neutralität.

ANMERKUNG

1 Ersterscheinung: Falter 47/89, Falter 14/90 und Perspektiven 4/5 1990

DIE AUTORIN UND DIE AUTOREN

Gerda Ambros, Philosophin, Wien.

Rainer Bauböck, Assistent an der Abteilung Politologie am Institut für Höhere Studien in Wien.

Leopold Dungl, Architekt, Chefredakteur von „architektur aktuell“, Wien.

Lothar Fischmann, Journalist, Pressereferent des Stadtrats für Stadtentwicklung, Stadtplanung und Personal der Stadt Wien.

Alexander Horwath, Journalist, Filmkritiker des „STANDARD“, Wien.

Thomas Hartmann-Macho, Assistenzprofessor für Philosophie, Leiter des Studienzentrums für Friedensforschung Stadtschlaining, Burgenland.

Herbert Hrachovec, Assistenzprofessor für Philosophie an der Universität Wien.

Hartwig Möhrle, Journalist, Frankfurt a. M.

Bernhard Perchinig, freiberuflicher Politikwissenschaftler und Journalist, Wien.

Peter Saunders, Universitätsprofessor für Soziologie an der University of Sussex.

Heiner Schenke, Literaturwissenschaftler und freier Autor, Hamburg.

Gottfried Schlemmer, Filmtheoretiker, Mitarbeiter der österreichischen Gesellschaft für Filmtheorie, Wien.

Wendelin Schmidt-Dengler, Universitätsprofessor für neuere deutsche Literatur an der Universität Wien.

Winfried Steiner, Raumplaner, Mitarbeiter am Institut für Stadtforschung, Wien.

Hannes Swoboda, Ökonom und Jurist, Stadtrat für Stadtentwicklung, Stadtplanung und Personal der Stadt Wien.

W I E N E R   V O R L E S U N G E N

Wolfgang Leonhard
SOWJETREFORMEN: ERGEBNISSE, PROBLEME, PERSPEKTIVEN
Wiener Vorlesungen, Band 1
68 Seiten, gebunden, ISBN 3-85452-300-9

Rudolf zur Lippe
OIDIPUS UND DIE VERWEIGERTE SEELENFAHRT
Wiener Vorlesungen, Band 2
64 Seiten, gebunden, ISBN 3-85452-301-7

Hilmar Hoffmann
DIE AKTUALITÄT VON KULTUR – PROBLEME MIT DEM KULTURBOOM
Wiener Vorlesungen, Band 3
54 Seiten, gebunden, ISBN 3-85452-302-5

Horst Seidler
WISSEN UND IGNORANZ – DAS DILEMMA DER EVOLUTION ZUM HOMO SAPIENS
Wiener Vorlesungen, Band 4
70 Seiten, gebunden, ISBN 3-85452-303-3

Maurice Godelier
WIRD DER WESTEN DAS UNIVERSELLE MODELL DER MENSCHHEIT?
Wiener Vorlesungen, Band 5
64 Seiten, gebunden, ISBN 3-85452-304-1

Götz Hagmüller
WENN DAS LICHT AUSGEHT IN KATMANDU – GRENZGÄNGE ZWISCHEN EUROPA UND ASIEN
Wiener Vorlesungen, Band 6
ca. 64 Seiten, gebunden, ISBN 3-85452-305-X

P I C U S   V E R L A G

WIENER VORLESUNGEN

Irenäus Eibl-Eibesfeldt
FALLGRUBEN DER EVOLUTION –
DER MENSCH ZWISCHEN NATUR UND KULTUR
Wiener Vorlesungen, Band 7
66 Seiten, gebunden, ISBN 3-85452-306-8

Werner Hecht
DER ABSTIEG IN DEN WOHLSTAND –
HARAKIRI DER DDR ?
Wiener Vorlesungen, Band 8
56 Seiten, gebunden, ISBN 3-85452-307-6

Hermann Glaser
DIE KULTURSTADT UND DIE
ZUKUNFT DER INDUSTRIEGESELLSCHAFT
Wiener Vorlesungen, Band 9
61 Seiten, gebunden, ISBN 3-85452-308-4

Edward Shorter
DAS ARZT-PATIENT-VERHÄLTNIS
IN DER GESCHICHTE UND HEUTE
Wiener Vorlesungen, Band 10
ca. 64 Seiten, gebunden, ISBN 3-85452-309-2

Andreas Rett
DIE GESCHICHTE DES KINDES
ALS GESCHICHTE DER MENSCHHEIT
Wiener Vorlesungen, Band 11
ca. 64 Seiten, gebunden, ISBN 3-85452-310-6

ARCHITEKTUR UND KUNST

Sabine Forsthuber
MODERNE RAUMKUNST
Wiener Ausstellungsbauten von 1898 bis 1914
208 Seiten, 314 Abb., Leinen,
ISBN 3-85452-112-X

Herbert Muck
GEGENWARTSBILDER
Kunstwerke und religiöse Vorstellungen des 20. Jahrhunderts
Herausgegeben von Ottokar Uhl
312 Seiten, 58 Farb- und 266 SW-Abb., Leinen,
ISBN 3-85452-106-5

Paul Naredi-Rainer (Hg.)
BAUSTEINE
Interdisziplinäre Beiträge zum Entstehen eines Bauwerks
96 Seiten, 39 Farb- und 49 SW-Abb., Leinen,
ISBN 3-85452-111-1

Degenhard Sommer (Hg.)
INDUSTRIEBAUTEN GESTALTEN
Internationale Beiträge zur Industriearchitektur
276 Seiten, 260 Farb- und 50 SW-Abb., gebunden,
ISBN 3-85452-110-3

ARCHITEKTUR UND PLANUNG

Rudolf Edlinger/Hugo Potyka
BÜRGERBETEILIGUNG UND PLANUNGSREALITÄT
Erfahrungen, Methoden und Perspektiven
Schriftenreihe Planen und Gestalten, Band 3
355 Seiten, 50 Abb., brosch.,
ISBN 3-85452-103-0

Kurt Freisitzer/Robert Koch/Ottokar Uhl
MITBESTIMMUNG IM WOHNBAU
Ein Handbuch
304 Seiten, 281 Abb., brosch.,
ISBN 3-85452-104-9

Wilhelm Kainrath
VERÄNDERT DIE STADT
Texte 1971-1986
360 Seiten, 25 Abb., brosch.,
ISBN 3-85452-107-3

Klaus Novy/Wolfgang Förster
EINFACH BAUEN
Genossenschaftliche Selbsthilfe nach der Jahrhundertwende.
Zur Rekonstruktion der Wiener Siedlerbewegung.
198 Seiten, 40 Farb- und 265 SW-Abb., gebunden,
ISBN 3-85452-115-4

Friedrich Moser/Wolf-Dieter Frei/Andreas Voigt
WOHNBAU IM ORTSBILD
Regionsspezifische Verdichtungsformen zwischen
Tradition und Transformation
180 Seiten, 300 Abb., 2-farbig, brosch.,
ISBN 3-85452-108-1

PICUS VERLAG